Der Realkredit der deutschen Landwirtschaft.

Von

Dr. W. M. Freiherrn von Bissing,
Privatdozent an der Universität Berlin.

Berlin und Leipzig 1930

Walter de Gruyter & Co.

vormals G. J. Göschen'sche Verlagshandlung — J. Guttentag, Verlagsbuchhandlung
Georg Reimer — Karl J. Trübner — Veit & Comp.

Vorwort.

Die nachstehende Arbeit stellt ein im Wesentlichen unverändertes Gutachten dar, das der Verfasser als ständiger Sachverständiger der Arbeitsgruppe Kredit des Unterausschusses für Landwirtschaft des Enquete-Ausschusses im Deutschen Forschungsinstitut für Agrar- und Siedlungswesen, Abteilung Berlin, angefertigt hat. Die vom Unterausschuß für Landwirtschaft zum Teil auf Anregung des Verfassers hin beschafften Materialien erlaubten eine eingehendere Darstellung der Entwicklung des landwirtschaftlichen Realkredits vom Herbst 1923 bis Ende 1929 als es sonst möglich gewesen wäre.

Ich möchte nicht verfehlen, dem Direktor der Abteilung Berlin des Deutschen Forschungsinstitutes für Agrar- und Siedlungswesen, Herrn Geheimen Regierungsrat Professor Dr. M. Sering für die nachhaltige Förderung meiner Arbeit und für manch wertvollen Rat und Hinweis, den er mir liebenswürdigerweise erteilte, meinen verbindlichsten Dank auszusprechen.

Berlin, im August 1930.

W. M. Frhr. v. Bissing.

Inhaltsverzeichnis.

A.

Friedrich der Große war durch Errichtung der Schlesischen Landschaft bald nach Beendigung des siebenjährigen Krieges der Begründer der vorbildlichen landwirtschaftlichen Realkreditorganisation gewesen, über die Deutschland bei Ausbruch des Krieges verfügte.

Krieg und Inflation hatten dieses Gebäude in seinen Grundfesten erschüttert. Der Wiederaufbau aber, den man nach Stabilisierung der Mark tatkräftig in Angriff nahm, mußte nach den ungeheuren Umwälzungen politischer und wirtschaftlicher Art auf nicht geahnte Schwierigkeiten stoßen. Stand man doch vollkommen unübersehbaren, neuen Verhältnissen gegenüber, unter denen die aus der Vorkriegszeit geretteten Erfahrungen nur beschränkte Gültigkeit hatten. So war es unvermeidlich, daß, ebenso wie die gesamte deutsche Wirtschaft, auch das landwirtschaftliche Realkreditwesen seinen Wiederaufbau nicht ohne Opfer und Schäden vollziehen konnte, und daß die heutige Organisation, auch wenn sie äußerlich der alten gleicht, grundlegende Verschiedenheiten von weittragender volkswirtschaftlicher Bedeutung aufweist.

Diese Verschiedenheiten können aber nur dann zutage treten, wenn die Entwicklung des landwirtschaftlichen Realkreditwesens, die sich seit 1923 bis Ende 1929 vollzogen hat, mit der Lage vor Ausbruch des Weltkrieges verglichen wird.

Man unterscheidet im allgemeinen organisierten Realkredit, nichtorganisierten Realkredit und privaten Realkredit. Der Realkredit ist organisiert, wenn ein Institut die Realkreditgewährung als Hauptzweck betreibt und seine Organisation und Geschäftstätigkeit planmäßig in den Dienst dieser Aufgabe stellt, wie die Land- und Ritterschaften, die Landesbanken und Hypothekenbanken. Nichtorganisierten Realkredit geben Sparkassen, öffentliche und private Versicherungsunternehmen. Diese Anstalten erwerben Hypotheken zur Anlage ihrer verfügbaren Mittel: sie betreiben die Vergebung des Realkredits gewerbsmäßig im Nebengeschäft. Im Gegensatz dazu wird der private Grundkredit nicht gewerbsmäßig gewährt, sondern er dient ausschließlich der Vermögensanlage einzelner Personen.

B.

I.

Die Organisation des landwirtschaftlichen Realkredits vor dem Kriege.

1.

Die Besonderheiten des landwirtschaftlichen Betriebes bestehen darin, daß die Erzeugung von Pflanzen und Tieren an biologische Gesetze gebunden ist, daß Grundvermögen und festes Anlagekapital im Vergleich mit dem umlaufenden Betriebskapital überwiegen, sodaß der Kapitalumschlag nur langsam vor sich geht, und der Betriebserfolg unberechenbaren Risiken unterworfen ist. Die Landwirtschaft bedarf daher in besonders großem Umfang des langfristigen, in vielen Fällen sogar unkündbaren Kredites zu niedrigem Zinsfuß. Aus diesem Grunde spielt der Realkredit, der gegen hypothekarische Verpfändung landwirtschaftlicher Betriebe gewährt wird, eine überragende Rolle, ja Aereboe ist sogar der Ansicht, „daß der Landwirt seinen ganzen Kredit, soweit irgend tunlich durch den Hypothekarkredit zu decken hat.“[1]

Aber jede Kreditorganisation setzt zunächst voraus, daß in der Volkswirtschaft Geldbeträge bereit liegen, die an landwirtschaftliche Unternehmer überlassen werden können (Kapital). Für diese Geldbeträge bilden sich Märkte, und zwar werden auf dem Kapitalmarkt die zu langfristiger Anlage verfügbaren Mittel gehandelt, während diejenigen Gelder, die nur auf kurze Zeit ausgeliehen werden können, dem Geldmarkt zuströmen. Auf beiden Märkten bildet sich entsprechend dem Verhältnis von Bedarf und Angebot der Preis des Kapitals, der Zins. Mangelndes Vertrauen des Gläubigers in den Schuldner bewirkt eine Erhöhung des Kreditpreises, zum Zins wird eine Risikoprämie hinzugeschlagen.

Eine solche Erhöhung des Zinses über den am Kapitalmarkt freigebildeten Satz muß aber gerade beim landwirtschaftlichen Realkredit vermieden werden. Dies und die Notwendigkeit langfristigen Kredit zu beschaffen, waren die Gründe, warum Friedrich der Große seinerzeit in den einzelnen Provinzen des preu-

---

[1] Agrarpolitik, Berlin 1928, S. 493.

ßischen Staates die Landschaften schuf, deren ganze Organisation auf die besonderen Bedürfnisse des landwirtschaftlichen Realkredites zugeschnitten ist. Der Realkredit wird vom Landwirt entweder als Anlagekredit zur Beschaffung von lebendem und totem Inventar, zur Errichtung oder Ausbesserung von Gebäuden sowie zur Durchführung von Bodenverbesserungen verwandt, oder er dient als Besitzkredit zum Erwerb von Grund und Boden oder zur Abfindung von Miterben durch den Gutsübernehmer. In keinem dieser Fälle kann das aufgenommene Kapital aus den schon erwähnten Gründen, die in der Eigenart des landwirtschaftlichen Betriebes liegen, in kurzer Zeit wieder aus dem Landgut herausgezogen werden, ohne den Betrieb durch einen Zwangsverkauf, vor allem des lebenden Inventars, in seiner wirtschaftlichen Existenz zu gefährden. Aus diesem Grunde gewähren die Landschaften langfristigen, unkündbaren Realkredit, dessen Rückzahlung in der Weise erfolgt, daß neben dem Zinse Zuschläge von geringer Höhe erhoben werden (Amortisationskredit). Die Mittel zur Kreditgewährung beschaffen sich die Landschaften durch die Ausgabe von Pfandbriefen, die durch erststellige Hypotheken voll gedeckt sein müssen. Für die Verbindlichkeiten aus den Pfandbriefen haften außer den beliehenen Grundstücken und dem Vermögen der Landschaften auch die Kreditverbundenen mit ihrem gesamten Grundbesitz.

Bei den älteren Landschaften[1] in den alten preußischen Provinzen, die noch von Friedrich dem Großen errichtet waren, erstreckt sich die Mitgliedschaft zwangsmäßig auf den in der Landschaftssatzung als landschaftsfähig erkannten Grundbesitz innerhalb des Wirkungsbereiches des Kreditinstitutes. Diese Grundbesitzer sind also genossenschaftlich zu gemeinsamer Haftung für die Pfandbriefe zusammengeschlossen (Generalgarantie).

Die Satzungen der neuen, in den westelbischen Provinzen errichteten Landschaften[2] dagegen bestimmen nur, welche Perso-

[1] Es sind dies die Schlesische Landschaft, die Pommersche Landschaft, das Kur- und Neumärkische Ritterschaftliche Kreditinstitut, die Westpreußische Landschaft und die Ostpreußische Landschaft. In Mecklenburg, Hannover, Braunschweig und im ehemaligen Königreich Sachsen wurden nach dem Vorbild Preußens landschaftsähnliche Kreditinstitute errichtet. S. v. Hippel u. a. „Die öffentlich-rechtlichen Kreditinstitute", Berlin 1927, S. 324 ff.

[2] Landschaft der Provinz Sachsen, Landschaft der Provinz Westfalen, Landschaftlicher Kreditverband für die Provinz Schleswig-Holstein und die Schleswig-Holsteinsche Landschaft. Eingehende Angaben über die Satzung aller Landschaften bei v. Hippel, a. a. O., S. 261 ff.

nenkreise Mitglied der Landschaft werden können, wenn sie diesen Wunsch haben, um ein landschaftliches Darlehn aufzunehmen. Die Verpflichtungen aus den Satzungen werden also nur für diejenigen verbindlich, die sich bei der Kreditaufnahme den Bestimmungen der Satzung ausdrücklich unterworfen haben, sodaß den neuen Landschaften die Generalgarantie fehlt. An ihre Stelle tritt bei etwaigen ungedeckten Ausfällen eine Nachschußpflicht der Mitglieder von 5 bis 20% des in Anspruch genommenen Pfandbriefdarlehns.

So bietet der landschaftliche Pfandbrief dem Käufer allein schon durch diese Organisation eine große Sicherheit, die noch dadurch erhöht wird, daß die Beleihung grundsätzlich nur zur ersten Stelle und dann im allgemeinen nach Vornahme einer außerordentlich vorsichtigen Taxe erfolgt. Die landwirtschaftlichen Taxen erfreuten sich deshalb vor dem Kriege eines großen Ansehens. Man sah auch über den Kreis der Landschaften hinaus ihre Taxen als zuverlässigen Maßstab für die Güte und Kreditwürdigkeit des betreffenden Grundstückes an. Die Methode der Wertermittelung war mit einigen unwesentlichen Abweichungen bei den meisten Landschaften die gleiche. Entweder wurde die Darlehnshöhe nach einem Mehrfachen des Grundsteuerreinertrages errechnet (Höchstdarlehn das 36fache des Grundsteuerreinertrages), oder es wurde der Grund und Boden zunächst bonitiert und dann sein Ertragswert berechnet.

Für die verschiedenen Kulturarten und Bodenklassen wurden Kapitalwerte eingesetzt, die auf Grund langjähriger Erfahrung ermittelt und tabellenmäßig festgelegt waren; Gebäude wurden nach dem Versicherungswerte geschätzt. Je nach der Gunst der Verkehrslage und dem Bestand des Inventars wurden zu den so ermittelten Werten Zuschläge hinzugefügt. Befanden sich Gebäude, Acker oder Vieh in schlechtem Zustande, oder war nur unzureichendes Inventar vorhanden, so wurden entsprechende Abzüge vorgenommen. Zwei Drittel des so ermittelten Wertes bildeten die Höchstbeleihungsgrenze. Von dem tragbaren Darlehen wurden die auf dem Gute ruhenden kapitalisierten Lasten und Rechte in Abzug gebracht.

Das Kur- und Neumärkische Ritterschaftliche Kreditinstitut hatte unmittelbar vor dem Kriege seine Taxprinzipien grundlegend geändert. Nach den Vorschlägen A e r e b o e s wurde von einer Ermittlung des Ertragswertes abgesehen und statt dessen der Sicherheitswert des Beleihungsobjektes festgestellt, der nunmehr für die Bemessung der Darlehnshöhe maßgebend wurde. Dabei ging man von der Erkenntnis aus, daß der Sicherheitswert unter verschiedenen Verhältnissen einen wechselnden

Anteil am Gutswert ausmacht. Der Sicherheitswert setzt sich zusammen aus dem Wert des nackten Grund und Bodens, vermehrt um einen Teil des Gebäudewertes. Der Wert des Hof- und Feldinventars ist im Sicherheitswert nicht enthalten.[1]

Auch hier waren zwei Methoden zur Berechnung der Darlehenshöhe vorgesehen. Die Beleihung erfolgte entweder auf Grund des Grundsteuerregulativs oder auf Grund des Bonitierungsregulativs. Dem Darlehenssucher stand es frei, das höhere Ergebnis zu wählen.

Bei Festsetzung des Darlehnsbetrages nach dem Grundsteuerregulativ erfolgte die Wertberechnung des nackten Grund und Bodens unter Verwendung von tabellenmäßig festgelegten Multiplikatoren, mit denen der durch das preußische Grundsteuergesetz vom 21. 5. 1861 festgesetzte Grundsteuerreinertrag je ha vervielfältigt wurde. Dadurch erhielt man sogenannte „Hektarbeleihungswerte". Der zur Anwendung gelangende Multiplikator war nach Größe und Lage des Objcktes innerhalb des Beleihungsbezirkes verschieden groß und trug der seit 1861 erfolgten Wertveränderung der verschiedenen Bodenarten Rechnung. Der andere Bestandteil des Sicherheitswertes, der „normale Gebäudewert", wurde mit Hilfe von Tabellen ermittelt, die den normalen Gebäudewert je ha landwirtschaftlicher Fläche unter Berücksichtigung der Betriebsgröße und des Grundsteuerreinertrages angaben. Diesen Tabellen lagen die Schätzungsmerkmale zugrunde, die Anfang der 90er Jahre für die Veranlagung zur preußischen Ergänzungssteuer verwandt worden waren, und die es ermöglichten, den Anteil des Gebäudewertes am Gutswerte zu errechnen. Je nach der Lage des Gutshofes zur nächsten Ortschaft wurden bis zu 100% des errechneten nackten Bodenwertes und bis zu 200% des Normalgebäudewertes als Darlehen gewährt. Lasten und auf dem Objekt ruhende Steuern wurden kapitalisiert und von dem errechneten Darlehen abgezogen.

Für Mängel am toten und lebenden Inventar, für ungenügendes Gebäudekapital sowie für mangelhaften Zustand des Ackers, der Wiesen und der Wälder wurden Abzüge gemacht.

Das Bonitierungsregulativ teilte die Feldmark in Acker, Wiese und Wald, und jede Kulturart wiederum in eine Anzahl Klassen ein. Beim Acker richtete sich die Klassifikation nach der natürlichen Zusammensetzung des Bodens und nach seiner Brauchbarkeit für den Anbau der verschiedenen Feldfrüchte. Bei den Wiesen erfolgte die Klassifikation nach der Qualität des Pflanzenbestandes und des Heues. Vom Wald kam nur der nackte Boden, nicht der Bestand für eine Beleihung in Betracht. Um der Verkehrslage des Gutes Rechnung zu tragen, hatte man vier Zonen aufgestellt, in deren eine das Beleihungsobjekt je nach seiner Lage zu den verschiedenen Land- und Wasser-Straßen eingeordnet wurde. Nach den verschiedenen wirtschaftlichen Bezirken innerhalb des Beleihungsgebietes des Kreditinstitutes wurden die Werte für den nackten Grund und Boden innerhalb der einzelnen Kulturarten und Bodenklassen, die gleichzeitig die Höchstdarlehenbeträge darstellten, tabellenmäßig festgelegt. Je nach der Entfernung des Gutshofes von der nächsten Ortschaft wurden auf den nackten Grund und Boden 100% oder weniger des ermittelten Darlehensbetrages gegeben. Zur Ermittelung des Wert-

[1] Aereboe, Die Beurteilung von Landgütern und Grundstücken. 2. Auflage, Berlin 1921, S. 174 ff., 263—294.

anteils der Gebäude am Sicherheitswert wurden wieder Tabellen zu Hilfe genommen, die den Normalgebäudewert je ha landwirtschaftlicher Nutzfläche nach Bodenklasse und Betriebsgröße geordnet angaben. Für die Berechnung des zulässigen Pfandbriefdarlehns konnten bis zu 200% des Normalgebäudewertes in Ansatz gebracht werden. Die auf dem Objekt ruhenden Lasten und Steuern wurden kapitalisiert und alsdann vom Darlehen in Abzug gebracht.

Die nach diesen verschiedenen Methoden vorgenommenen landschaftlichen Taxen haben in der Vorkriegszeit eine Überbeleihung mit Erfolg verhindert. Im Durchschnitt betrugen vor dem Kriege die von den Landschaften gewährten Darlehen 30 bis 40% des Kaufpreises der beliehenen Güter.[1]

Die Mitglieder der älteren Landschaften haben jederzeit Anspruch auf Kreditgewährung, sobald die Beleihungsobjekte die satzungsgemäßen Voraussetzungen erfüllen.

Die Darlehen wurden nicht in bar, sondern in landschaftlichen Pfandbriefen gewährt, die dem Schuldner auf Wunsch ausgehändigt wurden. Die Versilberung konnte entweder durch den Schuldner selbst oder in dessen Auftrag durch die landschaftlichen Bankinstitute erfolgen. Dieser zweite Weg wurde, um die Pfandbriefkurse möglichst stabil zu erhalten, von einem Teil der Landschaften beschritten. Der Vorteil dieses „Pfandbriefdarlehens" für den Landwirt bestand darin, daß er je nach Bedarf größere oder kleinere Posten Pfandbriefe veräußern und, falls er kurzfristigen Betriebskredit benötigte, die noch in seinem Besitz befindlichen Stücke lombardieren konnte. Auf diese Weise brauchte der Landwirt die gefährlichen Wechselkredite nicht in Anspruch zu nehmen. Ein zweiter Vorteil war, daß bei günstiger Kursgestaltung der Schuldner Pfandbriefe auf dem Markt kaufen und sie der Landschaft einreichen konnte, wodurch eine Verminderung oder unter Umständen Abdeckung der Schuld ermöglicht wurde.

Eine teilweise oder gänzliche Rückzahlung des Darlehns vor Ablauf der Tilgung konnte nämlich jederzeit durch Einreichung von Pfandbriefen der gleichen Serie erfolgen, wie sie seinerzeit bei Aufnahme des Darlehns dem Schuldner ausgehändigt worden waren.

Ihrer ganzen Entstehung nach waren die Landschaften „ritterschaftliche" Kreditinstitute. Zur Zeit ihrer Errichtung gab es im preußischen Osten nur wenig freie Bauern, denen das Recht

---

[1] v. Altrock, Das Kur- und Neumärkische Rittersch. Kreditinstitut. Berlin 1915, S. 125; ders., Die Ostpr. Landschaft. Berlin 1914, S. 137.

zustand, die Scholle, auf der sie saßen, auch zu verschulden. So waren und sind auch heute noch, vor allem im Osten, die Landschaften in erster Linie die Geldgeber des Großgrundbesitzes. Zwar war man bald nach den Stein-Hardenbergischen Reformen bestrebt, auch dem bäuerlichen Besitz die Vorteile des landschaftlichen Kredites zugänglich zu machen, doch „waren diese Bestrebungen erfolglos, weil die maßgebenden Kreise die Ansicht vertraten, daß es nicht im Interesse der bäuerlichen Grundbesitzer läge, wenn man ihnen das Schuldenmachen zu sehr erleichtere".[1] Dagegen hat der billige landschaftliche Kredit es damals den Großgrundbesitzern möglich gemacht, bäuerliche Höfe in nicht unbeträchtlicher Anzahl zu erstehen und zum Gutsland zu schlagen. Erst von der Mitte des 19. Jahrhunderts ab haben die Landschaften oder eigens zu diesem Zweck errichtete Tochterinstitute[2] die Beleihung bäuerlichen Grundbesitzes aufgenommen. Vor dem Kriege beschränkten sich aber die bäuerlichen Beleihungen im wesentlichen auf Ostpreußen, Westpreußen, Brandenburg und Schlesien.[3] Wenn die Inanspruchnahme der Landschaften durch den bäuerlichen Besitz gering blieb, so lag dies in einer aus historischen Gründen erklärlichen Abneigung des Bauern gegen das „ritterschaftliche" Kreditinstitut überhaupt. Es war hier noch ein Überbleibsel des alten Gegensatzes zwischen Gutsherrn und erbuntertänigem Bauern lebendig geblieben. So erklärt es sich auch, daß der Bauer nur ungern den mit der Taxe beauftragten Landschaftsrat oder Landesältesten in die Interna seiner Wirtschaft hineinsehen ließ. Schließlich kam hinzu, daß die landschaftlichen Beleihungsvorschriften mehr auf die Verhältnisse der Großgrundbesitzer zugeschnitten waren, und so die Landschaften nicht immer das berechtigte Kreditbedürfnis der bäuerlichen Familienwirtschaft befriedigen konnten.

Günstiger lagen aber die Dinge im überwiegend bäuerlichen Westen, wo in der ersten Hälfte des 19. Jahrhunderts besondere Landesbanken oder Landeskreditkassen zur Versorgung des bäuerlichen Besitzes mit billigem, organisiertem Realkredit ins Leben gerufen worden waren.[4]

---

[1] H. Mauer, Agrarkredit, Grundriß der Sozialökonomik, 1922, Abt. VII, S. 205.

[2] Neue Westpreußische Landschaft. Neues Brandenburgisches Kreditinstitut. Neue Pommersche Landschaft.

[3] v. Altrock, Art. Landschaften, Hdw. d. Staatswiss., 4. Aufl., Bd., VI., S. 157.

[4] 1832 Landesbank der Provinz Westfalen (als Provinzialhilfskasse errichtet); 1832 Landeskreditkasse in Kassel; 1840 Nassauische Landesbank in Wiesbaden; 1840 Hannoversche Landeskreditanstalt; 1847

Die bedeutendsten unter ihnen waren die Hannoversche Landeskreditanstalt in Hannover und die Landesbank der Rheinprovinz in Düsseldorf. Sie pflegten gleichzeitig das Real- und Personal-Kreditgeschäft. Die Landesbank der Rheinprovinz vereinigte in sich die Aufgaben einer städtischen und ländlichen Realkreditanstalt, eines Kommunalkreditinstitutes, einer provinziellen Girozentrale und eines Personalkreditinstitutes. Das hannoversche Institut hatte Ende 1913 einen Hypothekenbestand von 181,3 Mill. M., davon ruhten allein 142,5 Mill. auf landwirtschaftlichen Grundstücken; die Landesbank der Rheinprovinz verfügte üebr 207 Mill. M an Hypotheken, von denen 138,3 Mill. M an die Landwirtschaft vergeben waren.[1] Die Beleihungstätigkeit der beiden Institute beschränkte sich auf die betreffenden Provinzen. Ihre Realkredite waren durch erststellige Hypotheken zu sichern. Eine Begrenzung des Darlehensbetrages nach unten fand nicht statt, sodaß auch dem Kreditbedürfnis des kleinen und kleinsten Grundbesitzes Rechnung getragen werden konnte. Die Hannoversche Landeskreditanstalt durfte ausnahmsweise auch Kredit auf Grund zweitstelliger Hypotheken geben, solange sich das Darlehn innerhalb der ihr vorgeschriebenen Beleihungsgrenze hielt.

Die Bemessung des Darlehns erfolgte bei der Hannoverschen Landeskreditanstalt nach dem Grundsteuerreinertrage. Für die einzelnen Teile der Provinz waren auf Grund jahrzehntelanger Erfahrungen Multiplikatoren tabellenmäßig zusammengestellt worden, mit denen zur Ermittlung des wirklichen Reinertrages der Grundsteuerreinertrag multipliziert wurde. Das 25fache dieses so gefundenen Reinertrages ergab den Ertragswert des Grundstückes. In den Fällen, in denen eine örtliche Schätzung des Objektes vorgenommen werden mußte, hatte der Taxator ebenfalls den nachhaltigen Reinertrag festzustellen, damit daraus die „reine Bodenrente" gefunden werden konnte. Die Art, wie die reine Bodenrente im einzelnen Falle auf die sicherste und zutreffendste Art zu ermitteln war, wurde dem eigenen Ermessen des Schätzers überlassen. Daneben aber sollten die Taxatoren sich über den Verkaufswert des zu beleihenden Grundbesitzes im ganzen, sowie über den voraussichtlichen Erlös aus einer etwa notwendig werdenden Zwangsversteigerung

---

Landesbank der Rheinprovinz (als Provinzialhilfskasse errichtet); im gleichen Jahr, ebenfalls ursprünglich als Provinzialhilfskasse, die Sächsische Provinzialbank; 1853 Provinzialhilfskasse für Schlesien; s. v. Hippel a. a. O. S. 124 ff. In den außerpreußischen Bundesstaaten Norddeutschlands versahen die Staatsbanken die Aufgaben der Landesbanken, so in Braunschweig die Braunschweigische Staatsbank, in Oldenburg die Staatliche Kreditanstalt; auch die Thüringischen Einzelstaaten verfügten jeder für sein Gebiet über eine Landesbank. S. v. Hippel a. a. O. S. 48 ff.

[1] Berthold-Seelmann, Die Deutsche Rentenbank und Deutsche Rentenbank-Kreditanstalt. Berlin 1926, S. 246/47.

äußern. Die Darlehen durften die Hälfte des ermittelten Ertragswertes nicht übersteigen.

Die Landesbank der Rheinprovinz durfte ländliche Grundstücke bis zum 25fachen des Katasterreinertrages oder bis zu zwei Dritteln des Taxwertes beleihen. Auch hier wurde im Wege der Schätzung der Ertragswert ermittelt.

Die Landesbanken gaben ebenso wie die Landschaften unkündbare, langfristige Tilgungsdarlehen.

Die Mittel beschafften sich die Landesbanken durch Ausgabe von Obligationen. Die Generalgarantie oder die Nachschußpflicht der Landschaften wurde hier durch die Haftung des Provinzial- bezw. des Bezirksverbandes (Kassel und Wiesbaden) ersetzt. Im Hinblick auf die geringere geschäftliche Gewandtheit des bäuerlichen Besitzers gewährten sie ihre Darlehen auch nicht in Schuldverschreibungen, sondern in barem Gelde, sodaß dem Schuldner die Sorge und Mühe um deren Versilberung genommen war. Sie erreichten damit auch eine bessere Anpassung ihrer Emissionstätigkeit an die wechselnden Verhältnisse des Kapitalmarktes.

Einzelne Landesbanken, wie z. B. die Landesbank der Rheinprovinz, gestatteten aber trotzdem dem Schuldner nach Ablauf von 10 Jahren das Darlehen jederzeit durch Einreichung des entsprechenden Betrages an Obligationen vorzeitig zurückzahlen. Die Schuldner genossen hierbei den Vorzug der landschaftlichen Pfandbriefdarlehen, daß sie die Schuldverschreibungen unter Pari zurückkaufen konnten. Die meisten Landesbanken verlangten allerdings bei vorzeitiger Ablösung der Darlehen eine Barrückzahlung.

In den kleinbäuerlichen Gebieten Süddeutschlands bestanden weder Landesbanken noch Landschaften. Hier waren die Landwirte darauf angewiesen, die Hilfe der Hypothekenbanken in Anspruch zu nehmen. Während Landschaften und Landesbanken öffentlich rechtliche Kreditinstitute auf gemeinnütziger Grundlage darstellen, sind die Hypothekenbanken privatwirtschaftlich orientierte, kapitalistische Erwerbsunternehmen. In der Art der Kreditgewährung unterscheiden sich die Hypothekenbanken zunächst nicht wesentlich von den Landschaften und Landesbanken. Auch sie geben auf landwirtschaftliche Grundstücke fast ausschließlich unkündbaren, langfristigen Amortisationskredit. Der § 6 des Hypothekenbankgesetzes von 1900 (HypBG.) bestimmt sogar, daß die Hälfte der zur Deckung von Pfandbriefen verwandten landwirtschaftlichen Hypotheken Amortisationshypotheken sein müssen. Im Gegensatz zu den Landschaften erfolgt jedoch die Auszahlung der Darlehen grundsätzlich in barem Geld; in gleicher Weise muß vom Schuldner die Rückzahlung des Darlehens bei vorzeitiger Ablösung bewirkt werden. Als kaufmännisch geleitete Erwerbsunternehmen sind die Hypothekenbanken vor allem vor dem Kriege nicht selten wendiger und kulanter in der Behandlung des Darlehenssuchers gewesen. Sie mußten dies auch sein, wenn sie den Konkurrenzkampf mit den öffentlich-rechtlichen Kreditanstalten in Norddeutschland aufnehmen wollten. Allerdings hatte die Mehrzahl der norddeutschen Hypothekenbanken für das landwirtschaftliche Realkreditgeschäft wenig Interesse, da sich dort, wo die Landschaften auf dem Posten waren, wenig Gewinnmöglichkeiten zeigten. An der Beleihung bäuerlichen Besitzes lag den Hypothekenbanken nördlich des Main wenig, da diese kleinen Beleihungen verhältnismäßig mehr Arbeit und Unkosten verursachten als die großen Kredite. So kam es, daß die Domäne der Hypothekenbanken in Norddeutschland das städtische Grundkreditgeschäft und die Gewährung von Kommunaldarlehen war. Eine Ausnahme machte vor dem Kriege in Norddeutschland die Preußische Central-Bodenkredit-Aktiengesellschaft. Es ist dies aus der Entstehungsgeschichte des Instituts zu erklären, das ursprünglich dazu dienen sollte, als Spitzeninstitut der preußischen Landschaften eine Vereinheitlichung und Zentralisierung der Pfandbriefausgabe für das gesamte Gebiet des preußischen Staates herbeizuführen.[1] Sonst haben, wie schon ausgeführt, die Hypothekenbanken eine Bedeutung für den landwirtschaftlichen Realkredit nur in Süddeutschland gewinnen können. Von den süddeutschen Instituten verfügte die Bayrische Hypotheken- und Wechselbank über den größten Bestand an landwirtschaftlichen Hypotheken (31. 12. 13 259,6 Mill. M.); es folgten dann in weitem Abstand die Süddeutsche Boden-Kreditbank, die Bayrische Handelsbank, die Bayrische Vereinsbank und die Rheinische Hypothekenbank in Mannheim. Der Bayrischen Hypotheken- und Wechselbank stand ein sehr ausgebreitetes Netz von Zweigstellen, Depositenkassen und Agenturen bis weit in die kleinen Dörfer hinein zu Gott. Sie war dadurch das für den bäuerlichen Realkredit in erster Linie geeignete Institut, das zudem auch kleine Darlehen bis zu 1000 M. herunter gewährte.

[1] Die Preußische Central-Bodenkredit-Aktiengesellschaft in Berlin. Denkschrift aus Anlaß des fünfzigjährigen Bestehens der Gesellschaft. Berlin 1921. (Verf. E. Wegener.) S. 27.

Im Gegensatz dazu war die Preußische Central-Bodenkredit-A.-G. sehr viel weniger bäuerliches Kreditinstitut. Ihr Kundenkreis und auch der der anderen norddeutschen Hypothekenbanken setzte sich vor allem aus solchen größeren Landwirten zusammen, die nach den Satzungen der Landschaften nicht landschaftsfähig waren, oder deren Kreditbedürfnis infolge der verschiedentlich überalteten Taxvorschriften der Landschaften von diesen nicht in ausreichender Weise befriedigt werden konnte.[1] Dazu kam, daß die Barauszahlung der Darlehen, die bei den Hypothekenbanken üblich war, dem Schuldner eine genaue Übersicht über das erzielbare Darlehen gewährte und seine finanziellen Dispositionen erleichterte.

Da die Hypothekenbanken weder über eine Generalgarantie, noch über die Bürgschaft eines öffentlichen Körpers verfügten, beruhte die Bonität ihrer Pfandbriefe in erster Linie auf der Güte der Beleihungsobjekte und ihrer vorsichtigen Taxierung. So haben die Hypothekenbanken nicht, wie man vielleicht vermuten könnte, den Konkurrenzkampf gegen die Landschaften dadurch geführt, daß sie allzu weitherzig in der Kreditgewährung gewesen wären.

Da die Preußische Central-Bodenkredit-A.-G. und die Bayrische Hypotheken- und Wechselbank von 890 Mill. M. landwirtschaftlicher Hypothekenbankdarlehen zusammen 553 Mill. M. = 62% gewährt hatten, soll ihre Tätigkeit in Folgendem näher behandelt werden.

Die Beleihungstätigkeit der Banken mußte sich im Rahmen der Bestimmungen des Hypothekenbankgesetzes halten. Es bestimmt, daß die Beleihung in der Regel nur zur ersten Stelle zulässig ist (§ 11). Hinsichtlich der Bewertung verlangt es, daß der „bei der Beleihung angenommene Wert des Grundstücks den durch sorgfältige Ermittelung festgestellten Verkaufswert nicht übersteigen darf" (§ 12), und daß das Darlehen bei landwirtschaftlichen Grundstücken bis zu $^2/_3$ dieses Wertes betragen kann (§ 11 Abs. 2). Die Wertermittelungsvorschriften müssen darauf hinweisen, daß nur die dauernden Eigenschaften des Grundstückes und der Ertrag berücksichtigt werden, den das Grundstück bei ordnungsgemäßiger Bewirtschaftung jedem Besitzer nachhaltig gewähren kann.

Die Wertermittlungsvorschriften der Preußischen Central-Bodenkredit-A.-G. sahen die Vornahme einer generellen und speziellen

[1] Aereboe, Agrarpolitik, Berlin 1928, S. 485.

Taxe vor. Die spezielle Taxe ist bei außerhalb Preußens gelegenen Grundstücken stets, bei preußischen Beleihungsobjekten nur auf besonderen Wunsch der Direktion vorzunehmen. Bei der generellen Taxe werden der Zustand der Gebäude, der Besatz mit totem und lebendem Inventar, dessen Zustand, und vor allem die Preise berücksichtigt, die in den letzten 10 Jahren für Grundstücke ähnlicher Art wie das Beleihungsobjekt und in der gleichen Gegend erzielt worden sind. Das Höchstdarlehn ist der 35fache Grundsteuerreinertrag, jedoch darf der so ermittelte Betrag nicht die Hälfte des Verkaufspreises für ähnliche Grundstücke in der gleichen Gegend übersteigen.

Die spezielle Wertermittlung sieht eine Bonitierung des Beleihungsobjektes nach den Vorschriften des Preußischen Grundsteuergesetzes vom 21. 5. 1861 vor. Der Wert der einzelnen Kulturarten wird unter Berücksichtigung aller den dauernden Kapital- und Verkaufswert bestimmenden Momente und des Reinertrages berechnet, den das Grundstück jedem Besitzer bei einer gemeingewöhnlichen Bewirtschaftung nach Abzug des notwendigen Aufwandes im Durchschnitt einer Reihe von Jahren gewähren kann. Die vorhandenen Gebäude werden selbständig nicht bewertet; Lasten und Steuern, die auf dem Grundstück ruhen, werden mit dem 20fachen Durchschnitt der letzten 6 Jahre vom Gesamttaxwert in Abzug gebracht.

Im Durchschnitt der Jahre 1902—13 betrugen die auf Grund dieser Wertermittlungsvorschriften von der Preußischen Central-Bodenkredit-A.-G. vergebenen Darlehn 38% des Verkaufspreises.[1]

Die Bayrische Hypotheken- und Wechselbank belieh, soweit ihr landwirtschaftliches Geschäft in Betracht kam, fast ausschließlich bayrische Grundstücke. Sobald eine örtliche Schätzung des Objekts erforderlich war, wurde der Beleihungswert an Hand einer Grundtaxe ermittelt. Dabei waren alle den Wert des Grundstückes beeinflussenden Umstände seiner näheren Umgebung zu berücksichtigen. Die Bonitierung der landwirtschaftlichen Fläche erfolgte nach den Angaben des Katasters und die Bewertung unter Berücksichtigung der in der betreffenden Gegend erzielten Preise und des Ertrages, der bei gewöhnlicher, ordnungsmäßiger Bewirtschaftung von jedem Eigentümer erzielt werden konnte. Der Wert der Gebäude sollte im allgemeinen nicht mehr als $^{1}/_{5}$, höchstens $^{1}/_{3}$ des Gesamtwertes betragen. Die Darlehen machten im Jahre 1913 durchschnittlich 49,12% des Verkaufswertes der beliehenen Grundstücke aus.[2]

Einzelne Banken in Süddeutschland nahmen noch Taxen nach dem Ertragswert vor, und gelegentlich wurde auch der Beleihungswert des Grundstückes aus dem Mittel von Grund- und Ertragswert errechnet.

Art und Auszahlung der Darlehen sind gleichfalls im Hypothekenbankgesetz geregelt. § 6 bestimmt, daß die Hälfte der landwirtschaftlichen Darlehen Amortisationsdarlehen sein müssen, bei denen der jährliche Tilgungssatz auf mindestens $^{1}/_{4}$% festzusetzen ist. Die Amortisationshypotheken müssen ferner für die

---

[1] Preußische Central-Bodenkredit-A.-G. Geschäftsbericht für 1913.

[2] Bayrische Hypotheken- und Wechselbank Geschäftsbericht für 1913, S. 8.

Bank unkündbar sein (§ 19), wogegen dem Schuldner die Kündigung nur auf 10 Jahre verwehrt werden darf. Die Annuität darf außer Zins und Tilgungsquote keine Verwaltungskostenbeiträge enthalten. Die Hypothekenbanken pflegten im allgemeinen auf ländliche Grundstücke nur Amortisationsdarlehen zu vergeben. Die Preußische Central-Bodenkredit-A.-G. und die Bayrische Hypotheken- und Wechselbank haben sogar landwirtschaftliche Grundstücke grundsätzlich nur mit Tilgungsdarlehen beliehen.

Die Auszahlung des Darlehens erfolgte bei den norddeutschen Hypothekenbanken und der Bayrischen Hypotheken- und Wechselbank stets in bar. Da sich jedoch die Institute ihre Mittel wieder durch die Emission von Pfandbriefen beschaffen mußten, stand die Höhe der Barauszahlung und die Verzinsung des Darlehens mit dem Pfandbriefkurse in engem Zusammenhang.

Die Banken bemühten sich daher auch, um ihr Risiko zu vermindern, den Kurs ihrer Pfandbriefe möglichst stabil zu halten. Die vorzeitige Rückzahlung von Tilgungsdarlehen mußte in barem Gelde erfolgen. Die süddeutschen Hypothekenbanken machten vereinzelt von dem Recht (§ 14 HypBG.) Gebrauch, Pfandbriefdarlehen zu gewähren. Allerdings wurden die Pfandbriefe hier auch nicht dem Schuldner ausgehändigt und ihm die Verwertung überlassen, sondern die Bank selbst nahm die Versilberung vor, sodaß sie in der Lage war, die Kurse ihrer Pfandbriefe zu regulieren.

Wir haben gesehen, weshalb der organisierte Realkredit im Osten in erster Linie auf die Kreditversorgung des Großgrundbesitzes zugeschnitten war. Entsprach doch auch im Westen der auf Pfandbriefemission basierte Kredit der Landesbanken nicht immer voll dem Bedürfnis des Bauern. Der Aufbau des organisierten Kredites bringt es mit sich, daß er nur von verhältnismäßig großen Instituten gepflegt werden kann, deren Ansehen und Vermögen allein dem Pfandbriefkäufer schon eine Gewähr für die Güte des Pfandbriefes bietet. Das bedingt eine gewisse Zentralisierung der Geschäftsführung und eine vorsichtige Taxierung der Beleihungsobjekte, die nicht immer auf die individuellen Verhältnisse des einzelnen Schuldners einzugehen vermag.

Der nicht organisierte Realkredit, vor allem der der Sparkassen, vermeidet die Hemmnisse, die der organisierte Pfandbriefkredit den bäuerlichen Schuldnern bereitet. Die Sparkassen bieten dem bäuerlichen Grundbesitz den Vorteil leichterer Zugänglichkeit und der Vermeidung von Formalitäten. Der Bauer kann sein Darlehnsgesuch dem ihm oft persönlich bekannten Sparkassenleiter mündlich vortragen. Die Sparkasse ihrerseits vermag bei der Kreditbemessung die persönliche Kreditwürdigkeit des Darlehnsnehmers zu berücksichtigen; sie kann besser individualisieren. Mit andern Worten, die Bodenkreditgewährung vollzieht sich in einer Form, die dem bäuerlichen Charakter und der bäuerlichen Eigenart Rechnung trägt.[1] So erklärt es sich auch, daß im Jahre 1912 von den 2,5 Milliarden M. landwirtschaftlicher Hypotheken der preußischen Sparkassen 75% auf Grundstücken der westlichen Provinzen ruhten, wo die bäuerliche Agrarverfassung überwiegt.

Die Sparkassen beliehen im allgemeinen zur ersten Stelle und auch dann nur innerhalb ihres Amtsbereiches. Nur vereinzelte Sparkassen im Westen Preußens durften außerhalb ihres Bezirkes oder außerhalb ihrer Provinz Grundstücksbeleihungen vornehmen. Zweitstellige Hypotheken durften nur dann gegeben werden, wenn das Darlehn sich noch innerhalb der satzungsgemäßen Sicherheitsgrenze befand. Die Bemessung des Darlehns erfolgte in den meisten Fällen ohne örtliche Besichtigung nach dem Grundsteuerreinertrag; im Westen waren Taxen häufiger als im Osten Preußens. Die Darlehnshöhe schwankte zwischen dem 22½fachen und 50fachen des Grundsteuerreinertrages; für die Gebäude wurde ein Zuschlag berechnet, dessen Höhe sich nach der Feuerversicherungssumme oder nach dem Gebäudesteuernutzungswert richtete. Irgend welche Taxordnungen oder Wertermittlungsvorschriften bestanden bei den preußischen Sparkassen nicht. In vielen Fällen legte man die entsprechenden Vorschriften der Landschaften zugrunde. Die Beleihungen gingen bis zu zwei Dritteln des ermittelten Wertes, und diese Werte lagen nicht selten über denen, die die Landschaft der gleichen Provinz ihren Beleihungen zugrunde legte. Mißstände haben sich aus dieser Praxis der Sparkassen in der Vorkriegszeit jedoch nicht ergeben.

Die Sparkassendarlehen haben allerdings den Nachteil, daß sie in der großen Mehrzahl Kündigungshypotheken sind; von den 2,4 Milliarden Mark landwirtschaftlicher Hypothekendarlehen preußischer Sparkassen waren 1912 nur 0,6 Milliarden M. (25%) Amortisationshypotheken. Der geringe Bestand an Tilgungsdar-

---

[1] Mauer, Agrarkredit, G. d. S. VII, S. 210.

lehen erklärt sich aus einer Abneigung sowohl der Geldnehmer wie der Geldgeber gegen diese Form des Kredits. Die Landwirte scheuten die erhöhte Aufbringung besonders in den Fällen, wo sie schon hochverschuldet waren, oder in den Gegenden, wo ein häufiger Wechsel im Grundeigentum stattfand. Die Sparkassen andrerseits legten im Interesse ihrer Liquidität Wert auf kündbare Hypotheken. Der Anteil der Tilgungshypotheken an den ländlichen Hypotheken überhaupt war am größten in Hohenzollern (98%), dann in Hessen-Nassau (75%) und schließlich in Posen (57%);[1] in Hannover machte sich im letzten Jahrzehnt vor dem Kriege eine zunehmende Neigung zur Aufnahme von Amortisationshypotheken bemerkbar. Die Tilgungssätze schwankten zwischen ¼ und 10%; der beliebteste und am meisten zur Anwendung gekommene Satz war 1%. Die Tilgungsquoten waren in den östlichen Provinzen sowie in Hannover niedriger als in den westlichen Provinzen und in Schleswig-Holstein.

Vor dem Kriege haben allerdings die Sparkassen von dem ihnen zustehenden Kündigungsrecht nur selten Gebrauch gemacht. Sie haben sich bemüht, stets so liquide zu sein, daß sie bei vermehrten Abzügen der Spargelder auf fällige Hypotheken nicht zurückzugreifen brauchten. Auch hielten sie im Verhältnis zum Vermögen den Bestand an landwirtschaftlichen Hypotheken niedrig. Von den preußischen Sparkassen waren durchschnittlich 17% des Vermögensbestandes in ländlichen Hypotheken angelegt. Besonders hoch war der Anteil in Hohenzollern mit 41,9% und in Hannover und Schleswig-Holstein mit je 34% des Anlagevermögens.[2] Die Gefahr der Kündbarkeit blieb gering, solange, — wie das vor dem Kriege der Fall war, — die Kapitalbildung stark zunahm, so daß den Sparkassen ein ständiger Strom neuer Einlagen zufloß. Die Gefahr mußte aber dringend werden, wenn einmal der Kapitalzustrom abebben würde.

Wenn dies in der Vorkriegszeit nicht eingetreten ist, so wird man sich über diesen Fehler in der Organisation des landwirtschaftlichen Realkredits nicht hinwegtäuschen dürfen, sondern sich darüber klar sein müssen, daß dieser Mangel der Organisation durch den beispiellosen wirtschaftlichen Aufschwung Deutschlands in der Vorkriegszeit verdeckt wurde.

Dasselbe gilt, sogar in verstärktem Maße, für die Realkreditgewährung seitens der G e n o s s e n s c h a f t e n.

---

[1] v. A l t r o c k, Die öffentlichen Sparkassen in Preußen. Berlin 1917, S. 141.

[2] v. A l t r o c k, a. a. O., S. 46.

Die Höhe dieser Kredite ist für die Vorkriegszeit nicht zu ermitteln, da die Genossenschaften in ihren statistischen Übersichten Realkredite und Personaldarlehen, die durch Sicherheitshypotheken gedeckt waren, nicht auseinanderhielten. Die Gewährung von Realkredit war auch gar nicht Aufgabe der Genossenschaften, sondern ihnen lag in erster Linie die Pflege des landwirtschaftlichen Personalkredites ob. Die großen Genossenschaftsverbände wiesen daher die ländlichen Spar- und Darlehnskassen wiederholt an, ihre flüssigen Mittel und Reserven nicht in Hypotheken anzulegen, sondern den Verbandskassen zuzuführen.[1] Die Spar- und Darlehnskassen aber ließen sich durch die steigenden Zinssätze für Hypothekendarlehen verführen, diese Weisung ihrer Verbandsorgane zu übertreten. Vor allem waren es die Spar- und Darlehnskassen im Westen und Süden, die in Jahren guter landwirtschaftlicher Konjunktur über einen sehr reichlichen Zufluß an Spareinlagen verfügten; sie benutzten dann gern die Gelegenheit, diese Mittel zu 4—4½% in langfristigen Darlehnshypotheken anzulegen, statt sie an die Zentralkassen abzuführen, die ihnen für die Einlagen nur einen geringeren Zinssatz vergüteten. Da für diese Hypotheken nicht nur die langfristig verfügbaren Reserven der Kassen, sondern auch ein Teil der Spareinlagen zu Hilfe genommen wurden, bestanden die Genossenschaften meist auf einer vierteljährlichen Kündigungsfrist.

Eine solche Realkreditgewährung der Genossenschaften war in den Kleinbauerngebieten des Westens und Südens ungefährlich und berechtigt, wo sie in der Form der sogenannten „Güterzieler“ erfolgte, um den bäuerlichen Landwirten den Ankauf von Land zu ermöglichen. Denn der Bauer pflegte Grund und Boden vor dem Kriege im allgemeinen nur dann zu kaufen, wenn er über einen dem Kaufpreis annähernd entsprechenden Barbetrag aus eigenen Mitteln verfügte. So bildeten die Güterzieler in der Regel nur einen verhältnismäßig kleinen Teil des Kaufpreises und konnten deshalb auch meist in wenigen Jahren wieder zurückgezahlt werden.[2]

Im Gegensatz zum bäuerlichen Besitz haben die Großgrundbesitzer nur wenig nicht organisierten Realkredit in Anspruch genommen. Ihr Kreditbedürfnis wurde ja durch Landschaften und Hypothekenbanken ausreichend gedeckt. Die Darlehen der Sparkassen genügten dem Kreditbedarf nicht, da diese aus Grün-

[1] Jahrbuch des Reichsverb. deutscher landw. Gen. für 1909, S. 168.
[2] H. Mauer a. a. O., S. 212.

den der Liquidität und Sicherheit nicht gerne Hypothekarkredit in großen Posten vergaben. Dem Großgrundbesitz standen für die nicht organisierte Realkreditaufnahme daher im wesentlichen nur die Lebensversicherungsgesellschaften zur Verfügung. Ihre Inanspruchnahme war aber gering, zumal auch die Versicherungsgesellschaften selbst das städtische Realkreditgeschäft wegen seiner einfacheren Handhabung bevorzugten. Dazu kam weiter, daß die gesetzlichen Beleihungsvorsehriften[1] die Gesellschaften in der Bemessung der Darlehen sehr einschränkten, so daß die Realkredite der Versicherungsunternehmen in ihrer Höhe nicht selten hinter denen der Pfandbriefinstitute zurückblieben. Das Reichsaufsichtsamt für Privatversicherung wirkte außerdem darauf hin, daß das einzelne landwirschaftliche Darlehn in der Regel M 200 000,— nicht überstieg. So kam es, daß 1911 von 108 Gesellschaften sich nur 24 mit der Vergebung landwirtschaftlichen Realkredits befaßten und nur 35,3 Millionen Mark gleich 0,8% der Hypothekenanlage aller Versicherungsgesellschaften auf landwirtschaftlichen Grundstücken ruhten; hiervon waren 2 Millionen Mark als Tilgungshypotheken ausgeliehen; der Rest war als Kündigungshypotheken auf 10 Jahre fest gewährt.[2]

Im Gegensatz zu den privaten Lebensversicherungsgesellschaften hatten die öffentlich-rechtlichen Lebensversicherungsanstalten die Anlage ihrer Reserven in landwirtschaftlichen Hypotheken in den Vordergrund gestellt. Die Errichtung der öffentlich-rechtlichen Lebensversicherungsanstalten war sogar mit dem ausdrücklichen Nebenzweck erfolgt, die Kreditgewährung an die Landwirtschaft zu erleichtern. Als erste Anstalt dieser Art trat die Lebensversicherungsanstalt der Ostpreußischen Landschaft im Jahr 1910 ins Leben. Nach ihrem Muster wurden ähnliche Anstalten in anderen Provinzen und Bundesstaaten errichtet, konnten aber vor dem Kriege keine nennenswerten Realkredite der Landwirtschaft mehr zuführen. Die acht bis 1914 errichteten öffentlich-rechtlichen Lebensversicherungsanstalten hatten im ganzen einen Hypothekenbestand von 3,9 Millionen Mark, die zum größten Teil auf landwirtschaftlichen Grundstücken ruhten.

Die Lebensversicherungsanstalt der Ostpreußischen Landschaft gewährte aus ihren Prämienreserven hypothekarische Dar-

[1] § 60 VAG. — RGBl. 1901, S. 139.

[2] Rudolf Mueller, Anlage und Verwaltung der Kapitalien privater Versicherungsunternehmen. Berlin 1914, S. 39 ff.

leben bis zu $^5/_6$ oder $^6/_6$ der landschaftlichen Taxe. Das machte etwa 43% des Kaufpreises der Güter aus.[1] Die Eintragung des Darlehns mußte im Range unmittelbar hinter der landschaftlichen Hypothek erfolgen, konnte also zweitstellig sein. Gläubiger und Schuldner konnten das Darlehn mit einer Frist von drei Monaten zum Ende jedes Kalendervierteljahres kündigen. Bis 1913 waren 211 ländliche Darlehen im Gesamtbetrage von 1,08 Millionen Mark vergeben worden. $^3/_5$ der Darlehen entfielen auf Grundstücke unter 50 ha, $^5/_6$ auf Besitzungen unter 100 ha. Der Durchschnittsbetrag des Darlehns betrug M 5127,—. Zweck dieser Kredite sollte vor allem die Entlastung des Grundbesitzers von kurzfristigen, teueren Personalschulden und von relativ hochverzinslichen zweiten Hypotheken sein.

Die Versicherungsträger der Sozialversicherung kamen für ländliche Realkreditgewährung nur in geringem Umfange in Betracht. Der größte Anteil entfiel auf die Landesversicherungsanstalten der östlichen preußischen Provinzen mit ihrem vorwiegend agrarischen Einschlag. Es wurden im allgemeinen bis zu 75% des Verkaufspreises der beliehenen Objekte gegeben.

Obwohl den landwirtschaftlichen Grundbesitzern ein dichtes Netz von Anstalten zur Verfügung stand, die organisierten und nicht organisierten Realkredit gaben, spielte doch der private Grundkredit eine nicht unwesentliche Rolle. Zahlenangaben über den Anteil des privaten Grundkredites an der gesamten Hypothekarverschuldung der deutschen Landwirtschaft in der Zeit vor 1914 sind leider nicht vorhanden. Der private Grundkredit war ein meist zweitstelliger Realkredit; er wurde aufgenommen, um die von den Anstalten nicht voll ausgeschöpfte Beleihungsfähigkeit auszufüllen. Bei der vorsichtigen Beleihung der Landschaften, deren Wertermittelungsvorschriften oft nicht den gestiegenen Sicherheitswerten der Landgüter gefolgt waren,[2] blieb einem Landwirt, der größere, produktive Aufwendungen vornehmen wollte, häufig nichts anderes übrig, als zum zweitstelligen privaten Hypothekarkredit zu greifen. Eine solche Kreditaufnahme hatte ihre großen wirtschaftlichen Gefahren, da der private Grundkredit alle Nachteile des nicht organisierten Kredites in verstärktem Maße aufwies. Da das Risiko des Gläubigers nicht klein war, war der zweitstellige Kredit teuer, dazu

---

[1] v. Altrock, Die Ostpreußische Landschaft, S. 145.

[2] Aereboe, Die Beurteilung von Landgütern und Grundstücken. 2. Aufl. 1921, S. 223 ff.

kam, daß in der Mehrzahl der Fälle die Wertermittelung und die Bemessung der Höhe des Kredites nicht von sachverständiger Seite erfolgte, so daß Überbeleihungen nicht ausgeschlossen waren.

Ganz eigenartige Verhältnisse bestanden vor dem Kriege in Mecklenburg, wo der private Realkredit überwog und der Anstaltskredit vollständig zurücktrat. Diese Erscheinung ist historisch zu erklären. Vor Einführung des Bürgerlichen Gesetzbuches im Jahre 1900 genügte in Mecklenburg zur Abtretung einer Hypothek eine unbeglaubigte Erklärung, und der Hypothekenbrief selbst konnte im Wege der Blankozession an einen Dritten übertragen werden. Dadurch hatte der Hypothekenbrief fast den Charakter eines Inhaberpapieres angenommen. Man brauchte also nicht den organisierten Realkredit, der erst durch seinen Pfandbrief die Hypothek verkehrsfähig machte. Das Kreditgeschäft spielte sich daher in einigen wenigen Notariatsbüros ab. Die Notare übernahmen die Auszahlung der Gelder an den Schuldner und auch die Einziehung der Zinsen für den Gläubiger. Da aber die Kapitalbildung in dem rein agrarischen Mecklenburg nicht sehr groß war, bestand die Übung, größere Darlehen nicht in einem Betrage, sondern von vornherein geteilt eintragen zu lassen. So erklärt es sich, daß die mecklenburgischen Grundstücke mit 100 bis 150 Hypotheken beliehen waren, und daß 100-Mark-Darlehen keine Seltenheit bildeten. Diese Art der Kreditgewährung konnte ohne Schaden für Gläubiger und Schuldner nur in einem kleinen Lande vorgenommen werden, wo einer den andern kannte; andernfalls würde die Übersicht über die Bonität des zirkulierenden Hypothekenbriefes verlorengegangen sein.

Auch nach Einführung des Bürgerlichen Gesetzbuches von 1900, das die Übertragung der Hypothekenbriefe erschwerte, verblieb die Realkreditgewährung in Mecklenburg weiter fast ausschließlich in der Hand der Notare.

Zu seinem überwiegenden Teil war der private Kredit aber Besitzkredit. Er entstammte den Gutskäufen, bei denen der Verkäufer einen Teil des Kaufgeldes unter hypothekarischer Sicherung hatte stehenlassen, oder es waren Erbgelder für die Miterben des Hofbesitzers. Die Restkaufgelder wurden meist auf lange Zeit festgeschrieben und bei Verfall selten gekündigt, sondern stehengelassen, solange die Zinszahlung pünktlich erfolgte. Im Gegensatz zu den zweiten Hypotheken, die zu Anlagezwecken aufgenommen wurden, war bei den Restkaufgeldern die Gefahr der Überlastung gering. Denn bei jedem Gutskauf prüft der Kauflustige die besonderen, bei Zustandekommen des Kaufes eintretenden Zinsverhältnisse. Diese ergeben sich aus der schon vorhandenen Verschuldung des Kaufobjektes, den Zinsbedingungen für das Restkaufgeld und für den „Ankurbelungskredit", den der Käufer benötigt, um die übernommene Wirtschaft in Gang zu bringen. Diese Zinsverhältnisse vergleicht der Käufer mit den zu erwartenden Erträgen, so daß sie entscheidend auf die Höhe des Preises einwirken, den der Ersteher zu zahlen bereit ist. Auf diese Weise erklärt es sich, daß vor dem Kriege, als man die Ertragsmöglichkeiten eines Landgutes einigermaßen übersehen konnte, selten eine Überlastung des Schuldners durch Restkaufgelder stattfand. Sie wurden nur gefährlich, wenn ihre Kündigung erfolgte und ihr grundbuchlicher Rang so schlecht war, daß ein Ersatz durch einen Pfandbrief- oder nicht organisierten Realkredit nicht erfolgen konnte.

Restkauf- und Erbgelder sind „nicht Werte, die der Grundbesitzer auf sein Grundstück aufgenommen hat, sondern solche, die er davon abgetreten hat".[1] Inwieweit Erbgelder dadurch die wirtschaftliche Existenz des belasteten Betriebes gefährden, hängt davon ab, ob bei der Erbauseinandersetzung die Bewertung des Landgutes in der Absicht erfolgte, den Besitzer leistungsfähig und die Familie als solche bodenständig zu erhalten, oder ob diese beiden Gesichtspunkte bei der Erbauseinandersetzung in den Hintergrund traten. Im weitaus überwiegenden Teile des Deutschen Reiches herrschte, wenigstens in der Bauernschaft, durchaus die erste Auffassung vor.

Die Verbundenheit mit der Scholle und der Wille, sie geschlossen in der Familie zu erhalten, haben daher auch in der Vorkriegszeit fast immer die Miterben bewogen, von einer Kündigung ihrer Erbgelder dann abzusehen, wenn ihre Mobilisierung den belasteten Betrieb in wirtschaftliche Schwierigkeiten zu bringen drohte.[2]

Außerdem war man, jedenfalls in den wohlhabenderen bäuerlichen Gebieten, bestrebt, diese Erbgelder möglichst bald abzustoßen. Nach ihrer Höhe richteten sich die Anforderungen, die der heiratslustige Bauer an die Mitgift seiner Braut stellte. Nur dann pflegte der Bauer eine Ehe einzugehen, wenn das Vermögen

[1] Rodbertus, Zur Erklärung und Abhilfe der heutigen Kreditnot des Grundbesitzes. 1893, S. 191.

[2] Sering, Die Vererbung des ländlichen Grundbesitzes im Königreich Preußen. Berlin. Paul Parey.

der jungen Frau zur Abdeckung der auf dem Hof stehenden Erbgelder ausreichte. Aus diesen Gründen war der Besitzkredit in Form von Erbgeldern im allgemeinen die ungefährlichste Art des privaten Grundkredites.

Stellenweise aber hatte die Verschuldung mit Besitzkredit vor dem Kriege in Ostpreußen, Westpreußen und auch in Hinterpommern sowohl beim Großgrundbesitz wie bei den bäuerlichen Wirtschaften einen bedrohlichen Umfang angenommen. Beim Großgrundbesitz überwogen mehr die Restkaufgelder, beim bäuerlichen Besitz dagegen die Erbschaftsschulden. Diese unproduktive Verschuldung wuchs in dem Maße, als der Grundbesitz zum Handels- und Spekulationsobjekt geworden und der spekulativ in die Höhe getriebene Verkehrswert auch den Erbteilungen zugrunde gelegt war.

Die Frage, wie dieser oft sehr hohen Besitzverschuldung in den erwähnten, national bedrohten östlichen Provinzen gesteuert werden könnte, hat schon in den beiden letzten Jahrzehnten des vergangenen Jahrhunderts führende Männer der Wissenschaft und Praxis beschäftigt. Nach langen Beratungen wurden dann im Jahre 1907 unter Führung des Generallandschaftsdirektors Kapp seitens der ostpreußischen Landschaft Maßnahmen zur Umschuldung ergriffen. Das Ziel war die Einbeziehung der meist zweitstelligen Besitzhypotheken in eine billige erste Hypothek. Dazu paßte die Landschaft ihre veralteten Beleihungsvorschriften den veränderten Wertverhältnissen der Böden an, so daß in vielen Fällen eine Erhöhung des landschaftlichen Darlehns möglich wurde. Dem gleichen Zwecke diente auch die Errichtung der bereits oben erwähnten Lebensversicherungsanstalt der Ostpreußischen Landschaft.

Wenige Jahre darauf wurde das Werk der Entschuldung auch in Posen und Westpreußen durch Errichtung der D e u t s c h e n M i t t e l s t a n d s k a s s e i n P o s e n und der D e u t s c h e n B a u e r n b a n k f ü r W e s t p r e u ß e n i n D a n z i g in Angriff genommen. Die Aufgabe beider Institute war, teure Realkredite, soweit möglich, durch erststellige Pfandbriefdarlehen der Landschaften abzulösen. Wo der landschaftliche Kredit nicht ausreichte, konnten beide Institute unter Zuhilfenahme von Mitteln der Ansiedlungskommission, jedoch mit Bürgschaft der örtlichen Spar- und Darlehnskassenvereine, zweitstellige Tilgungshypotheken bis zu 75% des Gutswertes gewähren.

2.

Es war ein vielgestaltetes Realkreditsystem, das, in über hundertjähriger Entwicklung aufgebaut, in den Jahren vor dem Kriege der deutschen Landwirtschaft zur Verfügung stand. Für seine Leistungsfähigkeit spricht es, wenn die amerikanische Kommission zum Studium des europäischen Agrarkredites die deutsche landwirtschaftliche Realkreditorganisation trotz mancher Mängel als vorbildlich bezeichnete.[1] Der hohe Stand der Organisation beruhte wesentlich darauf, daß keines ihrer Glieder über ein Monopol verfügte, sondern daß die Vorbedingung jedes ökonomischen Lebens und Fortschrittes erfüllt war: es herrschte unter den einzelnen Gliedern ein lebhafter Wettbewerb sowohl um den landwirtschaftlichen Darlehnssucher als auch um den Leihkapitalisten, der durch Vermittlung und unter Bürgschaft der Realkreditorganisation dem Landbau sein Kapital zur Verfügung stellte.

Der Wettbewerb um den landwirtschaftlichen Schuldner kam zunächst in der Höhe des Kredites zum Ausdruck, den der einzelne Realkreditgeber in Aussicht stellen konnte. Die Höhe war, wie wir vorne sahen, unter sonst gleichen Umständen von den Bestimmungen über die Wertermittlung abhängig. Hierin hatten die Landschaften nicht immer die Wertsteigerung der leichten Böden des Ostens genügend berücksichtigt, die seit dem Ende der 90er Jahre sich immer stärker bemerkbar machte.[2] So begann eine Flucht der Kreditsucher vor den Landschaften einzusetzen, die erst gemildert wurde, als die Landschaften im Verlauf des ersten Jahrzehntes des 20. Jahrhunderts ihre Wertermittlungsvorschriften den veränderten Verhältnissen anzupassen suchten. Hierbei sah man aber aus Anhänglichkeit an das Historisch-Überlieferte davon ab, den Anregungen Aereboe's zu folgen und statt der Taxation nach dem Ertragswert eine solche nach dem Sicherheitswert einzuführen, wie das als einzige Landschaft das Kur- und Neumärkische Ritterschaftliche Kreditinstitut getan hatte.[3] Dadurch wäre jedenfalls zeit-

---

[1] Myron T. Herrick and R. Ingalls, Rural Credits, New York and London, 1926, S. 10: „Germany is the only country in which the ideal has been approached."

[2] S. Zeitschrift des Preußischen Statistischen Landesamtes Erg.-Heft 44, 1917. Über die Gründe s. hinten S. 42 und 43.

[3] Aereboe, Die Beurteilung von Landgütern und Grundstücken. 2. Aufl. 1921, S. 263 ff.

weilig die Konkurrenzfähigkeit der Landschaften gegenüber den Hypothekenbanken sehr gestärkt worden, wie es die Entwickelung bei der Kur- und Neumärkischen Ritterschaft zeigt.[1] Dieses Festhalten an der hergebrachten, wissenschaftlich angreifbaren und allzu starren Ertragstaxe war aber gerade der Grund, warum der wenig günstige private Grundkredit trotz der so sorgfältig ausgebauten Realkreditorganisation eine nicht unbeträchtliche Rolle für die Versorgung der Landwirtschaft mit Hypothekarkredit spielte.

Neben der Höhe des Kredites war für die Konkurrenzfähigkeit der einzelnen Realkreditgeber sein Preis entscheidend. Die Kosten des Kredites setzen sich für den Schuldner zusammen aus der Provision oder dem Verwaltungskostenbeitrag, die das betreffende Kreditinstitut zur Deckung seiner eigenen Unkosten erhebt, und aus dem nominellen Zinsfuß, der für die Hypothek zu entrichten ist, der aber bei den Pfandbriefinstituten noch durch die Höhe des Disagios beeinflußt wird, mit dem die Pfandbriefe auf dem Kapitalmarkt abgesetzt werden können, sowie schließlich aus der Bonifikation, die seitens dieser Institute den Banken und Bankiers gezahlt wird, die sich mit der Plazierung der Pfandbriefe befassen. Die Höhe von Disagio und Bonifikation sind also im wesentlichen davon abhängig, in welcher Form die Pfandbriefemission erfolgt, ob eine ausgebaute Organisation oder ein fester Kundenkreis für ihre Abnahme vorhanden ist, und wie seitens der Käufer die Bonität des emittierenden Institutes und damit die des Pfandbriefes selbst beurteilt wird. Disagio und Bonifikation stellen also die Risikoprämie des Kapitalisten dar.[2]

Der nominale Zins der Pfandbriefe und Schuldverschreibungen gibt in seiner Höhe ein allgemeines Spiegelbild von der auf dem Kapitalmarkt herrschenden Tendenz wieder. Der Kurs der Pfandbriefe, abhängig von der jeweiligen Stärke, in der Angebot und Nachfrage am Kapitalmarkt einander gegenüberstehen, gibt die augenblickliche Situation des Marktes wieder. Auf beides haben die Pfandbriefinstitute nur einen verhältnismäßig geringen Einfluß. Sie können im wesentlichen nur verhindern, daß durch stoßweises Angebot an Schuldverschreibungen der Kurs ungünstig beeinflußt wird. Es ist dies die Aufgabe der Emissions- und Kursregulierungspolitik. Die landschaftliche Emissionspolitik bestand nun meist darin, daß die von den Landschaften

---

[1] Aereboe, a. a. O., S. 203.
[2] Siehe S. 28.

erworbenen Hypotheken mit Pfandbriefen den landwirtschaftlichen Schuldnern valutiert wurden, sodaß denen die Versilberung oblag. Der Schuldner trug also das Risiko der Kursschwankungen, die nicht unbeträchtlich waren, da naturgemäß die Schuldner den Verkauf ohne Kenntnis der jeweiligen Marktlage vornahmen. Nicht alle Landschaften behielten sich eine Einwirkung auf die Kursgestaltung ihrer Schuldverschreibungen dadurch vor, daß sie ihren Schuldnern den Verkauf der Pfandbriefe durch Vermittlung der den Landschaften angeschlossenen landschaftlichen Banken zur Pflicht machten. So kam es, daß die landschaftlichen Pfandbriefe trotz der großen Sicherheit, die sie boten,[1] und trotz der ihnen deshalb verliehenen Reichsmündelsicherheit im Kurse meist etwas schlechter standen, als gleichartige Hypothekenbankpfandbriefe oder Obligationen der anderen öffentlich-rechtlichen Kreditanstalten. Hier erfolgte die Emission entweder dadurch, daß ganze Serien zu einem festen Kurse zur öffentlichen Zeichnung aufgelegt, oder daß die Schuldverschreibungen im Wege des Tafelgeschäftes oder durch Vermittlung befreundeter Banken und Bankiers im Publikum untergebracht wurden. Die meisten öffentlich-rechtlichen Kreditanstalten verfügten zudem über sehr enge Beziehungen zu den öffentlichen Sparkassen, die regelmäßig größere Posten ihrer mündelsicheren Papiere abnahmen. Eine solche enge Verbindung zwischen Sparkassen und Landesbanken bestand vor allem im Rheinland, in Westfalen, Hessen-Nassau und Oldenburg. Der Vertrieb durch Banken und Bankiers wurde vornehmlich von den Hypothekenbanken mit Ausnahme der Preußischen Central-Bodenkredit-A.-G. vorgenommen, die die Emission im Wege der öffentlichen Zeichnung vorzog. Der Verkauf durch Banken war die teuerste Art der Emission, denn Banken und Bankiers hatten nur dann Interesse am Absatz der Pfandbriefe, wenn sie die Effekten unter dem Börsenkurs erstehen konnten. Dieser Kursabschlag, die Bonifikation, richtete sich in seiner Höhe nach der Beliebtheit des Papiers in den Kreisen des anlagesuchenden Publikums; sie stellte also einen Teil der Risikoprämie des Kapitalisten dar. Die Bonifikation schwankte in Norddeutschland zwischen 0,5—1,25%. In Bayern waren die Sätze im allgemeinen niedriger; sie bewegten sich dort zwischen 0,6 und 0,7%.[2] Dies rührte daher, daß ein Teil der bayrischen Hypothekenbanken über ein weit ausgebreitetes Netz von Filialen und Depositenkassen verfügte, wo-

[1] Siehe S. 8.
[2] F. Schulte, Die Hypothekenbanken, München 1918, S. 206.

durch der Pfandbriefabsatz erleichtert wurde, und daß weiter die wohlhabenden Bauerngegenden ein sehr gutes Absatzgebiet für Pfandbriefe bildeten. Die Mißstände, die sich auf dem Gebiete des Bonifikationswesens schon vor dem Kriege herausgebildet hatten, veranlaßten den Centralverband des deutschen Bank- und Bankiergewerbes, bei seinen Hypothekenbankmitgliedern auf ein Abkommen hinzuwirken, das Höchstsätze für die Bonifikation festlegen sollte. Diese Bemühungen hatten jedoch leider keinen Erfolg.[1] Die Bonifikation wurde naturgemäß nicht von den Hypothekenbanken getragen, sondern auf ihre Hypothekenschuldner abgewälzt.

Ebenso mußte der Hypothekenschuldner die Unkosten entrichten, die die Hergabe und Verwaltung seines Darlehens verursachten. Dieser „Verwaltungskostenbeitrag" war naturgemäß bei den öffentlich-rechtlichen, steuerlich privilegierten, gemeinnützigen Landschaften und Landesbanken niedriger als bei den auf Erwerb eingestellten Hypothekenbanken, die nicht nur aus ihren Einnahmen die Kosten zu decken, Rücklagen zu bilden und Steuern zu entrichten hatten, sondern auch ihren Aktionären eine den wirtschaftlichen Verhältnissen entsprechende Dividende gewähren mußten. Der Verwaltungskostenbeitrag bei den Landschaften (auch Quittungsgroschen genannt) betrug für die Laufzeit des Darlehns jährlich 0,02—0,04%; er wurde jedoch häufig aus den laufenden Amortisationsquoten abgedeckt, wodurch sich zwar die Jahresleistung des Schuldners verminderte, die Tilgungsfrist aber verlängerte. Außerdem erhoben die meisten Landschaften einmalige Bearbeitungsgebühren, die im Höchstfalle 400—500 M betrugen. Ferner hatte der Schuldner die Kosten der Taxe und den Pfandbriefstempel zu tragen. Von den Landesbanken erhob die Hannoversche Landeskreditanstalt einen jährlichen Verwaltungskostenbeitrag von $^1/_6$%, während die Landesbank der Rheinprovinz einmalig $2^3/_4$—5% bei Auszahlung des Darlehns in Abzug brachte.

Den Hypothekenbanken war es verboten, besondere Verwaltungskostenbeiträge zu erheben (§ 19 HypBG.); so mußten die laufenden Verwaltungskosten aus der Spanne zwischen Hypotheken- und Pfandbriefzins gedeckt werden, die meist ½% betrug. Ferner hatte der Schuldner bei Abschluß des Darlehnsvertrages eine einmalige Provision zu entrichten, die zwischen ½ und 1% schwankte. Die daraus den Banken zufließenden Mittel gaben ihnen

[1] H. Ludewig, Geldmarkt und Hypothekenbankobligationen, Berlin, 1915, S. 114.

vor allem die Gelder an die Hand, um am Pfandbriefmarkt kursregulierend einzugreifen. Zu diesen Abzügen traten dann noch die Kosten für die Vornahme einer etwa erforderlichen Besichtigung des Beleihungsobjektes hinzu.

Beim nicht organisierten Realkredit, der ja durch die Realkreditgewährung nur Teile seines Vermögens sicher und fest anlegen wollte, während seine eigentliche Erwerbstätigkeit auf anderem Gebiet lag, konnten infolgedessen die Unkosten niedriger sein als beim organisierten Realkredit. Die öffentlichen Sparkassen nahmen als gemeinnützige Unternehmen fast nie Abzüge vom Nennwert des Darlehns vor, sondern zahlten voll aus. Vereinzelt wurde ein einmaliger Unkostenbeitrag von etwa ¼% erhoben. Zwischen ¼ und ½% schwankten auch die einmaligen Abzüge, welche die Genossenschaften vornahmen, während die Versicherungsgesellschaften zur Deckung der einmaligen und laufenden Verwaltungskosten im allgemeinen eine Provision von 1% erhoben.

Während die Festsetzung der Verwaltungskostenbeiträge, der Provisionen und Bonifikationen im Belieben der Realkreditgeber stand, bildete sich der Zinsfuß für die ausgeliehenen Kapitalien am freien Markt. Vor dem Kriege betrug die Nominalverzinsung für Obligationen der öffentlich-rechtlichen Kreditanstalten und für Hypothekenbankpfandbriefe 4%, während die Landschaften neben den 4% auch noch 3½% Pfandbriefe emittierten. Der 4% Pfandbrief gewann jedoch vom Jahre 1907 ab ständig zunehmende Bedeutung.[1] Die Zinsforderungen des nicht organisierten Kredites mußte sich naturgemäß ebenfalls nach den Bedingungen am Kapitalmarkt richten; sie entsprachen im allgemeinen dem Nominalsatz des gebräuchlichsten Pfandbrieftyps. So verlangten die Sparkassen 4—4½%, wobei der niedrigere Satz vorwiegend im kapitalreicheren Westen Anwendung fand. Auf gleicher Höhe lagen die Zinssätze der Lebensversicherungsgesellschaften und Genossenschaften. Bei letzteren kamen allerdings im Osten häufig auch Sätze bis zu 5% vor, auch 6% wurden hier und da gefordert.[2]

Wie sich die Höhe von Zins und Unkosten sowie die Laufzeit der Darlehen auf den Hypothekenschuldner bemerkbar machte, geht aus der nachstehenden Tabelle hervor:

---

[1] F. Schulte, Die deutschen Bodenkreditinstitute, München, 1911, S. 10.

[2] Jahresbericht des Generalverbandes der Raiffeisen-Genossenschaften für 1911.

Tatsächliche Belastung des Schuldners bei Aufnahme eines Realkredits vor dem Kriege.

	Landschaften	Landesbanken	Hypothekenbanken	Sparkassen	Genossenschaften	Lebensversicherungsgesellschaften
Hypothekenzinsfuß %	$3\frac{1}{2}$—4	4	$4 + \frac{1}{2}$	4—$4\frac{1}{2}$	4—$4\frac{1}{2}$	4—$4\frac{1}{2}$
Verwaltungskostenbeitrag % (laufend)	0,02—0,04	a) Rheinprovinz $2\frac{3}{4}$—5 (einmalig) b) Han. Land. Kr. A. laufend $\frac{1}{6}$	$\frac{1}{2}$ im Hypothekenzinsfuß enthalten	—	—	—
Provision % (einmalig)	einmalig 400—500 M höchstens	—	$\frac{1}{2}$—1	—	$\frac{1}{4}$—$\frac{1}{2}$	1
Bonifikation %	—	—	0,5—1,25 (Norddeutschland) 0,6—0,7 (Süddeutschland)	—	—	—
Tilgungssatz %	$\frac{1}{2}$	$\frac{1}{2}$	$\frac{1}{2}$	—	—	—
Laufzeit der Darlehen Jahre	a) $3\frac{1}{2}$%, $60\frac{1}{2}$ Jahre b) 4%, $56\frac{1}{2}$ Jahre	$56\frac{1}{2}$	$56\frac{1}{2}$	verschieden	verschieden	10 Jahre
Pfandbriefkurs % (Jahresdurchschnitt 1914)	a) $3\frac{1}{2}$%, 86,00 [1] b) 4%, 94,60	a) Rheinprovinz 96,99 b) Han. Land. Kr. A. 97,05	95,7	—	—	—
Belastung des Schuldners %	a) $3\frac{1}{2}$%, 4,70 b) 4%, 4,27	a) Rheinprovinz 4,10 b) Han. Land. Kr. A. 4,80	durchschnittlich etwa 5,3	etwa 4—4,50	etwa 4,25—5,25	4,15

[1]) Pfandbriefe der Pr. Zentrallandschaft.

Aus der Tabelle ergibt sich, wie im kapitalreichen Westen die Schuldverschreibungen der Landesbanken höhere Kurse erzielen als die der Hypothekenbanken und Landschaften. Infolge ihrer Gemeinnützigkeit und der Befreiung von Steuern als Körperschaften des öffentlichen Rechtes sind auch ihre Unkosten niedriger als bei den Hypothekenbanken, aber höher als bei den Landschaften, deren Unkosten vor dem Kriege fast überall allein aus den Erträgnissen des „eigentümlichen Fonds" gedeckt werden konnten. Aber diesen Vorteil der Landschaften glichen die Landesbanken durch höhere Kurse für die Schuldverschreibungen aus, so daß sich die Kosten eines Darlehns bei beiden ziemlich gleich stellten. Erheblich teurer als die der Landschaften waren trotz besserer Pfandbriefkurse die Darlehen der Hypothekenbanken. Hier machte sich bemerkbar, wie unter dem Einfluß der Aktionärinteressen, der steuerlichen Belastung und der Notwendigkeit, den nicht mündelsicheren Pfandbriefen eine sorgfältige Kurspflege angedeihen zu lassen, die Kosten des Darlehns in die Höhe getrieben wurden. Wenn trotzdem die Hypothekenbanken mit den Landschaften in Norddeutschland konkurrieren konnten, so lag dies einmal an der größeren geschäftlichen Beweglichkeit der Banken, ferner daran, daß ihre Beleihungsvorschriften oft für den Schuldner günstiger waren, daß weiter ein Teil auch der größeren Landwirte nicht die Landschaftsfähigkeit besaß, und schließlich gewährten sie dem Schuldner bei der Auszahlung des Darlehns einen beachtenswerten Vorteil. Der Schuldner konnte infolge der Barauszahlung sogleich bei Abschluß des Darlehnsvertrages mit einem festen Betrage rechnen, was bei einer Auszahlung in Pfandbriefen, wie das bei den Landschaften geschah, nicht möglich war. Das Risiko also, das in der Kursbewegung der Pfandbriefe lag, wälzten die Landschaften auf den Schuldner ab, während die Hypothekenbanken es selbst übernahmen.

Die Kosten des nicht organisierten Kredites lagen durchweg unter denen des organisierten, wie sich aus dem oben Ausgeführten ergibt. Der Schuldner aber tauschte für den Vorteil einer geringeren Zinsbelastung den Nachteil ein, unter Umständen bei Fälligkeit des Darlehns den ganzen Kapitalbetrag auf einmal aus seinem Betriebe herausziehen zu müssen, eine Maßnahme, die, wie wir gesehen haben, gerade für den Landwirt schwere wirtschaftliche Gefahren mit sich bringen kann. Mit dem organisierten und nicht organisierten Realkredit trat aber noch der private Grundkredit in Wettbewerb. So nachteilig er für den landwirtschaftlichen Schuldner sein konnte, so wichtig war seine volkswirtschaftliche Aufgabe, dafür zu sorgen, daß organisierter und nicht organisierter Hypothekarkredit gezwungen wurden, sich in ihren Sätzen nach dem durch keinerlei Unkosten belasteten privaten Grundkredit zu richten. Er verhinderte auf diese Weise ein Kreditmonopol der auf bankmäßiger Grundlage aufgebauten Realkreditgeber.

Welche Bedeutung die einzelnen Realkreditgeber für die Landwirtschaft bis zum Kriege hatten gewinnen können, zeigt die nachstehende Tabelle:

Landwirtschaftlicher Realkredit am 31. 12. 1914.
(Millionen Mark.)

1. Organisierter Realkredit:		
Landschaften	2692,4	
Öffentl.-rechtl. Anst.	1410,7	
Hypothekenbanken	890,2	4993,3
2. Nicht organisierter Realkredit:		
Sparkassen	3113,9	
Versicher.-Unt.	50,0	3163,9
3. Private (schätzungsweise):	4—5000,0	4—5000,0
Im ganzen:		12—13000,0

Bei allen Kreditgebern traten aber zu den bisher erwähnten Unkosten noch die Gebühren für die Aufnahme der Schuldurkunde durch den Notar, für die Eintragung der Hypothek in das Grundbuch und für die Verstempelung der Schuldurkunde hinzu. Diese Gebühren waren im Verhältnis zum Darlehnskapital umso teurer, je kleiner die Schuldsumme war. Das bedeutete naturgemäß eine Verteuerung des Realkredites gerade für den bäuerlichen Besitz, der oft nur kleine Beträge benötigte.

Notariatsgebühren und Gerichtskosten bei Aufnahme einer Hypothek:

bei einem Darlehn von	für den Notar	Gerichtskosten	Stempel	insgesamt	= % des Darlehnsbetrages
1000 M	5,— M	8,— M	1,— M	14,—	1,4
10000 M	15,50 M	24,— M	8,30 M	47,80	0,5
100000 M	45,— M	69,30 M	83,— M	197,30	0,2

Außer diesen Kosten mußten in vielen Fällen noch Provisionen für Hypothekenmakler entrichtet werden, vor allem dann, wenn der Realkredit bei Hypothekenbanken, Versicherungsunternehmen oder Privaten, vereinzelt auch bei Landesbanken, aufgenommen wurde. Bei einer Inanspruchnahme der Landschaften, Sparkassen und Genossenschaften wurde die Tätigkeit der Makler fast nie in Anspruch genommen. Die Landschaften waren ja überwiegend Kreditgeber des Großgrundbesitzers, der unter den einfachen Verhältnissen der Vorkriegszeit geschäftsgewandt genug war, um die Aufnahme des Darlehns ohne fremde Hilfe durchzuführen. Sparkassen und Genossenschaften waren zwar überwiegend Geldgeber der weniger geschäftsgewandten Bauern, doch waren sie beide für den bäuerlichen Darlehnssucher so bequem erreichbar, daß die Abwickelung der geschäftlichen Verhandlungen sich ohne Schwierigkeiten vollzog. Anders liegen die Dinge bei den Hypothekenbanken, deren Sitz in der Mehrzahl der Fälle sich in den Zentren des Kapitalverkehrs befindet. Wollten sie mit den örtlichen und provinziellen Realkreditgebern konkurrieren, waren sie auf die Zusammenarbeit mit Vermittlern angewiesen. Deshalb verfügten die Hypothekenbanken oft über ein ausgebautes Netz von Vertretern, die für die Vermittlung eines Darlehns von ihnen eine Provision erhielten, mit der dann wieder der Darlehnssucher belastet wurde. Ähnlich lagen die Dinge bei den Versicherungsunternehmen. Neben den Hypothekenmaklern, die ständig mit einer Hypothekenbank in Beziehung standen, waren auch noch freie Makler vorhanden, die an kein Institut gebunden waren. Die Höhe der Provision für den Vermittler schwankte vor dem Kriege zwischen ½ und 1%.

Während an der Konkurrenz um den Darlehnssucher alle Realkreditgeber beteiligt waren, spielte sich der Wettbewerb um den Geldgeber nur innerhalb des organisierten Realkredites ab. Denn nur diese Institute traten mit der ausdrücklichen Absicht an den Kapitalmarkt heran, dort Mittel zur Anlage in Hypotheken aufzunehmen, während die Kapitalansammlung bei den Gebern des nicht organisierten Realkredites anderen Gründen entsprang, deren Erörterung den Rahmen dieser Arbeit sprengen würde.

Im Wettbewerb um die Beschaffung des notwendigen langfristigen Darlehnskapitals spielt zunächst die Sicherheit der Schuldverschreibungen eine Rolle. Sie war wegen der mehrfachen Garantien am größten bei den Pfandbriefen der Landschaften und den Obligationen der Landesbanken; sie sind deswegen mündelsicher. So war es hier für den Ausgang des Konkurrenzkampfes entscheidend, inwieweit es gelang, den Kurs der Papiere möglichst stabil zu erhalten. Der Käufer festverzinslicher Papiere legte nämlich vor dem Kriege einmal Wert auf eine angemessene Verzinsung seines Kapitals; dann zog er diejenigen Rentenwerte vor, bei denen der Kurs möglichst stabil war, damit er im Falle des etwa notwendig werdenden Verkaufes keine Vermögensverluste erlitt. Emissionstechnik und Kurspflege waren aber bei den Landesbanken besser als bei den Landschaften, deren Schuldner ja selbst die Pfandbriefe am Markt versilberten. Dadurch fehlte den landschaftlichen Pfandbriefen die Stetigkeit des Kurses, so daß sie fast durchweg um einige Prozente unter den Obligationen der Landesbanken standen. Dazu kam aber, daß die Mehrzahl der Landschaften ihren Sitz im kapitalarmen Osten hatte, während die Landesbanken im kapitalreicheren Westen wirkten. Die Mehrzahl der östlichen Landschaften hatte sich daher zur Zentrallandschaft in Berlin zusammengeschlossen, die auf Grund von Hypotheken, die die einzelnen angeschlossenen Landschaften erworben hatten, Zentrallandschaftliche Pfandbriefe emittierte, ohne aber damit den erwarteten Erfolg zu erzielen. Der Grund lag hauptsächlich darin, daß ein Teil der angeschlossenen Landschaften auch weiter eigene Pfandbriefe auf den Markt brachte, wodurch der Pfandbriefkäufer auf den Gedanken kam, daß für die Sicherheit der zentrallandschaftlichen Pfandbriefe nur die weniger guten Hypotheken hafteten.

Die in Preußen nicht mündelsicheren Hypothekenbankpfandbriefe konnten mit den mündelsicheren Schuldverschreibungen der Landschaften und Landesbanken nur dann konkurrieren, wenn sie diesen in der Kursgestaltung überlegen waren, und wenn für die fehlenden Garantien die schon eingehend besprochene Bonifikation als Risikoprämie gewährt wurde. Die Mittel zur Kursregulierung entnahmen die Hypothekenbanken den vereinnahmten Abschlußprovisionen und den bei ihnen sich ansammelnden Depositengeldern, deren Annahme ihnen nach § 5 Ziffer 5 HypBG. gestattet war. Man rechnete vor dem Kriege damit, daß etwa 25—30% des in einem Jahr abgesetzten Betrages an Pfandbriefen von den Instituten im gleichen Zeitraum zurückgekauft werden mußten. Dadurch wurden nicht unerhebliche Ansprüche an die Liquidität der Hypothekenbanken gestellt. Schon allein deswegen waren sie bestrebt, den Umfang ihrer Emissionen dem aufnahmefähigen Bedarf des Kapitalmarktes anzupassen. Aus diesen Gründen war auch das landschaftliche Emissionssystem für die Hypothekenbanken ungeeignet.

Es lag für die Hypothekenbanken nahe, den Vorteil der Mündelsicherheit, den die Schuldverschreibungen der Landschaften und Landesbanken ihren Pfandbriefen gegenüber aufwiesen, durch eine Erhöhung des Nominalzinsfußes auszugleichen. Doch dieser Weg wurde von den führenden Hypothekenbanken verworfen.[1] Man befürchtete dadurch mit Recht eine ungünstige Rückwirkung auf die Schuldner und eine Belastung derselben, die mit der wirtschaftlichen Entwicklung nicht im Einklang stand. Die Politik der Hypothekenbanken war daher richtigerweise darauf gerichtet, den Kurs ihrer Schuldverschreibungen so zu halten, daß ihr Erwerb für den Kapitalisten nicht ungünstiger war als der anderer festverzinslicher Werte, und andrerseits ihn doch auf eine solche Höhe zu bringen, daß die Belastung des Hypothekenschuldners durch Disagio und Jahresleistung nicht allzu weit von der der anderen Realkreditgeber lag. Das bewegliche Element, das solchen Ausgleich zuließ, war gegenüber dem Pfandbriefkäufer die Bonifikation und gegenüber dem Hypothekenschuldner die Provision. Durch Ausnutzung der Beweglichkeit dieser beiden Posten konnten die Hypothekenbanken den Tagesschwankungen am Kapitalmarkt folgen. Im Falle eines Konjunkturumschwunges jedoch genügte die Herauf- oder Herabsetzung von Bonifikation und Provision nicht, um Kreditnachfrage und Kapitalangebot miteinander in Übereinstimmung zu bringen. Der Untersuchung der wirtschaftlichen Wechsellagen und ihrer Einwirkungen auf den landwirtschaftlichen Realkredit haben wir uns nunmehr zuzuwenden.

3.

Eine Analyse der wirtschaftlichen Wechsellagen wird mehrere Bewegungsreihen, in die sich der Verlauf der wirtschaftlichen Entwicklung auflöst, zu unterscheiden haben. Wir wollen deshalb Strukturwandlungen, konjunkturelle Bewegungen und saisonmäßige Einflüsse unterscheiden.[2]

Strukturwandlungen entstehen durch Veränderungen in den Strukturelementen eines wirtschaftlichen Gebildes; es ändert sich also die Art und Weise, wie diese Elemente zu einem einheitlich gestalteten Ganzen verbunden sind.[3] Diese Struktur-

[1] Geschäftsbericht der Bayrischen Handelsbank für 1912, S. 6; desgl. der Bayrischen Hypotheken- und Wechselbank für 1913, S. 7, für 1914, S. 13; desgl. der Preußischen Central-Bodenkredit-A.-G. für 1913, S. 7.

[2] Vierteljahrshefte zur Konjunkturforschung, 1. Jahrg. 1926, Heft 2, S. 7.

[3] B. Harms, Weltw. Archiv, Bd. 25, 1927, S. 1 ff., Bd. 23, 1926, S. 131 ff. E. Wagemann, Konjunkturlehre. Berlin 1928, S. 23 ff., S. 45 ff.

elemente können entweder naturgegeben, kultureller oder endlich ökonomischer Art sein. Naturgegebene Strukturelemente sind Klima, Bodengüte und Bodengestaltung, Bevölkerungsaufbau und -zusammensetzung; kulturelle Strukturelemente sind Geistesverfassung, Gesetzgebung und Verwaltung, Technik und Verkehrsverhältnisse; Strukturelemente ökonomischer Art, die hier im Vordergrund des Interesses stehen, sind Aufbau und Organisation der Produktion und des Konsums, des Geld- und Kreditwesens und schließlich Größe und Verteilung des in der Volkswirtschaft vorhandenen Kapitals. Diese Strukturelemente beeinflussen sich gegenseitig und stehen ihrerseits wieder unter den Auswirkungen, die die gesamte politische Entwicklung ausstrahlt. Wandlungen, die die Verbindung dieser Strukturelemente ändern, bedeuten daher tiefgreifende Umbildungen des Wirtschaftsgebildes, die entweder aufbauend oder zerstörend wirken können. Solche Strukturwandlungen können in der Volkswirtschaft eine Veränderung des Verhältnisses von Angebot und Nachfrage und damit Veränderungen der Preise hervorrufen.

Aus dem Wesen der Strukturwandlungen ergibt sich, daß sie einmalig sind. Im Gegensatz dazu stehen die zyklischen Konjunkturbewegungen. Diese zyklischen Konjunkturbewegungen sind eine typische Erscheinung der kapitalistischen Wirtschaft.[1] Sie werden hervorgerufen durch den „immer wirkenden Unternehmungsdrang, der immer als Wille zum Erwerbe erscheint".[2] Diese Steigerung des Erwerbswillens führt zu einer Ausweitung der Produktion an Sachkapital. Beliebig ausgeweitet werden kann aber nur die Produktion „der anerganischen Dauergüter", deren „Urstoffe nicht durch Anbau, sondern durch Abbau" gewonnen werden.[3] Da nun im „Hochschwang der Gefühle", wie sie die Aufschwungperiode mit sich bringt, weniger genau gerechnet wird,[4] so macht sich nach einiger Zeit „eine Überschätzung des Kapitalangebotes, also der Menge der Sparmittel, die zur Übernahme des produzierten Realkapitals zur Verfügung steht"[5] bemerkbar. Eine wirtschaftliche Hoch-

---

[1] Spiethoff, Art. Krisen. Handw. der Staatsw., 4. Aufl., 1925, VI. Bd., S. 82. Sombart, Das Wirtschaftsleben im Zeitalter des Hochkapitalismus, II., 1927, S. 563/64.

[2] Sombart a. a. O., S. 569, ebenso Spiethoff a. a. O., S. 70 und G. Cassel, Theoretische Sozialökonomie, 3. Aufl., 1923, S. 578.

[3] Sombart a. a. O., S. 575.

[4] Sombart a. a. O., S. 574.

[5] Cassel a. a. O., S. 580.

spannung tritt ein, der dann der Umschwung folgt, der von zahlreichen wirtschaftlichen Zusammenbrüchen begleitet sein kann und so zur Krise ausartet. Auf die Krise folgt zunächst eine Depression, in der sich das Mißverhältnis zwischen festem und umlaufendem Kapital einerseits, zwischen Sachkapital und Geldkapital andererseits[1] wieder allmählich ausgleicht. Es sind dies die „stillen Zeiten" des Wirtschaftslebens, in denen der Unternehmungsdrang sich ausruht und schlummert, um dann wieder, wenn „man der stillen Zeiten müde ist", mit neuer Kraft hervorzubrechen; der Kreislauf beginnt von neuem.

Da die landwirtschaftliche Gütererzeugung, als organische Produktion, nicht der plötzlichen und willkürlichen Ausweitung fähig ist, wie die anorganische Erzeugung der meisten Produktionsmittel, steht die Landwirtschaft außerhalb der konjunkturellen Bewegung; die zyklisch wiederkehrenden wirtschaftlichen Wechsellagen sind also Industriekonjunkturen. Die Landwirtschaft wird nur insofern von den industriellen Konjunkturbewegungen berührt, als in Zeiten des Aufschwunges die Preise der Industrieprodukte steigen, so daß die Kaufkraft der landwirtschaftlichen Erzeugnisse gegenüber den landwirtschaftlichen Produktionsmitteln zurückgehen kann, während in der industriellen Depression der umgekehrte Fall möglich ist. Ferner zeigt infolge der starken industriellen Kapitalnachfrage im Verlauf des Aufschwunges und der Hochspannung der Zinsfuß steigende Tendenz, während er in der Zeit der industriellen Depression niedrig steht, also bei eingeschränkter industrieller Unternehmertätigkeit die langfristige Kreditaufnahme für die Landwirtschaft begünstigt. Daraus ergibt sich, daß die Kreditaufnahme der Landwirtschaft antikonjunkturelle Tendenz hat.

Während die Konjunkturschwankungen „rhythmisch frei" sind, sind die Saisonschwankungen „rhythmisch gebunden".[2] Sie sind periodische Bewegungen, die an bestimmte Termine geknüpft sind. Diese Bewegungen sind entweder außerwirtschaftlich hervorgerufen, durch Gebräuche und gesetzliche Normen, oder sie stehen unter dem Einfluß der Natur, wie die jahreszeitlichen Veränderungen.

In der Struktur der deutschen Wirtschaft vollzog sich vor dem Kriege insofern eine Änderung, als die immer weiter fortschreitende Industrialisierung eine zunehmende Kapi-

---

[1] Sombart a. a. O., S. 577.

[2] E. Wagemann, Konjunkturlehre, 1928, S. 52.

talknappheit auslöste. Der Zinsfuß für sichere Kapitalanlagen hatte sich seit Ende der 80er Jahre gesenkt, aber unter dem Einfluß dieser Strukturwandlung war seit 1906/7 ein Wiederanziehen des Zinsfußes zu bemerken; das äußerte sich bei den Pfandbriefinstituten im Übergang zu einem höheren Pfandbrieftyp und veranlaßte auch bei den Sparkassen eine Zunahme der über 4% verzinslichen Hypotheken. Diese Erscheinung trat in den kapitalarmen preußischen Ostprovinzen stärker zu Tage als in den westlichen Landesteilen.

Anteil der über 4% verzinslichen ländlichen Hypotheken am Gesamthypothekenbestand der preußischen Sparkassen.[1]

	1907	1908	1909	1910	1911	1912
Preuß. Staat	39,03	57,29	57,05	51,30	51,88	52,83
Östl. Prov.	30,33	37,38	40,11	40,02	41,11	43,12
Westl. Prov.	41,59	63,16	62,16	54,75	55,24	56,04

Das Wachsen der Städte infolge der Abwanderung vom Lande und die sich daran knüpfende Häuser- und Bodenspekulation vermehrte die Nachfrage nach städtischem Grundkredit. Dem wurde auch seitens der Hypothekenbanken zu Ungunsten der Landwirtschaft nachgegeben. Während in der Zeit von 1900 bis 1913 die städtischen Hypothekendarlehen der Hypothekenbanken sich um 79% vermehrten, nahmen die landwirtschaftlichen Darlehen nur um 20% zu. Die landwirtschaftlichen Realkredite machten vom gesamten Hypothekenbestand im Jahre 1900 9,32% aus, im Jahre 1913 dagegen nur 6,3%.[2] Ähnlich liegen die Dinge bei den Sparkassen. Während die städtischen Hypotheken der preußischen Sparkassen von 1900 bis 1913 um 199,8% zunahmen, wiesen die ländlichen im gleichen Zeitraum nur ein Mehr von 50% auf. Das Anwachsen der städtischen Sparkassenhypotheken war im Westen stärker (208%) als im Osten (158%).[3] Im Verhältnis zum Gesamtvermögen der städtischen Sparkassen ging der Anteil der landwirtschaftlichen Hypotheken von 24,88% im Jahre 1900 auf 17,20% im Jahre 1913 zurück.[4] Bei den Landschaften nahm der Pfandbriefumlauf und damit der

---

[1] v. Altrock, Die öffentlichen Sparkassen in Preußen. Berlin 1917.

[2] Errechnet nach F. Schulte, Die Hypothekenbanken, München, 1918, S. 433.

[3] Errechnet nach v. Altrock a. a. O., S. 42.

[4] v. Altrock a. a. O., S. 38.

Hypothekenbestand in der Zeit von 1900 bis 1913 um 43% zu,[1] also etwas weniger als bei den Sparkassen. Demnach hat offenbar innerhalb des landwirtschaftlichen Realkredits eine Verschiebung zu den Sparkassen stattgefunden; denn die landwirtschaftlichen Beleihungen der privaten Versicherungsgesellschaften zeigten vor dem Kriege ebenfalls eine rückläufige Tendenz.[2]

Aber erheblich größer dürfte die Abwanderung der Nachfrage zum Privatkredit gewesen sein. Diese Vermutung wird auch von v. Altrock ausgesprochen,[3] und sie findet jedenfalls für 1913 eine zahlenmäßige Stütze. Die preußische Statistik trennte 1913 zum ersten Mal in der Vorkriegszeit die Hypothekenneueintragungen und -löschungen nach solchen auf landwirtschaftlich genutzte und andere Grundstücke. Nach dieser Statistik[4] betrug der Überschuß der Eintragungen über die Löschungen in dem genannten Jahr ohne Sicherheits- und Zwangshypotheken 439,43 Millionen Mark. Nach einer Zusammenstellung des Instituts für Konjunkturforschung[5] wurden aber 1913 an Darlehn neu vergeben seitens der Landschaften für 104,3 Millionen Mark und seitens der Hypotheken-Banken für 5,4 Millionen Mark. Die Zahl für die Hypothekenbanken bezieht sich jedoch auf das ganze Reich; sie muß deswegen auf Preußen umgerechnet werden. Man wird ungefähr das Richtige treffen, wenn man die nach Preußen gefallenen Darlehen der Hypothekenbanken mit zwei Drittel der Neuausleihungen = 3 Millionen M ansetzt. Die Sparkassen hatten dagegen einen erheblichen Rückgang ihres Darlehnsbestandes aufzuweisen. Die Versicherungsunternehmen spielten für das landwirtschaftliche Beleihungsgeschäft nur eine untergeordnete Rolle. Es ergibt sich also, daß durch den organisierten Realkredit im Jahre 1913 etwa 108 Millionen M neu auf landwirtschaftliche Grundstücke in Preußen ausgeliehen worden sind. So wird der Schluß berechtigt sein, daß die verbleibenden rund 330 Millionen M hypothekarischer Darlehen von privater Seite an die Landwirtschaft gegeben worden sind. Allerdings dürfen diese 330 Millionen M nicht im vollen Umfang als Anlagekredite betrachtet werden, sondern ein erheblicher Teil davon bestand wohl aus Erb- und Restkaufgeldern.

[1] v. Hippel, Die öffentlich-rechtlichen Kreditinstitute. Berlin 1927, S. 340.

[2] R. Mueller, Die Kapitalanlagen, S. 49.

[3] Hdw. d. Staatsw., 4. Aufl., Bd. VI, S. 193.

[4] Stat. Jahrbuch für den Preuß. Staat. Jahrg. 1915, S. 58.

[5] Siehe unten S. 47.

In seinem verdienstvollen Buch „Zur Geschichte des Immobiliärkredits in Preußen"[1] glaubt M. Weyermann auch gewisse zyklische Bewegungen des landwirtschaftlichen Realkredits feststellen zu können. Seiner Auffassung nach ruft die Kreditaufnahme der Landwirtschaft sechs zyklische Phasen hervor, und zwar:

1. Kreditvermehrung,
2. Grundstückpreissteigerung,
3. starker Besitzwechsel mit Gewinnrealisierung, meist durch Eintragung von Restkaufgeldern,
4. Krisis,
5. Abschwächung der Krisis durch weitere außerordentliche Kreditvermehrung oder unmittelbarer Niedergang,
6. Neue Aufwärtsbewegung und dann weiter wie oben.

Weyermann leitet diese Theorie vor allem aus den Erfahrungen in den Zeiten bald nach Errichtung der Landschaften und nach Einführung der heute noch geltenden Hypothekarverfassung her. Eine weitere Stütze seiner These sieht er in der Entwicklung nach den Freiheitskriegen unter dem Einfluß der Steinschen Reformen des Agrarrechts. Die Neuregelung des Hypothekenwesens und die Errichtung der Landschaften senkte den Zinsfuß für Realkredite, die Schaffung der Pfandbriefe zog das vorhandene Kapital in stärkerem Maße heran, als das vorher der Fall war, ja stellte es wohl dem landwirtschaftlichen Realkredit in erster Linie zur Verfügung, da eine ähnliche Organisation des städtischen Immobiliarkredits erst in der Mitte des 19. Jahrhunderts in Preußen erfolgte. So mußten naturgemäß infolge des billigen Kredites die Preise der ländlichen Grundstücke steigen, ohne daß die Erträge entsprechend gewachsen wären. Es konnte zu Überspekulationen kommen, wie Weyermann sie schildert, und es konnte dann der von ihm beobachtete Kreislauf eintreten. Nach der Steinschen Reform hatte der Großgrundbesitz die Möglichkeit, mit Hilfe des billigen landschaftlichen Kredites bäuerliche Güter zu erwerben, und darin lag dieses Mal der Keim zu der von Weyermann weiter verfolgten Entwicklung. Diese so ausgelösten Bewegungen sieht Weyermann als konjunkturell-zyklische Bewegungen an. Tatsächlich waren es aber Strukturwandlungen im Agrar- und Hypothekenrecht, die dann auch Strukturwandlungen im landwirtschaftlichen Realkreditwesen und in der Landwirtschaft selbst herbeiführten.

[1] Karlsruhe 1910.

Hermann Mauer zieht nun aus der Weyermannschen Theorie die Nutzanwendung für die Zeit von 1900—1910.[1] Er kommt zu dem Ergebnis, daß der ländliche Grundbesitz um 1910 eine Krise hätte durchmachen müssen, „wenn diese nicht vorläufig durch eine Kreditvermehrung verhindert worden wäre". Anzeichen sieht er dafür in der gerade damals erfolgten Erhöhung der landschaftlichen Taxen, die zu einer Krediterweiterung führten. Die gleichzeitige Errichtung der öffentlich-rechtlichen Lebensversicherungsanstalten und die Gewährung von Amortisationskredit an zweiter Stelle hinter den landschaftlichen Beleihungen durch diese Institute bedeuteten seiner Ansicht nach nichts anderes als die Organisation der zweiten Hypothek. Mauer befürchtete, daß sich durch diese Maßnahmen die Preissteigerung des landwirtschaftlichen Grund und Bodens fortsetzen, daß der Umsatz auf dem landwirtschaftlichen Immobilienmarkt zunehmen, und daß schließlich der dann doch folgende Rückschlag in der Preisbewegung desto größer sein würde.

Diese Auffassung ist der Korrektur bedürftig, denn auch Mauer berücksichtigt nicht die Strukturwandlungen, die gerade für diese Zeitspanne so bedeutungsvoll gewesen sind.

Nach Überwindung der großen Weltagrarkrise in den 70er und 80er Jahren setzte auch für die Landwirtschaft eine Zeit des Aufschwunges ein. Etwa von 1903 ab trat die Verschuldung aus Kauf und Erbgang zurück hinter der Kreditaufnahme vor allem zu Meliorationszwecken.[2] Die Landwirtschaft begann also kapitalintensiver zu wirtschaften. Die Vervollkommnung und Ausbreitung der Methoden der künstlichen Düngung und der Anbautechnik kam besonders den leichten Böden zu Gute, und ließ deren Erträge und Preise steigen. Dies alles bewirkte ein verstärktes Eindringen des Kapitalismus in die Landwirtschaft, und man hat die Jahre 1895 bis 1913 als die Epoche bezeichnet, in der sich „die Agrarwirtschaft an die kapitalistische Organisation der Industriewirtschaft" anzupassen suchte.[3] Die Steigerung der Landgüterpreise, die schon lange vor dem Kriege eingesetzt hatte, ist also nicht auf Krediterleichterungen oder -Erweiterungen zurückzuführen. Dagegen spricht allein schon die Tatsache, daß trotz der strukturell bedingten Verteuerung sowohl des organisierten

[1] Schmollers Jahrbücher, Jg. 39, 1915, S. 1275 ff.

[2] Beckmann, Berichte über Landwirtschaft. N. F., Bd. IV, 1926, S. 95.

[3] Folkert Wilken, Volkswirtschaftliche Theorie der landwirtschaftlichen Preissteigerungen in Deutschland von 1895 bis 1913. Berlin 1925, S. 152.

wie des nicht organisierten Realkredits seit etwa 1906 die Preissteigerung nicht abnahm, sondern sich fortsetzte.[1] Die Gründe für die Preissteigerung der Landgüter sind vielmehr überwiegend wirtschaftlicher Art. Die zunehmende Bevölkerungsdichte machte den Boden knapper und ließ die Preise steigen. Der zunehmende Wohlstand der Bevölkerung vermehrte die Nachfrage nach Agrarerzeugnissen und die Schutzzollgesetze von 1902 traten gerade in dem Augenblicke in Kraft (1906), als die durch die Weltagrarkrise gesenkten Preise für landwirtschaftliche Massenprodukte wieder anzuziehen begannen. „Die Zunahme des Nahrungsbedarfs der rasch anschwellenden Industriebevölkerung konnte jetzt nicht mehr allein auf extensivem Wege durch Aufbruch von Neuland gedeckt werden.“[2] Weltmarktlage und Schutzzoll trugen also zu einer starken Einnahmesteigerung in der Landwirtschaft und zur Hebung ihrer Rentabilität bei. Das Institut für Konjunkturforschung hat für die Zeit von 1904 bis 1914 eine Steigerung des landwirtschaftlichen Bruttoeinkommens um 20% festgestellt.[3]

Diesen Strukturwandlungen waren aber die Landschaften in der Ausgestaltung ihrer Wertermittelungsvorschriften gar nicht oder nur unvollkommen gefolgt. Die Landschaften konnten deswegen mit ihren unkündbaren Pfandbriefdarlehen der Kreditbedürftigkeit der Güter mit leichten Böden und vor allem dem Kreditbedürfnis des kleinen Grundbesitzes nicht genügend entgegenkommen. Die Folge war eine zunehmende „Flucht aus der Landschaft“.[4] Der Großgrundbesitzer wandte sich den beweglicheren Hypothekenbanken und dem Privatkredit zu, der Bauer aber ging in erster Linie zu seiner Sparkasse oder suchte gleichfalls den privaten Geldgeber auf. Da besannen sich die landschaftlichen Kreditinstitute einige Jahre vor dem Kriege auf ihr Versäumnis und traten dieser „Flucht“ durch Erhöhung ihrer Taxen erfolgreich entgegen.

Dieses ermöglichte die „Umschuldung“, indem zweite, teure

---

[1] Zeitschrift des Königl. Preuß. Stat. Landesamtes. Erg.-Heft 44, 1917.

[2] Sering, Internationale Preisbewegung und Lage der Landwirtschaft in den außertropischen Ländern. Berlin 1929. Sonderheft 11 der Berichte über Landwirtschaft. (Arbeiten des Deutschen Forschungsinstitutes für Agrar- und Siedlungswesen.) S. 12 ff.

[3] Vierteljahrshefte zur Konjunkturforschung. 3. Jahrg. 1928, Heft 1, Teil A, S. 39.

[4] Aereboe, Die Beurteilung von Landgütern und Grundstücken. 2. Aufl., 1921, S. 179 und 303.

Hypotheken in die erste, billige Landschaftshypothek miteinbezogen werden konnten, ein Umstand, der besonders dem kleinen Grundbesitze zu Gute kam, wie das auch Mauer und v. Altrock erwähnen.

Es gilt, jetzt noch einen Blick auf die Struktur des Pfandbriefmarktes in der Vorkriegszeit zu werfen.

Wenn die Landschaften vor dem Kriege immer in der Lage waren, ihre Pfandbriefe glatt unterzubringen, so verdankten sie das in starkem Maße der Mündelsicherheit dieser Papiere. Die zahlreich vorhandenen Stiftungen, die Sparkassenvermögen — soweit die Bestimmungen des Anlagegesetzes dies zuließen — die Prämienreserven der privaten und öffentlich-rechtlichen Versicherungsunternehmen aller Art wurden zu einem sehr erheblichen Teil in Pfandbriefen der Landschaften angelegt. Das Wertpapiervermögen der öffentlich-rechtlichen Lebensversicherungsanstalten, das Ende 1914 etwa 6 Millionen M betrug, bestand rund zu 40% aus landschaftlichen Pfandbriefen. Von den privaten Versicherungsunternehmen hatten die Vieh-, die Hagel- und die Rückversicherungsgesellschaften den größten Bestand an Wertpapieren. Mueller[1] vermutet, daß sich darunter erhebliche Posten landschaftlicher Pfandbriefe befunden hätten. Genaue Zahlenangaben für die Vorkriegszeit fehlen und sind auch heute leider nicht mehr zu beschaffen. Schließlich aber nahmen die Landschaften selbst in starkem Maße zu Gunsten des Tilgungsfonds der Kreditverbundenen Material aus dem Markt. Die so untergebrachten Beträge an Schuldverschreibungen waren meist fest placiert, und das an den Markt zurückflutende Material war gering.

Die nicht mündelsicheren Pfandbriefe der Hypothekenbanken kamen als Anlagemöglichkeit für Stiftungen und Sparkassen nicht in Frage. Die Versicherungsgesellschaften durften auf Grund des § 59 VAG. 10% ihrer Prämienreserven in Schuldverschreibungen auf den Inhaber, die von der Reichsbank in Klasse I bis zu 75% des Kurswertes beliehen wurden, anlegen. Hierzu gehörten auch die Pfandbriefe der Hypothekenbanken. Das freie Vermögen der Versicherungsgesellschaften aber konnte unbeschränkt in Hypothekenbankpfandbriefen angelegt werden, und von dieser Möglichkeit haben die Versicherungsgesellschaften vor dem Kriege in gewissem Maße Gebrauch gemacht. Jedoch ließen sie beim Erwerb von Pfandbriefen, wie von Wertpapieren überhaupt, eine gewisse Vorsicht walten, weil ihr Zinsertrag hinter anderen erlaubten Anlagemöglichkeiten zurückstand. Deswegen zogen die

[1] a. a. O., S. 97.

Gesellschaften einen Erwerb von Hypotheken vor, die ihnen neben höheren Zinseinnahmen noch eine einmalige Provision abwarfen. Das große Heer der Pfandbriefkäufer stellte somit das private Publikum, in das durch Banken und Bankiers die Hypothekenbankpfandbriefe hineingetragen wurden.

Die besten Absatzgebiete auch für die norddeutschen Hypothekeninstitute waren die reichen bäuerlichen Gegenden Süd- und Westdeutschlands. Die erworbenen Pfandbriefe blieben dort bis zu ihrer Auslosung meist fest liegen. Spekulationskäufe gehörten vor dem Kriege zu den seltenen Ausnahmen, da die Gewinnaussichten sehr gering waren. Die Kurse der Neuemissionen wurden nämlich von den Instituten im Interesse der Hypothekendarlehnssucher so nah wie irgend möglich an der Parität gehalten.

Mit diesen strukturellen Bewegungen vermischen sich nun die konjunkturellen Schwankungen. Es ist vorn schon aus dem Wesen der volkswirtschaftlichen Konjunkturen als Industriekonjunkturen heraus gezeigt worden, daß die Landwirtschaft von diesen Schwankungen verhältnismäßig wenig berührt wird. Das Institut für Konjunkturforschung und K. Euler haben es nun in den letzten Jahren unternommen, das Verhältnis von Industriekonjunktur und Lage der Landwirtschaft zahlenmäßig zu untersuchen.[1]

Das Institut für Konjunkturforschung schließt aus den Schwankungen der Geldroherträge der Roggen-, Weizen- und Kartoffelernten sowie der Werte der geschlachteten Rinder und Schweine auf die Bewegung des landwirtschaftlichen Bruttoeinkommens und untersucht diese Bewegung für die landwirtschaftlichen Wirtschaftsjahre 1905 bis 1914. Der industrielle Aufschwung der Jahre 1905/6 zeigt einen Rückgang des landwirtschaftlichen Bruttoeinkommens. In der Hochspannung und Krisis von 1906/7 und 1907/8 macht sich ein Ansteigen des landwirtschaftlichen Bruttoeinkommens bemerkbar, das auch durch die industrielle Depression während der Jahre 1909/10 nicht aufgehalten wird. Ein heftiger Rückschlag tritt aber 1910/11 ein, obwohl die industrielle Konjunktur einen deutlichen Aufschwung zeigt. 1911/12 steigen landwirtschaftliches Bruttoeinkommen und industrielle Konjunktur gleichzeitig und bleiben 1912/13 auf glei-

[1] Vierteljahrshefte zur Konjunkturforschung, Jahrg. 3, 1928, Heft 1. Karl Euler, Über die Zusammenhänge zwischen Agrareinkommen und Konjunktur. Berliner Diss. 1928. A. Hanau, Die Prognose der Schweinepreise, Vierteljahrshefte für Konjunkturforschung, Sonderheft 7, Berlin 1928.

cher Höhe. Im zweiten Halbjahr 1913 sinkt parallel mit der Industriekonjunktur auch das landwirtschaftliche Bruttoeinkommen.

Jedoch kommt es nicht allein auf die Größe des landwirtschaftlichen Bruttoeinkommens an, sondern auch auf dessen Kaufkraft vor allem für die landwirtschaftlichen Produktionsmittel. Wenn die Preise der Industrieprodukte in Zeiten der Hochkonjunktur steigen, während gleichzeitig das landwirtschaftliche Einkommen sinkt oder gleichbleibt, so sinkt auch seine Kaufkraft für industrielle Produkte. Umgekehrt aber liegen die Dinge, wenn im Verlauf der Depression die Preise der industriellen Produkte sinken, während das Bruttoeinkommen der Landwirtschaft sich hebt oder gleichbleibt.

Aber aus der Größe des Gesamtbruttoeinkommens der Landwirtschaft wird man noch nicht auf einen entsprechenden Stand des Betriebsüberschusses der einzelnen Betriebe schließen dürfen. Hierfür sind maßgebend die Tüchtigkeit des Betriebsleiters, sowie Einflüsse lokaler Natur, wie örtliche Mißernten, Naturkatastrophen, Viehseuchen und Brandunglücke. Dazu kommt ein Zu- oder Abgang aus unregelmäßigen Einnahmen oder Ausgaben, wie Erbauseinandersetzungen, Abverkauf von Grund und Boden infolge von Straßen-, Bahn- oder Kanalbauten, sowie Zuwächse zum Privatvermögen des Besitzers.

Diese Verhältnisse bewirken, daß Kreditbedarf und Kreditnachfrage der Landwirtschaft konjunkturellen Einflüssen nicht in dem starken Maße unterworfen sind, wie die der Industrie. Jedoch das Eine trifft auch bei der Landwirtschaft zu: die Neigung zu Investierungen ist dann besonders groß, wenn die Kaufkraft des eigenen Betriebsüberschusses den Produktionsmitteln gegenüber hoch ist.[1] Es werden dann Gebäude-, Boden- und Inventarverbesserungen vorgenommen, von denen man annimmt, daß sie bei weiterem Fortschreiten der Konjunktur rentabel sein werden. Da aber die Betriebsüberschüsse zu solchen Investierungen nicht ausreichen, steigt die Nachfrage vor allem nach Realkredit.

Dieser Gestaltung der Nachfrage entspricht aber auch das Angebot. Das Angebot an Realkredit, das wiederum seinerseits von der Nachfrage nach Pfandbriefen abhängig ist, kann in Zeiten relativen Kapitalüberflusses am größten und daher für den Landwirt am preiswertesten sein. Eine solche Lage ist aber die industrielle Depression, wenn Kapitalanlagen in Dividendenpapieren nicht ertragreich und sicher genug erscheinen, und deshalb festverzinsliche Effekten begehrter sind. Auch die Sparkassen sind in ihrer

---

[1] Schriften d. Ver. f. Sozialpolitik, Bd. 137, Teil 2, 1911, S. 43.

Realkreditgewährung von dieser Konjunktur abhängig. Die Realkredithingabe richtet sich nach dem Überschuß der Einzahlungen über die Abhebungen; dieser aber wächst in den Zeiten der Depression, weil dann der psychologische Zwang zum Sparen am stärksten ist. Bei den Versicherungsunternehmen liegen die Dinge anders, da deren zur Anlage verfügbare Kapitalien aus Prämieneinnahmen und Zinsen bestehen, deren Einfluß von der industriellen Konjunktur unabhängig ist.[1]

Der in Zeiten des Kapitalmangels und der industriellen Hochkonjunktur auftretende landwirtschaftliche Realkreditbedarf muß seine Deckung beim privaten Kredit suchen, eine Erscheinung, die im Jahre 1913, wie oben bereits dargestellt, besonders kraß hervorgetreten ist. Daneben aber wird der immer reichlich zur Verfügung stehende Personalkredit vor allem bei den Genossenschaften zunächst in Anspruch genommen. Diese Personalschulden werden dann bei günstiger Konjunktur auf dem Hypothekenmarkt durch Aufnahme langfristiger Darlehen wieder abgedeckt. Ein Blick auf das folgende Schaubild zeigt diese Bewegung von 1895—1913.

Zu- bezw. Abnahme der landwirtschaftlichen Hypotheken gegenüber dem Vorjahr.[2]

Millionen Mark.

Jahr	Preuß. Sparkassen	Hypotheken-Akt. Banken	Preuß. Landschaften
1900	— 2,4	.	+ 19,9
1901	+ 58,6	— 10,1	+ 43,3
1902	+ 75,6	+ 1,1	+ 73,7
1903	+ 79,6	— 3,7	+ 81,8
1904	+ 91,2	— 5,1	+ 52,0
1905	+ 90,9	— 4,6	+ 55,2
1906	+ 84,0	+ 1,2	+ 42,9
1907	+ 62,5	+ 16,5	+ 12,1
1908	+ 46,8	+ 15,3	+ 41,3
1909	+ 100,6	+ 26,5	+ 103,1
1910	+ 126,4	+ 41,3	+ 92,6
1911	+ 143,8	+ 41,2	+ 46,7
1912	+ 17,3	+ 30,7	+ 109,7
1913	— 124,6	+ 5,4	+ 104,3

[1] Rudolf Mueller, Anlage und Verwaltung der Kapitalien privater Versicherungsunternehmen. 1914, S. 3.

[2] Nach Angaben des Instituts für Konjunkturforschung.

Jährliche Zu- bezw. Abnahme der Agrarkredite bei verschiedenen Kreditinstituten.[1]

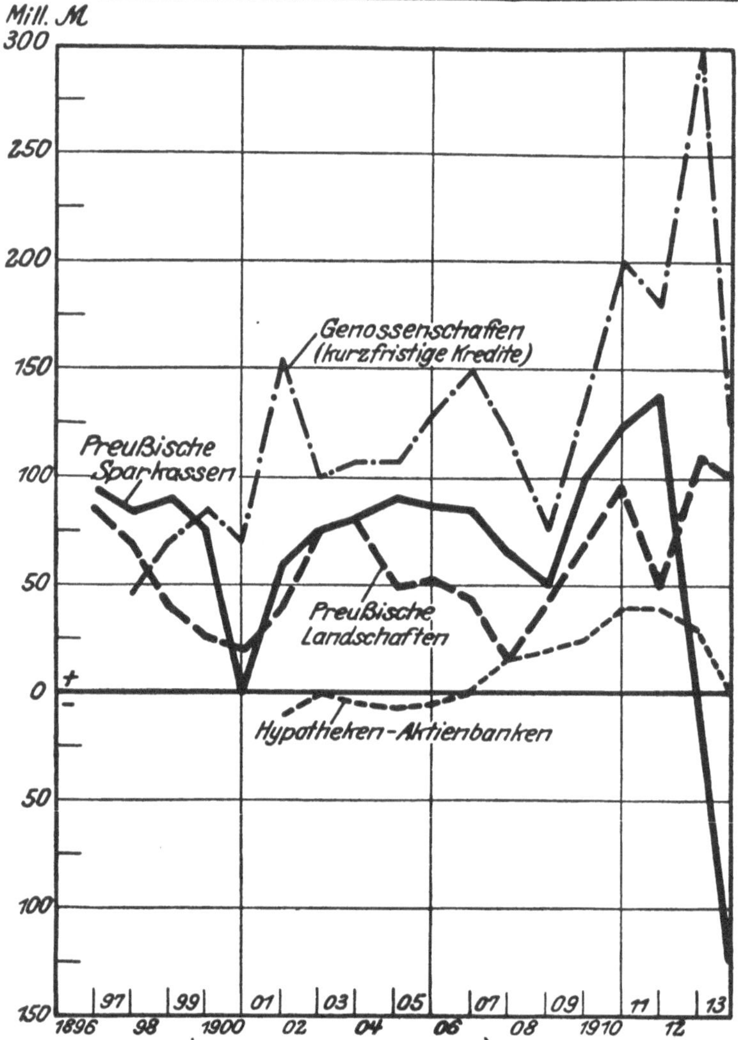

[1] Vierteljahrshefte zur Konjunkturforschung, 3. Jahrg., 1928, Heft 1, S. 49.

Aber der Absatz von Pfandbriefen unterlag vor dem Kriege nicht nur konjunkturmäßigen, sondern auch saisonmäßigen Schwankungen. Auch in den Jahren großer Nachfrage nach festverzinslichen Werten wurde der überwiegende Teil der an den Markt gebrachten Emissionen in der ersten Jahreshälfte untergebracht, während der Absatz in den Herbst- und Wintermonaten stockte.[1] Eine Erklärung hierfür liegt darin, daß vornehmlich in der ersten Jahreshälfte die ausgeschütteten Dividenden, Tantiemen und Gratifikationen die Nachfrage nach festverzinslichen Werten verstärkten. Das Gleiche geschah an den Quartalsterminen, wenn die ausgezahlten Hypothekenzinsen sowie sonstige Teile des Renteneinkommens nach neuer sicherer Anlage suchten.

Fassen wir nunmehr das Ergebnis unserer Untersuchungen zusammen: Das ausgebaute landwirtschaftliche Realkreditwesen der Vorkriegszeit beruhte in erster Linie auf der ständig fortschreitenden Kapitalzunahme innerhalb der deutschen Wirtschaft, die genossenschaftsähnliche Organisation der Landschaften, die Haftung der Kommunalverbände für die Verbindlichkeiten der Landesbanken bewirkten, daß der Landwirt Kredit zu billigem Zins, der nicht durch Risikoprämien gesteigert war, erhalten konnte. Dieses billige Kreditangebot von Landschaften und Landesbanken veranlaßte auch die Hypothekenbanken und nicht organisierten Realkreditgeber ihren Kredit billig zu gestalten. Alle diese auf bankmäßiger Grundlage aufgebauten Realkreditgeber mußten aber mit dem privaten Kredit konkurrieren, der dort einsprang, wo organisierter Realkredit nicht zur Verfügung stand oder stehen wollte. Dieser private Kredit gewann vor allem dann an Bedeutung, wenn in Zeiten industrieller Hochkonjunktur der organisierte Kapitalmarkt nicht gleichzeitig Industrie und Landwirtschaft mit Kredit zu versorgen vermochte. Hinzu kam, daß in Zeiten, wo langfristig verfügbares Kapital aus konjunkturellen Gründen knapp war, das ausgebaute genossenschaftliche Personalkreditwesen mit Zwischendarlehen einsprang.

Das Rückgrat des landwirtschaftlichen Realkredites bildeten vor dem Kriege die öffentlich-rechtlichen Pfandbriefinstitute und die Sparkassen. Je mehr sich infolge der zunehmenden Industrialisierung und der daraus folgenden Abwanderung vom Lande das städtische Immobiliengeschäft belebte, desto mehr wandten

[1] H. Ludewig, Geldmarkt und Hypothekenbank-Obligationen. München und Leipzig 1915.

sich die Realkreditgeber mit Ausnahme der öffentlich-rechtlichen Pfandbriefinstitute dem städtischen Grundkredit zu. Trotzdem behielten die Sparkassen ihre große Bedeutung für den bäuerlichen Realkredit. Historische und praktische Gründe hielten häufig den bäuerlichen Wirt ab, organisierten Realkredit in dem Umfang in Anspruch zu nehmen, wie dieses der Großgrundbesitz tat, der der wichtigste Kreditnehmer der Landschaften war. Wenn sich trotzdem um die Jahrhundertwende eine Flucht der Großgrundbesitzer aus den Landschaften vor allem zu den Hypothekenbanken hin bemerkbar gemacht hatte, so lag das daran, daß die Landschaften mit ihren Taxvorschriften der Wertsteigerung der leichten Böden, die durch weltwirtschaftliche und agrartechnische Gründe veranlaßt worden war, nicht gefolgt waren. Eine Revision der Taxvorschriften, die zu Beginn des Krieges noch nicht beendet war, vermochte dieser Flucht aus der Landschaft mit Erfolg zu steuern. So ergibt sich, daß in den Jahren vor 1914 die deutsche Landwirtschaft trotz mancher Mängel, die dem Realkreditwesen anhafteten, fast unabhängig von den industriellen Konjunkturbewegungen jederzeit billigen und ausreichenden Realkredit erhalten konnte.

II.

Inflation und Währungsstabilisierung in ihrer Auswirkung auf den landwirtschaftlichen Realkredit.

1. Die Inflationszeit.

Die Inflation legte das langfristige Realkreditgeschäft in Markwährung lahm. Der Gedanke, einen Hypothekarkredit zu schaffen, der von der Entwertung der Mark unabhängig wäre, ging von den gemeinnützigen provinziellen Siedlungsgesellschaften aus.[1]

Die Siedlungsträger konnten ihrer Aufgabe nicht genügen, solange sie Siedlungsobjekte gegen Papiermark kaufen mußten. Es wurde daher im August 1921 die Roggenrentenbank A.-G. in Berlin errichtet. Dieses Institut übernahm die Aufgaben der provinziellen Rentenbanken auf dem Gebiet der Siedlungsfinanzierung und belieh Siedlungsgüter gegen die Eintragung von Roggenwertrenten als Reallasten in Abteilung II des Grundbuches

[1] Eine eingehende Vorgeschichte enthält mein Aufsatz im Jahrbuch für Bodenkredit, I, 1928, S. 253 ff.

Auf Grund dieser Reallasten wurden Roggenrentenbriefe emittiert, die auf den Geldwert einer bestimmten Menge (Zentner) Roggen lauteten und 5% Zinsen brachten. Die jährliche Leistung des Schuldners aus der Reallast betrug 5% Zinsen, ½% Amortisation und 1% Verwaltungskostenbeitrag, im Ganzen also 6½%. Die Umrechnung dieser Leistungen in Geld erfolgte nach dem amtlich festgestellten Durchschnittspreis für märkischen Roggen an der Berliner Börse, und zwar für die am 1. Juni jeden Jahres fällige Leistung nach dem Durchschnittspreis vom 15. März bis 14. April, und für die am 1. Dezember fällige Leistung nach dem Durchschnittspreis für die Zeit vom 15. Oktober bis 14. November. Die Ausschüttung der Zinsen an die Briefinhaber erfolgte auf der gleichen Berechnungsgrundlage am 1. Juli und 1. Januar. Die Tätigkeit der neuen Bank fand in landwirtschaftlichen Kreisen eingehende Beachtung. Da die Landwirte selbst in sehr vielen Fällen zur Roggenrechnung übergegangen waren, erschien ihnen eine Verschuldung in Roggenwert durchaus sympathisch. Man war der Auffassung, daß bei einer Verschuldung in Roggenwert der Landwirt seinem Gläubiger immer nur einen Teil seines Produktes zu geben brauchte, dessen Größe er sich nach den Erträgen seiner Felder genau berechnen und vorstellen konnte. Allerdings fehlte es damals nicht an Stimmen, die vor einer Verschuldung in Roggen warnten, weil die Roggenschuld für den Landwirt bei steigendem Geldwert leicht untragbar werden könnte.[1] Veranlaßt durch zahlreiche Nachfragen aus Kreisen der Landwirtschaft, entschloß sich die Roggenrentenbank, vom 1. Januar 1923 ab nicht nur Siedlungsgüter, sondern alle landwirtschaftlichen Grundstücke in der Größe einer selbständigen Ackernahrung und darüber zu beleihen.

Nach dem Vorbild der Roggenrentenbank wurden im März 1923 die Sächsische Roggenrentenbank A.-G. in Dresden und im Juli des gleichen Jahres die Getreiderentenbank für Landwirtschaft A.-G. in Berlin ins Leben gerufen. Noch im November 1923 wurde in Anlehnung an die Deutsche Bauernbank A.-G. die Rentenbrief-Aktiengesellschaft Deutscher Bauernvereine errichtet.

Aber auch ein Teil der alten Realkreditinstitute begann im Herbst 1922 mit der Gewährung von Roggenwert-

[1] Zeitschrift d. Landwirtschaftskammer d. Prov. Schlesien, 27. Jahrg., 1923, Heft 10, S. 308. Preyer, Roggenpapiere und Roggensteuern, Jena 1923.

darlehen. Den Hypothekenbanken war allerdings dieser Weg zunächst noch verschlossen, da das Hypothekenbankgesetz diesen Instituten ausdrücklich nur den Erwerb von Hypotheken und Grundschulden gestattete. Anders lagen die Verhältnisse bei den Landschaften und öffentlich-rechtlichen Kreditanstalten, auf die die Bestimmungen des Hypothekenbankgesetzes keine Anwendung fanden.

Im Oktober 1922 begann die Staatliche Kreditanstalt in Oldenburg ländlichen Grundbesitzern Roggendarlehen gegen Eintragung einer erststelligen Reallast in Höhe von 7% des erhaltenen Kapitals zu gewähren. Auf Grund dieser Reallasten gab die Anstalt Oldenburgische Roggenschatzanweisungen heraus, die am 1. April 1927 einlösbar sein sollten. Ende 1922 nahm auch die Hannoversche Landeskreditanstalt das Roggenbeleihungsgeschäft auf, und von den Landschaften folgten die Schlesische, Pommersche, Sächsische und das Kur- und Neumärkische Ritterschaftliche Kreditinstitut.

Im Juni 1923 kam das Gesetz über wertbeständige Hypotheken zustande.[1] Es konnten nunmehr Hypotheken in der Weise bestellt werden, daß die Höhe der aus dem Grundstück zu zahlenden Geldsummen durch die amtlich festgestellten oder festgesetzten Preise einer bestimmten Menge Roggen, Weizen oder Feingold bestimmt wurde. Dieses Gesetz erlaubte auch jetzt den Hypothekenbanken, Pfandbriefe auszugeben, deren Nennwert unter Zuhilfenahme der für die Bestellung von Hypotheken zugelassenen Maßstäbe bestimmt wurden.

Die alten Hypothekenbanken jedoch hielten sich mit Ausnahme von vier Instituten vom Roggengeschäft fern. Nur die Preußische Central-Bodenkredit A.-G. und die Berliner Hypothekenbank in Berlin sowie in München die Bayerische Hypotheken- und Wechselbank und die Bayerische Landwirtschaftsbank e. G. m. b. H. begannen auf Grund des neuen Gesetzes Roggenwerthypotheken zu erwerben und Roggenpfandbriefe auszugeben. — Die weitaus größte Mehrzahl der öffentlich-rechtlichen Kreditinstitute aber und alle Landschaften gewährten jetzt Roggenwertdarlehen.

Die Aufnahme des Roggenwertkreditgeschäftes stellte die betreffenden Institute vor die Frage, wie die Beleihungsfähigkeit der für die Darlehen haftenden Objekte festgestellt

[1] RGBl. 1923, I, S. 407.

werden sollte. Irgendwelche Güterpreise standen nicht zur Verfügung, da ländliche Grundstücke immer weniger auf den Markt kamen, je schneller die Geldentwertung zunahm. So mußte ein anderer Maßstab gefunden werden. Es bildeten sich in der Praxis des Beleihungsgeschäftes fünf Verfahren zur Ermittlung der Beleihungsfähigkeit heraus. Man rechnete

1. den Vorkriegspreis oder den Vorkriegsschätzungswert des betreffenden Objektes in Roggen um und gewährte hiervon einen gewissen Prozentsatz als Kapital,
2. wurde auf jede Einheit des Grundsteuerreinertrages der Wert einer Gewichtseinheit Roggen als Darlehn gegeben,
3. dienten die damals üblichen Roggenwertpachten als Anhalt für die Bewertung der Beleihungsobjekte,
4. ging man von den Reinerträgen aus, rechnete diese auf Roggen um und bemaß dann das Darlehn so, daß die jährlich vom Schuldner zu entrichtenden Leistungen den unter allen Umständen erzielbaren Rein ertrag nicht überschritten,
5. wurde die jährliche Leistung nach dem nachhaltig erzielbaren Roh ertrag bemessen.

Von diesem letztgenannten Verfahren machte die Roggenrentenbank Gebrauch, indem sie bestimmte, daß die 6½% Annuität $^1/_8$ des nachhaltig gewährten Naturalrohertrages nicht übersteigen durfte. Dabei wurde der gesamte Rohertrag des Ackerlandes in Zentner Roggen umgerechnet, so daß der Schuldner unabhängig von den Preisschwankungen, denen etwa der Roggen nach einer später erfolgenden Stabilisierung der Mark unterliegen sollte, immer nur eine bestimmte Menge Roggen zu leisten haben würde, die $^1/_8$ des nachhaltig gewährten Naturalrohertrages nicht übersteigen würde.

Die Sächsische Landschaft folgte dem Vorbild der Roggenrentenbank. Sie blieb allerdings in der Beleihungshöhe hinter dieser zurück, denn sie bestimmte, daß die Jahresleistung aus der Roggenbeleihung nicht mehr als $^1/_{12}$ des Jahresrohertrages betragen, und an Kapital nicht mehr als 1 Zentner Roggen auf je 3 M Grundsteuerreinertrag gegeben werden dürfte. Anfang 1924 glaubte man, dem starken Kreditbedürfnis dadurch entsprechen zu sollen, daß man für die Jahresleistung $^1/_{10}$ des Rohertrages zuließ und bereits auf 1 M Grundsteuerreinertrag einen Zentner Roggen Kapital gewährte.

Die Staatliche Kreditanstalt in Oldenburg bemaß ihre Darlehen auf Grund des Friedenswertes. Sie gab 25% des nachgewiesenen Vorkriegswertes und berechnete hierbei den Zentner Roggen Kapital mit 8 M.

Die Hannoversche Landeskreditanstalt schätzte den Friedensertragswert, und dieser Wert wurde auf Grund eines Roggenpreises von 10 M je Zentner in Roggenzentner umgewandelt. Obwohl der durchschnittliche Friedenspreis des Roggens nur etwa 8 M für den Zentner betragen hatte, glaubte man, einen um 25% höheren Roggenpreis zur

Anwendung bringen zu müssen, da in diesem Umfang eine Entwertung des Goldes gegenüber der Vorkriegszeit stattgefunden hatte. Man wollte dadurch eine Überlastung des Grundbesitzes verhindern.

Von den Landschaften bemaßen die Ostpreußische, die Schlesische und die Westfälische die Beleihungshöhe nach dem Taxwert oder dem Grundsteuerreinertrag. Es wurden je nach dem Zeitpunkt der Taxen auf je 150—200 M Taxwert ein Zentner Roggen Kapital gegeben. Wurde der Grundsteuerreinertrag zu Grunde gelegt, so kam im allgemeinen auf jeden Taler ein Zentner Roggen Kapital. Im Frühjahr 1924 wurden diese Vorschriften dahin geändert, daß die Roggendarlehen ein Drittel desjenigen Beleihungswertes erreichen durften, der sich aus einer älteren oder neueren Beleihungstaxe ergab. Der Zentner Roggen wurde mit 8 M in Ansatz gebracht.

Das Kur- und Neumärkische Ritterschaftliche Kreditinstitut stellte durchschnittlich erzielbare Roggenwertpachtpreise in Zentnern je ha fest. Die aus dem Roggendarlehn zu entrichtenden Jahresleistungen durften bis zu einem Achtel dieses Pachtzinses betragen. Vom April 1924 ab erhöhte man die Beleihungsfähigkeit wesentlich und bestimmte, daß die Leistung aus den Roggendarlehen je ha der landwirtschaftlich genutzten Fläche betragen durfte:

bei Gütern mit einer landwirtschaftlich genutzten Fläche

bis zu 50 ha	100%
über 50 bis 100 ha	90%
über 100 bis 250 ha	85%
über 250 bis 500 ha	80%
über 500 ha	75%

des errechneten Pachtpreises.

Die Pommersche Landschaft ließ anfangs eine Roggenertragstaxe aufstellen, aus der der in Roggen errechnete nachhaltige Jahresreinertrag festgestellt wurde. Hierzu diente eine Tabelle, in der die Roggenreinerträge für die verschiedenen Kulturarten klassenweise festgestellt worden waren.[1] Vom Juli 1924 ab griff man jedoch auf die alten Bonitierungstarife zurück und nahm von diesen gewisse Abschläge vor. Diese schwankten je nach der Bonitierungsklasse zwischen 40 und 70%. Die so erhaltenen Werte wurden unter Zugrundelegung eines Roggenpreises von 8 M je Zentner in Roggenwert umgerechnet.

Von den alten Hypothekenbanken, die das Roggendarlehnsgeschäft aufgenommen hatten, ermittelten die Bayerische Hypotheken- und Wechselbank sowie die Bayerische Landwirtschaftsbank e. G. m. b. H. die tragbare Darlehnshöhe aus dem Rohertrage. Die Jahresleistungen sollten $^1/_{10}$ des nachhaltig gewährten Rohertrages nicht übersteigen. Von den norddeutschen Instituten stellte die Preußische Central-Bodenkredit-A.-G. den Wert des Grundstückes in Roggen fest, indem sie Roggenpachten, wie sie für ähnliche Güter in gleicher Gegend entrichtet wurden, zum Vergleich heranzog. Führte dieser Weg nicht zum Ziele, so wurde vom Vorkriegswert $66^2/_3$% abgezogen und der verbleibende Rest unter Zugrundelegung eines Roggenpreises von 8 M für den Zentner in Roggenwert umgerechnet.

[1] S. Jahrbuch für Bodenkredit, Bd. 1, 1928, S. 270.

Die Geldbeschaffung erfolgte seitens der Institute durch die Ausgabe 5% Roggenwertschuldverschreibungen. Von größeren Anstalten wählte nur die Hannoversche Landeskreditanstalt den 4½% Typ.

Die Wahl des 5% Typs während der Zeit der Geldentwertung war naturgemäß willkürlich. In Zeiten der Inflation verliert der Zinsfuß die Fähigkeit, auf dem Kreditmarkt als Preisregulator zu wirken, und auf welchem Niveau sich der Zinsfuß nach erfolgter Stabilisierung der Mark einmal bewegen würde, war gar nicht vorauszusehen. So hielt man sich einfach an die Tatsache, daß vor dem Kriege der 4% Pfandbrief den Normaltyp dargestellt hatte, und man glaubte, bei Wahl eines 5% Papiers dem durch den Krieg eingetretenen, aber zahlenmäßig nicht erfaßbaren Kapitalverlust Rechnung getragen zu haben. Außerdem wollte man die Belastung nicht über das für die Landwirtschaft tragbare Maß hinaustreiben. Eine Jahreslast von 6½% des erhaltenen Nominalkapitals schien aber nach den Erfahrungen der Vorkriegszeit bereits die äußerste Grenze des Tragbaren darzustellen.

Im Februar 1923 wurde als erstes Roggenwertpapier der 5% Roggenrentenbrief der Roggenrentenbank-A.-G. zum Handel und zur Notiz an der Berliner Börse zugelassen. Das Angebot von 52 000 Zentnern wurde trotz der Neuartigkeit der Schuldverschreibungen ohne Schwierigkeit aufgenommen, und es gelang mühelos, den Kurs des Roggenrentenbriefes mit dem des Roggens auf annähernd gleicher Höhe zu halten. Jedoch schon Ende März 1923 löste sich der Roggenrentenbriefkurs vom Roggenpreis los und schnellte nach oben, als man den Mißerfolg der Devisenpolitik der Reichsbank voraussah, die die Mark gegenüber dem Dollar stabil zu halten versuchte. Da der großen Masse der Zugang zum Devisenmarkt infolge der scharfen gesetztlichen Bestimmungen verwehrt war, stürzte sich die Nachfrage nach „wertbeständigen“ Anlagemöglichkeiten nunmehr auf die Roggenrentenbriefe. Es kam den Käufern in keiner Weise darauf an, daß der Ertrag des Sachwertpapiers in einem dem nominellen Zinsfuß entsprechenden Verhältnis zum Erwerbspreis stand. Jeder wollte sich vielmehr in erster Linie trotz der zunehmenden Geldentwertung die Kaufkraft des hingegebenen Kapitals gegenüber den Waren des täglichen Bedarfs erhalten. Diese Aufwärtsbewegung des Roggenrentenbriefes verstärkte sich, als die Reichsbank Ende Juni 1923 begann, die Devisenzuteilung zu repartieren, und Länder und Gemeinden durch die Ausgabe von Notgeld das Tempo der Geldentwertung beschleunigten. Am 13. Juli 1923 z. B. notiert der Zentner Roggen in Berlin in Goldmark über Dollarkurs berechnet mit 12 M, während der Roggenrentenbrief auf über 21 M je Zentner zu stehen kam. Auch die Vermehrung des Angebots durch die Börseneinführung der Emissionen anderer Kreditinstitute tat dieser Bewegung keinen Abbruch. Als sich im Herbst 1923 die von der Regierung angekündigte Stabilisierung der Mark immer weiter hinauszögerte und jegliches Vertrauen auf die deutsche Währung schwand, und als schließlich bekannt wurde, daß noch kurz vor Toresschluß vom Reich größere Posten Reichsschatzwechsel der Reichsbank zur Diskontierung übergeben worden waren, gab es für die Aufwärtsbewegung der Roggenrentenbriefe kein Halten mehr. Am 5. November 1923 notierte der Roggenrentenbrief 46 Goldmark je Zentner, während für die gleiche Menge Roggen am gleichen Tage nur 10 GM gezahlt wurden.

Die verhältnismäßig hohe Kaufkraft des Roggenrentenbriefes[1] den landwirtschaftlichen Produktionsmitteln gegenüber gestattete dem landwirtschaftlichen Schuldner, sein Roggenwertdarlehn auch günstig zu verwenden. Er konnte mit verhältnismäßig geringem Kapitalaufwand Produktionsmittel erwerben, Gebäude errichten oder Meliorationen vornehmen. Diese Gelegenheit ist auch nach den Feststellungen des Instituts für Konjunkturforschung[2] ausgenutzt worden, offenbar aber in stärkerem Maße vom Großgrundbesitz als von den kleinen und mittel-

[1] Die Kaufkraft des Roggenrentenbriefzentners gegenüber den landwirtschaftlichen Produktionsmitteln im Jahre 1923 gibt die nachstehende Tabelle wieder. Dabei sind die Preise von 1913 = 100 gesetzt. Die Inflationspreise sind über $ in Goldmark berechnet und in Prozenten der Vorkriegszeit ausgedrückt. Roggen und Roggenrentenbrief sind mit 8 M pro Zentner gleich 100 gesetzt.

1923	R. R. Br.	Roggen	Maschinen	Baukosten einschließl. Löhne	Düngemittel	Bauarbeiterlöhne
Jan.	39	101	81	65	29	16
Febr.	101	105	121	64	56	24
März	94	94	145	105	90	44
April	112	108	143	98	73	41
Mai	85	82	68	62	42	25
Juni	76	72	68	55	46	27
Juli	207	94	110	76	47	34
Aug.	84	56	148	120	63	76
Sept.	108	71	163	102	79	87
Okt.	119	75	161	135	106	99
Nov.	235	112	167	129	103	108
Dez.	73	92	161	129	108	88

[2] Vierteljahrshefte zur Konj.-Forsch., Sonderheft 3, Berlin 1927.

bäuerlichen Betrieben. Die hohe Kaufkraft des Roggenrentenbriefes gegenüber den landwirtschaftlichen Produktionsmitteln blieb, solange die Inflation anhielt, auch dann noch bestehen, als sich vom Juli 1923 ab die Schere zu ungunsten der Landwirtschaft öffnete.

2. Die Zeit nach Stabilisierung der Währung.

Am 13. Oktober 1923 erging die Verordnung, auf Grund deren die Deutsche Rentenbank ins Leben trat; am 15. November wurde die Diskontierung von Reichsschatzwechseln eingestellt, und die Geldschöpfung, die sich allein nach den finanziellen Bedürfnissen des Staates gerichtet hatte, hörte auf. Die Inflation hatte ihr Ende erreicht.

Das Institut für Konjunkturforschung hat die wirtschaftliche Entwicklung seit der Stabilisierung der Währung eingehend zu analysieren versucht. Darnach befand sich die deutsche Wirtschaft

vom November 1923 bis Juni 1924 im Tiefstand,
vom Juli 1924 bis Januar 1925 im Aufschwung,
vom Februar 1925 bis September 1925 in der Hochspannung,
vom Oktober 1925 bis Januar 1926 in der Krisis.

Damit hatte der erste Konjunkturabschnitt seit der Währungsstabilisierung seinen Abschluß gefunden. Der zweite, der Ende 1929 noch andauert, begann im Februar 1926.

Es herrschte vom Februar 1926 bis Oktober 1926 Tiefstand,
vom November 1926 bis August 1927 Aufschwung,
vom September 1927 bis November 1927 Hochspannung,
vom Dezember 1927 ab eine immer fühlbarer werdende Depression.[1]

Von einer Kritik dieser Auffassung soll hier abgesehen werden. Die vom Konjunkturinstitut gefundene Einteilung ist trotz aller Bedenken geeignet, die Strukturwandlungen und konjunkturellen Erscheinungen, die beim Wiederaufbau des landwirtschaftlichen Realkredits von Bedeutung waren, hervortreten zu lassen.

a) Der erste Konjunkturabschnitt vom November 1923 bis Januar 1926.

α) Tiefstand vom November 1923 bis Juni 1924.

Der Stillstand der Notenpresse und die Stabilisierung der

[1] Vierteljahrshefte zur Konj.-Forschung, Jahrg. 1—4, Berlin 1926—29.

Mark im November 1923 hatten der schon seit Mitte des Jahres 1923 abflauenden Inflationskonjunktur den Todesstoß gegeben. Die gesamte Wirtschaft befand sich im Zustand fast völliger Illiquidität. Der nun wieder maßgebende Goldwert des Geldumlaufs betrug am 15. November nur 458,7 Millionen Goldmark, das sind 7,6% des Vorkriegsgeldumlaufs von rund 6 Milliarden Mark.[1] Die Zinssätze erreichten eine geradezu phantastische Höhe; tägliches Geld kostete in Berlin im November 1923 3744% im Jahr. Die Folge war, daß die von den einzelnen Unternehmen gesammelten Sachwerte und Devisen abgestoßen werden mußten. Eine Milderung der Lage aber erfolgte von der Geldseite her durch den sich mehrenden Zustrom von Rentenmarkscheinen. Dadurch erhöhte sich der Geldumlauf bis zum 31. Dezember 1923 auf 2 273,6 Millionen Goldmark = 37,5% und bis zum 31. März 1924 auf 2 824,3 Millionen Goldmark = 46,5% des Vorkriegsumlaufs. Dem entsprechend waren auch die Wechselkredite der Reichsbank an die Wirtschaft von 39,5 Millionen Goldmark am 15. November 1923 auf 1 867 Millionen Goldmark am 7. April 1924 gestiegen. Rund eine Milliarde Goldmark dieses Zuwachses entfiel auf die Monate Februar und März 1924.[2]

Die Folge war eine Senkung der Zinssätze. Bei einem Reichsbankdiskont von 10% wurden in Berlin an Jahreszinsen durchschnittlich gezahlt:[3]

Im Dezember	23	für tägl. Geld	280,8%	für Monatsgeld	—
im Januar	24	für tägl. Geld	83,9%	für Monatsgeld	36,0%
im Februar	24	für tägl. Geld	37,5%	für Monatsgeld	25,2%
im März	24	für tägl. Geld	31,4%	für Monatsgeld	31,2%
im April	24	für tägl. Geld	48,4%	für Monatsgeld	44,4%
im Mai	24	für tägl. Geld	24,2%	für Monatsgeld	43,2%
im Juni	24	für tägl. Geld	27,4%	für Monatsgeld	33,6%

Die Wirkung des reichlichen und schnellen Geldzuflusses war eine Besserung der gesamten wirtschaftlichen Lage und der sinkenden Zinssätze. Daneben aber verleitete das Fallen des französischen Franken, der in den ersten Monaten des Jahres 1924 um etwa 10% gesunken war, zu einer starken Spekulation in der Devise Paris. Diese fand ein jähes Ende, als vom 10. März an die

[1] Wirtschaft u. Stat., 4. Jahrg., 1924, S. 57 und 250.

[2] Verwaltungsbericht der Reichsbank 1924, S. 49.

[3] Frhr. v. Bissing, Die Sachwertpfandbriefe und der Kapitalmarkt. Schriften zur Förderung der inneren Kolonisation, Heft 36, Berlin 1926, S. 55.

Bank von Frankreich einen Teil ihrer Goldreserve einsetzte und den Frank bis Ende April um fast 20% in seinem Werte hob. Die Folge war, daß die noch nicht erstarkte deutsche Wirtschaft schwere Verluste erlitt, die man auf etwa 400 Millionen Goldmark schätzte.[1] Die Lage wurde weiter verschärft, als die Reichsbank am 7. April 1924 ihre Kreditpolitik änderte. Die allzu stürmische Emission der Rentenmark hatte schon seit Jahresbeginn den Kurs der Rentenmark im Ausland gedrückt, indes machten sich sowohl in Deutschland wie außerhalb Anzeichen eines gewissen Mißtrauens in den Erfolg des deutschen Sanierungswerkes bemerkbar. Deshalb beschloß die Reichsbank, von einer Erweiterung ihrer Kredite über den Stand vom 7. April hinaus zunächst abzusehen. Es wurden jetzt krisenähnliche Erscheinungen in der Wirtschaft ausgelöst; die Zinsfüße schnellten empor. Daraufhin wurden die letzten Devisenreserven der Wirtschaft liquidiert, und nun begannen die Zinssätze wieder zu sinken, zumal gleichzeitig an Stelle des Reichsbankkredits die Gelder der öffentlichen Kassen traten, die bis auf weiteres eine entscheidende Rolle am Geldmarkt spielen sollten. Der öffentlichen Hand hatte eine Steuerpolitik von bis dahin nicht gekannter Schärfe so reichliche Mittel zugeführt, daß sie dieselben vorübergehend am Geldmarkt ausleihen konnte. So erklärte sich das verhältnismäßig schnelle Sinken der Zinssätze für tägliches Geld, während langfristige Kredite noch immer ziemlich teuer blieben.

Die Stabilisierung traf den Landbau in einem Augenblick besonderer wirtschaftlicher Schwäche. Er hatte bis in das Jahr 1922 hinein unter der Zwangswirtschaft für Brotgetreide gestanden. Nach ihrer Aufhebung folgten die Getreidepreise zwar sehr schnell der Geldentwertung; die Schere war zugunsten der Landwirtschaft geöffnet. Aber der nur einmalige Umsatz und die Unmöglichkeit zu exportieren, gestatteten es den landwirtschaftlichen Betrieben nicht, wie der Industrie, Devisen oder Sachwerte in größerem Umfange zu beschaffen, um auf diese Weise dem Schwund an Geldkapital, der durch die Inflation bedingt war, entgegenzutreten. Wohl wurden, vor allem mit Hilfe kurzfristiger Kredite, Maschinen und elektrische Anlagen, oft in überreichlichem Maße, beschafft, Verbesserungen an Grund und Boden und Gebäuden vorgenommen, aber die dauernde Entwertung des Geldes ließ es nicht zur Ansammlung flüssiger Geldkapitalien

[1] Sering, Die deutsche Wirtschaftskrise, Berlin 1926, S. 6.

kommen, die für die Landwirtschaft bei ihrer langen Umschlagsperiode von besonderer Bedeutung sind. Als „wertbeständige“ Anlagemöglichkeiten in Effektenform zur Verfügung standen, hat man ihre Bedeutung für die Erhaltung flüssiger Betriebsmittel nicht überall erkannt. Wenn auch in Befolgung des Grundsatzes „Mark gleich Mark“ die Befreiung von den Vorkriegshypotheken einen Gewinn bedeutete, so stand diesem Plus der Verlust der privaten Geldvermögen der Betriebsleiter, die vor allen in den bäuerlichen Betrieben des Westens recht erheblich waren,[1] als Minus gegenüber.

Vom Juli 1923 ab erfuhr die Lage eine grundlegende Änderung. Die Schere begann sich zu ungunsten der Landwirtschaft zu öffnen, da die Industrie ihre Preise auf Goldmark- oder Dollarbasis stellte, und das Reich den gleichen Weg beschritt, als es die Landabgabe in Gold erhob. Hierzu mußten die Landwirte vom 1. September 1923 ab binnen eines halben Jahres in monatlichen Raten 4,5% des Wehrbeitragswertes entrichten. Infolgedessen mußte eine große Anzahl von Betrieben beträchtliche Mengen der reichlichen Ernte von 1923, ehe die Währung stabilisiert war, auf den Markt bringen und gegen die sich stündlich entwertende Papiermark verkaufen.[2]

Als daher die Stabilisierung erfolgt war, verfügten die meisten Landwirte über nur unzureichende Barmittel; Vorräte, durch deren Verkauf bares Geld beschafft werden konnte, waren selten vorhanden, die eigenen Vermögen der Grundeigentümer, die sonst in schweren Zeiten herangezogen wurden, waren vernichtet.

Die Begleichung der Steuern, die Aufrechterhaltung der Betriebe und die Frühjahrsbestellung 1924 verlangten neue Gelder. Was also noch an Erntevorräten und Vieh vorhanden war, mußte verkauft werden. Ein Massenangebot war die Folge. In dem kapitalschwachen Getreidehandel und dem geringen Einkommen des letzten Käufers stand jedoch diesem Angebot nur eine unzureichende Nachfrage gegenüber; die Ausfuhr war durch Verbot gesperrt. Die Preise für Getreide, vor allem für Roggen, mußten also sinken. Der Zentner Roggen, der in Berlin 1911—14 durchschnittlich 8,75 M gekostet hatte, wurde Anfang Februar 1924 nur mit 6,10 M und Mitte März nur mit 6,80 M bezahlt. Während die Industrieprodukte, die die Landwirtschaft erstehen mußte,

[1] S. Preußische Statistik, Heft 191. Berlin 1905.

[2] Archiv des Deutschen Landwirtschaftsrats, 43. Jahrg., 1925, S. 241. Vierteljahrshefte zur Konjunkturforschung, 1. Jahrg. 1926, Ergänzungsheft 3, S. 7.

etwa 40—50% teurer waren als in der Vorkriegszeit, erzielte also die Hauptfrucht des ostelbischen Landmanns nur etwa 70%. Die Entwicklung der Viehpreise ging den gleichen Weg. Schlachtvieh- und Schweinepreise standen Mitte 1924 weit unter dem Friedenssatz.

So war der Landwirt gezwungen, das verlorene eigene Betriebskapital durch fremdes zu ersetzen. Die Mittel der Genossenschaften, aus denen in der Vorkriegszeit bei einer Verknappung des Geld- und Kapitalmarktes der Landwirt billigen Personalkredit hatte erhalten können, waren gleichfalls der Inflation anheimgefallen. Die 800 Mill. Goldmark, die die Reichsbank jetzt dem Landbau zur Verfügung stellte, bedeuteten einen schlechten Ersatz; es waren teure, kurzfristige Wechselkredite. So blieb dem Landmann nichts anderes übrig, als sich nach Realkredit umzusehen, um ihn als Betriebskredit zu verwenden.

Im Herbst 1923, kurz nach der Emission der Rentenmark, nahmen auch die Realkreditinstitute die Goldrechnung wieder auf und gaben neben Roggenwerthypotheken auch solche in Feingold oder Goldmark. Es ist den Realkreditinstituten verschiedentlich der Vorwurf gemacht worden, daß sie das Roggenwertdarlehnsgeschäft überhaupt erst angefangen hatten und nicht gleich zur Goldbeleihung geschritten waren. Dabei wird jedoch übersehen, daß die Eintragung von Valutahypotheken auf dem Verordnungswege so erschwert war, daß diese Regelung praktisch einem Verbot gleichkam,[1] und daß auch das Reichsgericht die Eintragung von Goldmark- oder Feingoldhypotheken als unzulässig erklärt hatte.[2] Allerdings wäre eine Eintragung von Goldwertreallasten zulässig gewesen.[3] Dieser Weg war jedoch für die Hypothekenbanken nicht gangbar, da ihnen der Erwerb von Reallasten und deren Verwendung zur Pfandbriefdeckung nicht gestattet war.[4] Die Landwirtschaft war zudem bereits damals von sich aus zur Rechnung nach Roggenwert übergegangen. Eine Kreditgewährung nach Roggenwert wandte also einen Maßstab an, der der Landwirtschaft nicht so fremd war, wie es eine Rechnung in Gramm Feingold gewesen wäre.

So ist es zu erklären, daß die Realkreditgewährung auf Feingold- oder Goldmarkbasis erst dann zur Anwendung gelangte, als

[1] RGBl. 1920, S. 231/34.
[2] RG. 50, 148, 149; 101, 145; 103, 387.
[3] Jahrb. d. Entsch. des Kammergerichts, 51, S. 267.
[4] HypBG. § 5, Ziffer 1, § 6, Abs. 1.

die gesamte Wirtschaft nach Einführung der Rentenmark zur Goldmarkrechnung überging.

Anfangs Dezember 1923 wurden die ersten 5% Goldhypothekenpfandbriefe der Preuß. Central-Bodenkredit-A.-G. an der Berliner Börse eingeführt. Es gelang, ihren Kurs im Dezember auf durchschnittlich 63,6% zu halten, ein Kurs, der in Anbetracht des niedrigen Nominalzinsfußes als sehr günstig bezeichnet werden muß. Wenn man diese Papiere noch jetzt, wo die ungeheure Kapitalverarmung der Wirtschaft täglich fühlbarer wurde, mit einer Nominalverzinsung ausstattete, die nur 1% höher lag als die der letzten Vorkriegsemissionen, so entsprach das dem Bestreben der Banken und der Aufsichtsbehörde, die an sich schon sehr angespannten Zinssätze durch Ausgabe hochverzinslicher Schuldverschreibungen nicht noch höher zu treiben. Auch hielt man die hohen Zinssätze am offenen Geldmarkt nur für eine schnell vorübergehende Erscheinung, die verschwinden würde, sobald die Stabilisierungskrise überwunden und das Vertrauen in die neue deutsche Währung gefestigt sein würde.

Wenn es gelang, die 5% Goldpfandbriefe bei einem Reichsbankdiskont von 10% und bei den geradezu phantastisch hohen Sätzen auf dem offenen Geldmarkt auch im Jannuar 1924 auf einem durchschnittlichen Kurse von 64,2% zu halten, so machte sich bei den Käufern noch eine gewisse Inflationspsychose bemerkbar. Man traute der Stabilität der Rentenmark nicht recht und suchte, gewitzigt durch die Erfahrungen der Inflation, eine „wertbeständige“ Anlage. Daneben aber hatte sich die Spekulation des Pfandbriefmarktes bemächtigt. Diese hielt die hohen Sätze am Geldmarkt auch nur für vorübergehend und glaubte, daß in nicht allzu ferner Zeit die Zinssätze der Vorkriegszeit erreicht sein würden. Man nahm an, daß bald nach Annahme des damals in Vorbereitung befindlichen Dawes-Gutachtens, das eine endgültige Regelung der Reparationsfrage bringen sollte, ein starker Zustrom amerikanischen Kapitals nach Deutschland einsetzen und die Zinsfüße herabdrücken würde. Trat dies ein, hatte man die 5% Papiere billig gekauft und konnte in absehbarer Zeit mit erheblichen Kursgewinnen rechnen. Andererseits aber hielten die Emissionshäuser das Angebot in sehr engen Grenzen und trugen damit wesentlich zur Aufrechterhaltung des Kursniveaus bei. Die Hypothekenbanken gaben zwar keine Bardarlehen wie in der Vorkriegszeit, sondern Pfandbriefdarlehen, d. h. die Höhe der Barauszahlung wurde nicht im Voraus fest vereinbart, sondern hing vom Pfandbriefkurs am Tage der Auszahlung ab. Aber es wurde noch streng vermieden, dem Schuldner Pfandbriefe in natura auszuhändigen, diese wurden vielmehr durch die Hypothekenbank für Rechnung des Schuldners verkauft.

Die Hypothekenbanken, wie alle Anstalten des organisierten Realkredits waren nunmehr stärker denn je nur auf die Vermittlung von Geldkapital angewiesen. Während die Depositenbanken durch den Devisenverkehr wenigstens einen Teil ihrer Kapitalien und Betriebsmittel vor der Geldentwertung hatten retten können, waren den Realkreditinstituten durch Satzung oder Gesetz enge Grenzen in ihrer Betätigung gezogen. Sie hatten sich also gegen den Schwund ihrer Vermögen und Kapitalien nicht wehren können. Als nun nach Stabilisierung der Währung die Nachfrage nach Realkredit in starkem Maße einsetzte, waren die Realkreditinstitute zur Befriedigung dieser Nachfrage ausschließlich auf die Heranziehung fremden Kapitals durch den Absatz ihrer Pfandbriefe angewiesen.

Erst die infolge der Spekulationsverluste in französischen Franken auftauchenden Absatzschwierigkeiten am Pfandbriefmarkt veranlaßten einen Teil der Hypothekenbanken, ihren Schuldnern statt baren Geldes Pfandbriefe auszuhändigen und den Schuldnern Sorge und Risiko des Absatzes aufzubürden. Die Landwirte gingen auch hierauf ein, da sie hofften, damit irgendwelche Lombardierungsmöglichkeiten zu gewinnen. Die Kreditrestriktionspolitik der Reichsbank hatte es mit sich gebracht, daß Wechsel für die Kreditgeber keine liquide Anlage mehr bedeuteten. So konnten die Landwirte auch kurzfristigen Kredit von Händlern, Banken, Sparkassen oder Genossenschaften leichter erhalten, wenn sie die jederzeit realisierbaren Pfandbriefe als Kreditunterlage hingaben. Wer nun glücklich eine Lombardierungsmöglichkeit — zu hohem Zins natürlich — gefunden hatte, der konnte aber oft das empfangene Lombarddarlehn bei Fälligkeit nicht zurückzahlen, so daß der Kreditgeber sich an dem Pfande schadlos hielt, das er, so gut es ging, verwertete. Gelegentlich kam es auch vor, daß Landwirte mit Pfandbriefen Schulden bezahlten, wobei die Schuldverschreibungen seitens der Gläubiger nur mit erheblichen Kursabschlägen entgegengenommen wurden. Alles dies mußte die Kursgestaltung der Pfandbriefe ungünstig beeinflussen. Die Reichsbank erkannte das Gefährliche dieser Emissionspolitik einiger Hypothekenbanken und weigerte sich deshalb, Pfandbriefe, die sich im Besitz landwirtschaftlicher Schuldner befanden, zu lombardieren. Das zentrale Noteninstitut wollte damit auch einer übermäßigen Kreditaufnahme vorbeugen.

Abgesehen davon war aber die Reichsbank bei ihren schwachen Goldreserven, die im April 1924 erst eine Verminderung erfahren hatten, auch nicht in der Lage, auf längere Zeit Lombardkredit zu geben; eine kurzfristige Beleihung aber konnte den Landwirten nur wenig nützen.

Je weiter man sich dem Beginn der Frühjahrsbestellung näherte, desto mehr nahm die Nachfrage nach Realkredit zu, da die von der Reichsbank vergebenen 870 Mill. Personalkredite bei weitem nicht ausreichten. Aber bald begann sich herauszustellen, daß ein der Kreditnachfrage entsprechendes Kapitalangebot nicht vorhanden war. Zwar begannen sich die Geldsätze unter dem Einströmen der Rentenmark zu senken, aber diese vermehrten Umlaufsmittel waren nicht gleichbedeutend mit vermehrtem Kapital. Wenn in der Depression, entgegen den Erfahrungen der Vorkriegszeit, der Pfandbriefabsatz sich schnell verschlechterte, statt sich zu bessern, so lag die Ursache in strukturellen Veränderungen am Kreditmarkt. Die zu langfristiger Anlage verfügbaren Kapitalien hatten nach ihrer Vernichtung durch die Inflation noch nicht wieder neu gebildet werden können. Auf dem Pfandbriefmarkt traten mehr oder weniger nur kurzfristig verfügbare Gelder nachfragend auf, deren Bewegung durch die Frankenspekulation und ihre unglücklichen Folgen stark beeinflußt wurde. Wenn es trotzdem nicht zu einer Deroute am Pfandbriefmarkte kam, so war das einerseits der zurückhaltenden Emissionspolitik der alten Pfandbriefinstitute zu danken und lag weiter in einer strukturellen Veränderung begründet: die vorübergehend nicht benötigten Mittel der öffentlichen Hand suchten nämlich, im Gegensatz zur Vorkriegszeit, unmittelbar am Kreditmarkt Unterkunft und sprangen für die Frankenverluste in die Bresche. Die am 7. April einsetzende Kreditrestriktion der Reichsbank wirkte sich dagegen auf dem Pfandbriefmarkt verheerend aus. Die Spekulation warf die erstandenen Beträge auf den Markt, um sich flüssige Mittel zu verschaffen. Die Kurse der Pfandbriefe begannen stark zu fallen.

Auf dem Markt der Roggenpfandbriefe hatten in den letzten Tagen der Inflation die Kurse das Vierfache des Roggenpreises erreicht. Mit Einführung der Rentenmark erfolgte auch hier der Umschwung. Während im November 1923 die Roggenrentenbriefe — in Prozenten des Vorkriegswertes ausgedrückt — durchschnittlich 258,3%[1] notierten, sanken sie im Dezember auf 76,6% und im Januar 1924 auf 58,6%. Auch hier mußte die nur

[1] Wirtschaft und Statistik, 4. Jahrgang, 1924, S. 92.

5% Nominalverzinsung ein weiteres Sinken der Kurse herbeiführen, das noch durch die großen Verkäufe der Landwirte verstärkt wurde. Der seit Jahresbeginn einsetzende Sturz des Roggenpreises kam als drittes kursdrückendes Moment hinzu. Deswegen glitten sie im Februar auf 46,7%, im April auf 30,9%, im Mai auf 25,5% ab. Das bedeutete, daß der Landwirt für einen Zentner Roggenwert im Februar durchschnittlich 3,85 M und im Mai durchschnittlich 2,54 M erlöste. Diese durchschnittlichen Börsenkurse standen aber noch höher als die Auszahlungen, die dem landwirtschaftlichen Schuldner bei einem freihändigen Verkauf seiner Roggenpfandbriefe außerhalb der Börse zugebilligt wurden. Nicht selten wurde dann der Roggenpfandbrief mit 1,80 M und darunter je Zentner bewertet.

Dieser Kurssturz der Roggenpfandbriefe machte sich besonders bei jenen Landwirten fühlbar, die noch in der letzten Zeit der Inflation, um größere Bauten oder Meliorationen durchzuführen, Roggendarlehen aufgenommen hatten. War es nicht gelungen, diese Investierungen bis zur Stabilisierung der Währung zu beenden, so mußten nunmehr die zur Fertigstellung der Arbeiten erforderlichen Mittel bei sinkenden Roggenrentenbriefkursen — was einem sehr hohen Zinssatz gleichkam (25—36%) — beschafft werden, sofern es der Landwirt nicht vorzog — wie es vorsichtige Betriebsleiter taten —, von der weiteren Durchführung der begonnenen Arbeiten unter diesen Umständen abzusehen.

Die ungünstige Entwicklung des gesamten Pfandbriefmarktes bewog die meisten Hypothekenbanken, etwa von Mitte April 1924 ab das Darlehnsgeschäft einzustellen.

Dieser Politik konnten die alten Landschaften nicht folgen, die ja satzungsgemäß verpflichtet waren, ihren Mitgliedern jederzeit Kredit zu gewähren. So hatten sie nunmehr den Hauptansturm der Nachfrage allein aufzufangen. Das Realkreditbedürfnis war deshalb so dringend, weil kurzfristige und fällig gewordene Wechselkredite abgelöst werden mußten, denn die Restriktionspolitik der Reichsbank vom 7. April 1924 hatte einen großen Teil der landwirtschaftlichen Wechselgläubiger veranlaßt, Prolongationen abzulehnen.

So waren die Landschaften zuerst gezwungen, den Nominalzinssatz ihrer Pfandbriefe gegenüber den Friedenszeiten erheblich heraufzusetzen. Die Anregung zur Emission 10% Goldpfandbriefe ging von der Ostpreußischen Generallandschaftsdirektion aus, die zunächst auf lebhaften Widerstand bei ihrer Aufsichtsbehörde, dem preußischen Landwirtschaftsministerium, stieß.

Dieses war nur bereit, einem Zinsfuß von 8% zuzustimmen, sah sich aber genötigt, unter dem Druck der Verhältnisse dem Drängen der Ostpreußischen Landschaft nachzugeben und schließlich im Mai 1924 in die Ausgabe 10% Pfandbriefe einzuwilligen.[1] Die Ostpreußische Landschaft hatte in ihren Anträgen vor allem betont, daß, je mehr sich der Zinsfuß der Pfandbriefe den Verhältnissen auf dem Kapitalmarkt anpaßte, der bare Erlös desto höher sein würde, der sich beim Verkauf der Pfandbriefe ergäbe; desto mehr wäre aber damit dem Landwirt gedient, dem es doch in erster Linie darauf ankäme, möglichst viel Geld zur Abstoßung der sehr teuren Wechselschulden in die Hand zu bekommen.

Die Pommersche Landschaft rüstete sich zur Emission 10% Roggenpfandbriefe. Man hatte die Beobachtung gemacht, daß Roggenpapiere seit dem Einsetzen der Kreditrestriktion williger vom Kapitalmarkt aufgenommen wurden als Goldpfandbriefe. Die in der Entwicklung des Roggenpreises liegenden Möglichkeiten reizten die Spekulation. Aber auch viele Landwirte zogen bei den unübersichtlichen Verhältnissen die Aufnahme eines Roggendarlehns der Verschuldung in Gold vor.

Von den öffentlich-rechtlichen Kreditanstalten begab die Landesbank der Rheinprovinz 8% und die Hannoversche Landeskreditanstalt 10% Feingoldschuldverschreibungen.

In diesen ersten Monaten nach der Stabilisierung hatte der organisierte Realkredit die Nachfrage allein zu befriedigen. Der nichtorganisierte Kredit lag völlig darnieder. Die Spareinlagen der Sparkassen waren Ende 1923 bis auf 25 Millionen Goldmark zusammengeschmolzen; nicht sehr viel anders sah es bei den Versicherungsgesellschaften aus, und privater Kredit stand aus den gleichen Gründen als Anlagekredit nicht zur Verfügung. Die Inflation also hatte die vor dem Kriege bestehende Arbeitsteilung und Konkurrenz zwischen den einzelnen Realkreditquellen vernichtet. Die Pfandbriefinstitute besaßen daher für die Kreditgewährung ein Monopol.

Die Bedingungen, unter denen die Landwirte bei dieser Entwicklung am Kapitalmarkt Realkredit erhalten konnten, waren also wenig günstig. Bei Aufnahme der Goldbeleihung tauchten nochmals hinsichtlich der Bemessung der Darlehnshöhe die gleichen Schwierigkeiten auf, wie bei den Roggendarlehen. Die Umsätze in landwirtschaftlichen Immobilien waren immer noch gering. Infolge der vollkommen undurchsichtigen Wirt-

[1] Akten des Preuß. Ministeriums für Landwirtschaft, Domänen und Forsten, I, 29390/24.

schaftslage ließ sich kurz nach Stabilisierung der Mark in keiner Weise voraussehen, wie sich die für die Preisbildung der Landgüter maßgebenden Faktoren entwickeln und zueinander verhalten würden. Es blieb deshalb nichts anderes übrig, als entweder auf die Taxen der Vorkriegszeit zurückzugreifen oder den zu steuerlichen Zwecken im Jahre 1913 festgesetzten Wehrbeitragswert als Maßstab anzuwenden. Später bot die Rentenbankgrundschuld eine gewisse Richtlinie, da bei ihrer Festsetzung bereits einigermaßen den Veränderungen Rechnung getragen war, die das betreffende Grundstück seit 1913 erlitten hatte. Aber alles dies waren Notmaßnahmen, und deshalb mußte äußerste Zurückhaltung in der Bemessung der Darlehnshöhe geboten sein, zumal die wirtschaftliche Zukunft noch vollkommen ungeklärt war.

Die Landschaften gaben bei 10% Goldpfandbriefdarlehen $^1/_3$ des Taxwertes, der auf Grund der Vorkriegsbestimmungen ermittelt wurde. Der Schuldner hatte neben 10% Zinsen einen Tilgungssatz von ½% und einen Verwaltungskostenbeitrag von 1% zu entrichten, so daß die jährliche Belastung 11½% des Nominalbetrages ausmachte. Durch Zahlung des Tilgungsbeitrages wurde das Darlehn in 31½ Jahren amortisiert. Eine vorzeitige Rückzahlung war durch Einreichung von Pfandbriefen des gleichen Typs wie die seinerzeit auf Grund erworbenen Hypothek emittierten, zulässig. An einmaligen Beleihungskosten wurden bis zu 7% des Nominalbetrages in Abzug gebracht. — Bei 10% Roggendarlehen wurde gleichfalls $^1/_3$ der landschaftlichen Taxe in Roggenpfandbriefen gegeben. Der Taxwert wurde unter Zugrundelegung eines Roggenpreises von 8 M je Ztr. in Roggen umgerechnet. Außer den 10% Zinsen hatte der Schuldner ½% Tilgung und $^3/_4$% jährlichen Verwaltungskostenbeitrag, alles vom Nominalbetrag berechnet, zu entrichten. Die Unkosten der Roggenbeleihung schwankten zwischen 8—10% des Nominalbetrages.

Die öffentlich-rechtlichen Kreditinstitute gingen bei Vergebung ihrer Golddarlehen entweder — wie z. B. die Landesbank der Rheinprovinz — von den auf Grund der Vorkriegsvorschriften ermittelten Werten aus und bemaßen das Darlehn dann entsprechend den gestiegenen Zinssätzen, oder sie beliehen bis zu $^1/_3$ der Rentenbankgrundschuld. Diesen zweiten Weg wählte u. a. die Hannoversche Landeskreditanstalt. Die Landesbank der Rheinprovinz verlangte 8% Zinsen und zahlte die Darlehen zu 93% des Nominalbetrages aus. Außerdem hatte der Schuldner noch 3% an Pfandbriefbonifikation zu zahlen. Diese 3% brauchte jedoch die Bank infolge der ganz besonders gearteten Absatzorganisation für ihre Schuldverschreibungen nicht an die Abnehmer ihrer Werte weiterzugeben, sondern konnte sie zu Gunsten der Schuldner verwenden, und kaufte damit bei günstigen Gelegenheiten Pfandbriefe am freien Markte zurück, die sie dann ihren Schuldnern zu Vorzugskursen anbot. Diese Maßnahme bedeutete eine erhebliche Erleichterung für die Schuldner, da die Schuldverschreibungen nach 5 Jahren zu 102% rückzahlbar waren, ein Agio, das dann für den Schuldner eine erhebliche Belastung bedeuten müßte. Verwaltungskosten und Provisionen erhob die Landesbank nicht. Unter Berücksichtigung des 7% Disagios bei Aufnahme des Darlehns und des Aufgeldes von 2% bei seiner Rückzahlung nahm der Schuldner eine jährliche Zinsenlast von 10,5% auf sich.

Die Hannoversche Landeskreditanstalt rechnete ihre 10% Darlehen zu 90% ab; in dem Disagio waren 3% für Unkosten und Provision enthalten. Die Jahresleistung des Schuldners umfaßte außer 10% Zinsen einen Verwaltungs- und Tilgungsbeitrag von je ½% jährlich. Der Schuldner hatte demnach 12,2% im Jahre aufzubringen. Durch Zahlung des Tilgungsbeitrages war das Darlehn in 31½ Jahren abgegolten. Die Auszahlung der Darlehen erfolgte in bar. Eine Rückzahlung vor Ablauf der Tilgungsfrist konnte nur in bar nach vorangegangener halbjährlicher Kündigung erfolgen.

Die Hypothekenbanken bemaßen — ebenso wie die Hannowersche Landeskreditanstalt — die Höhe ihrer Darlehen nach dem Wehrbeitragswert oder der Rentenbankgrundschuld. Sie gaben im allgemeinen 20—25% dieser Werte. Die Kreditgewährung erfolgte bei diesen Instituten bis zur Kreditrestriktion der Reichsbank auf der Grundlage 5% Goldpfandbriefe. Nach der Kreditrestriktion lehnten die Banken, wie oben erwähnt, die Annahme weiterer Darlehnsanträge zunächst ab. Der Schuldner hatte jährlich zu entrichten: 5% Zinsen, ½% Amortisation und 1% Verwaltungskostenbeitrag. Die Erhebung eines Verwaltungskostenbeitrages bis zur Höhe von 1% war den Banken in Abänderung des § 19 Abs. 2 HypBG. durch Verordnung vom 29. September 1922 gestattet worden.[1] Die Auszahlung der Darlehen richtete sich nach dem Pfandbriefkurs. Die Abrechnung erfolgte meist 7—8% unter Kurs, also zu etwa 57 bis 40% in der Zeit von Januar bis April 1924. In den Abzügen waren 3—4% Bonifikation für Banken und Bankiers als Entgelt für den Vertrieb der Pfandbriefe und nochmals der glei-

[1] RGBl. 1922, I, S. 485.

che Betrag zur Deckung der der Bank entstandenen Unkosten enthalten. Dementsprechend hatte der Darlehnsnehmer zwischen 11,40 und 16,25% jährlich aufzubringen. Durch Zahlung des Tilgungsbetrages wurde das Darlehn in 50 Jahren amortisiert. Eine vorzeitige Rückzahlung seitens des Gläubigers war innerhalb der ersten zehn Jahre meist nur in Pfandbriefen und unter Entrichtung eines Damnums zulässig, das bei einzelnen Instituten bis zu 10% des Darlehnskapitals betrug. Nach Ablauf von zehn Jahren konnte eine vorzeitige Ablösung entweder zu pari in bar oder durch Einreichung von Pfandbriefen erfolgen. Für den Gläubiger war das Darlehn unkündbar.

Die Abzüge für Unkosten und Provisionen sowie die Verwaltungskostenbeiträge (Quittungsgroschen) hatten sich bei den Pfandbriefinstituten gegenüber der Vorkriegszeit mehr als verdoppelt. Ihr Vermögen mit Ausnahme des Grundbesitzes war vernichtet. Vor dem Kriege entstammten die Haupteinnahmen der Hypothekenbanken der Spanne zwischen Hypotheken- und Pfandbriefzins. Die Hypothekenbestände waren aber entwertet. Die Banken waren also gezwungen, ihr Geschäft vollkommen neu aufzubauen, und der langsam sich wieder ansammelnde Darlehnsbestand mußte die hohen Geschäftsunkosten einbringen. Sachliche und persönliche Ausgaben waren gegenüber der Vorkriegszeit gestiegen, ein Personalabbau war in Anbetracht der vielen kleinen und kleinsten Darlehen, die die Hypothekenbanken infolge des Ausfalls der Sparkassen und Genossenschaften zu gewähren gezwungen waren, kaum möglich. Gerade diese Darlehen trugen aber zu einer erheblichen Steigerung der Geschäftsunkosten bei. Dazu kamen schließlich noch die erhöhten Steuern und sozialen Lasten.

Die Landschaften und öffentlich-rechtlichen Kreditanstalten waren zwar von der erhöhten Besteuerung nicht betroffen, doch auch sie hatten ihre eigentümlichen Fonds und Hypothekenbestände verloren und mußten aus einem verkleinerten Umlauf an Schuldverschreibungen die erhöhten Sach- und Personalausgaben bestreiten, die vor dem Kriege bei den meisten Landschaften allein aus den Erträgnissen der eigentümlichen Fonds gedeckt worden waren.

Ein Umstand, der weiter die Realkreditgewährung erheblich verteuerte, war die durch die dritte Steuernotverordnung bestimmte Aufwertung alter, durch die Geldentwertung vernichteter Hypothekenforderungen. Die dadurch geschaffenen unklaren

Rechtsverhältnisse erschwerten die Prüfung und Bereinigung der Grundbücher erheblich und waren die Veranlassung zu einem oft recht umfangreichen Schriftwechsel.

Last not least mußten die verlorenen Kapitalien und Betriebsvermögen allmählich wieder ersetzt werden. Es mußten Mittel vorhanden sein, um am Pfandbriefmarkt kursregulierend intervenieren zu können. Ein solches Eingreifen war doppelt nötig, sollte das durch die Geldentwertung verloren gegangene Vertrauen zu festverzinslichen Werten wiederhergestellt und, soweit es sich schon wieder zu zeigen begann, nicht von neuem erschüttert werden. Diese Interventionspolitik ist aber auch für den Geldnehmer von unmittelbarem Interesse; denn, sobald die Pfandbriefe nicht mehr unterzubringen sind, können die Institute den Darlehnssuchern auch kein Kapital mehr zuleiten. Es war also vor allem der Mangel an Kapital, der sich für den Kreditnehmer nicht nur in Gestalt hoher Zinssätze, sondern auch hoher Unkosten bei der Darlehnsaufnahme bemerkbar machte.

Dieser Mangel an Kapital hatte auch eine erhebliche Erhöhung der an Banken und Bankiers zu zahlenden Bonifikationen zur Folge. Das Aktiengeschäft lag, zumal nach dem Zusammenbruch der Frankenspekulation und der Kreditrestriktion der Reichsbank, fast vollkommen darnieder. Der Pfandbriefvertrieb war also damals für die große Mehrheit der kleineren und mittleren Bankgeschäfte eigentlich der einzige Geschäftszweig, der die Unkosten zu decken hatte. Der Mangel an langfristig verfügbarem Kapital und das Mißtrauen des Publikums gegen festverzinsliche Werte erschwerte den Absatz der Pfandbriefe und erhöhte dadurch die Unkosten ihrer Placierung. Manche Institute sind allerdings aus dem Bestreben ins Geschäft zu kommen, zum Nachteil ihrer Hypothekenschuldner in der Erhöhung der Bonifikationen zu weit gegangen, während die alten, gut renommierten Realkreditinstitute alles taten, um das Interesse ihrer Schuldner zu wahren.

Bei den süddeutschen Hypothekenbanken waren die Unkosten und Abzüge etwas geringer als bei den norddeutschen Instituten aus den gleichen Gründen, die schon in der Vorkriegszeit dafür maßgebend waren.

Zu den recht hohen bankmäßigen Unkosten kommen noch die anderen Aufwendungen hinzu, die bei Aufnahme eines Hypothekarkredits vom Darlehnssucher zu tragen sind. Auch diese haben sich gegenüber 1913 beträchtlich erhöht.

An erster Stelle stehen die Notariats- und Gerichtsgebühren. Ihre Höhe ist in den einzelnen Ländern verschieden. In Preußen sind zu entrichten:[1]

bei Aufn. einer Hyp. von GM.	Notariats-geb. GM.	Gerichts-geb. GM.	Stempel GM.	Im Ganzen GM.	% d. Nom. Darlehn
1 000	8.—	12.—	2.—	22.—	2,2
10 000	32.—	48.—	16.—	96.—	0,96
100 000	160.—	240.—	166.—	566.—	0,57

Die Ursache für die Verteuerung der Notariatsgebühren ist wieder in der Vernichtung der privaten Vermögen der Notare und in der Erhöhung der sachlichen und persönlichen Unkosten zu suchen. Bei der Steigerung der Gerichtsgebühren spricht in starkem Maße die finanzielle Neuorganisation des Reiches mit, die den Ländern die direkten Steuern und die Einnahmen aus den Eisenbahnen genommen hat, so daß sie jetzt andere Geldquellen in stärkerem Maße heranziehen müssen.

Ebenso sind die Spesen beim Kauf eines Goldpfandbriefes erheblich gestiegen. Und auch diese werden auf den verkaufenden Landwirt abgewälzt.

Spesen beim Kauf eines Goldpfandbriefs

(in Promille).

	1914	2. 1. 24 bis 6. 4. 24	7. 4. 24 bis 16. 11. 24	17. 11. 24 bis 31. 1. 25	1. 2. 25 bis 2. 5. 26	3. 5. 26 bis 17. 5. 26	ab 5. 6. 26
Provision	0,5	15	7,5	6	6	4	2,5
Courtage	0,5	1,5	1,5	1,5	1,0	0,75	0,75
Stempel	0,3	1,5	1,5	0,75	0,75	0,75	0,75
Zusamm.	1,3	18	10,5	8,25	7,75	5,5	4,0
Vergleich zu 1914:	1	13,8	8,1	6,3	6	4,2	3,1

Da die Inflation die unter den verschiedenen Realkreditgebern vor dem Kriege herrschende Arbeitsteilung zerstört hatte, war auch der kleine Landwirt sehr viel mehr als früher auf die zentral gelegenen Realkreditinstitute angewiesen. Eine mündliche Erledigung und Besprechung der Kreditangelegenheit war häufig unmöglich und der kleine und mittlere Landwirt war gezwungen, mit seinem Geldgeber schriftlich zu verkehren. Oftmals war er aber dazu nicht in der Lage, so daß er die Hilfe gewerbsmäßiger Hypothekenmakler in Anspruch nehmen

[1] Vgl. vorn S. 33.

mußte. Diesem Berufszweige hatten sich jedoch in sehr vielen Fällen Elemente zugewandt, die an anderer Stelle brotlos geworden waren und hier die Möglichkeit leichten und schnellen Verdienens zu sehen glaubten. Der landwirtschaftliche Darlehnssucher wurde nicht selten durch diese Vermittler aufs Gröbste übervorteilt und betrogen. Es wurden Provisionssätze bis zu 5% des Nominalkapitals verlangt. Die alt eingesessenen, gut beleumdeten Maklerfirmen standen diesem Treiben machtlos gegenüber. Sie verurteilten es scharf, obschon auch sie selbst nicht in der Lage waren, zu den Vorkriegssätzen zu arbeiten, da sie ja gleichfalls ihr Betriebskapital eingebüßt hatten. Die Vereinbarung einer Maklerprovision von 3 bis 4% wurde auch von den Gerichten als den Umständen angemessen anerkannt.

Die Aufwertungsbestimmungen, die dem Landwirt die obengeschilderten erhöhten Bankspesen verursachten, bereiteten ihm aber noch weitere empfindliche Schwierigkeiten. Um der neu aufzunehmenden Hypothek die erste Stelle einzuräumen, mußten die aufwertungsberechtigten Vorbelastungen abgelöst werden. Die dritte Steuernotverordnung sah eine Aufwertung von 15% des Goldwertes vor, und in dieser Höhe sollten die aufgewerteten Rechte 1932 fällig sein. Den Gläubigern erschien diese Lösung unbillig und ungenügend, sodaß sie bei vorzeitiger Ablösung des Rechtes häufig den Schuldner zwangen, einen höheren Satz zu bewilligen. In allen Fällen aber bedeutete die vorzeitige Ablösung eines aufgewerteten Rechtes eine Kreditverwendung, die dem Betriebe nicht zugute kam und die doppelt schwer wiegen mußte bei dem verhältnismäßig niedrigen Beleihungskapital und bei den sehr hohen Zinssätzen, die dafür zu entrichten waren.

Inwieweit all diese Verhältnisse die jährliche Leistung des Schuldners erhöhten, läßt sich zahlenmäßig nicht darstellen, da hierbei die individuellen Verhältnisse des einzelnen Schuldners eine entscheidende Rolle spielen. Nur soviel kann man mit Bestimmtheit sagen, daß die kleinen Darlehnsnehmer davon härter betroffen wurden als die größeren.

Ein ungefähres Bild von der Belastung ergibt sich, wenn man auf Grund der Pfandbriefkurse und der bekannten Abzugssätze der Realkreditinstitute die jährliche Leistung des Schuldners berechnet. (Aber dieses Verfahren versagt bei den Roggendarlehen, wo der für die Zinsberechnung maßgebende Roggenpreis schwankt, und es versagt auch in den Fällen, wo die Goldpfandbriefe den Schuldnern zur Verwertung überlassen wurden.) Die Darlehen der öffentlich-rechtlichen Kreditanstalten belasteten den Schuldner mit etwa 10,5—12% jährlich. Bei den Hypothekenbanken stellte sich die Annuität unter Zugrundelegung der 5% Goldpfandbriefkurse zu Anfang 1924 auf rund 11—16% des erhaltenen Kapitals.

Im Vergleich dazu haben die Zinsen für landwirtschaftliche Wechselkredite zwischen 18 und 24% gelegen, während für Kontokorrent und Schuldscheindarlehen etwa 33% zu zahlen waren. Rückständige Steuern mußten im Jahre 1924 mit 18% verzinst werden.[1] Somit konnte die Aufnahme eines Hypothekarkredits in vielen Fällen sicher eine momentane Entlastung des landwirtschaftlichen Schuldners bringen. Man vergaß aber, daß die hypothekarische Verschuldung die relativ sehr hohen Zinssätze für lange Dauer stabilisierte, und daß mit einer Zunahme der Kapitalbildung auch ein Steigen der Pfandbriefkurse erfolgen würde. Damit aber mußte, in anbetracht des bei der Aufnahme des Darlehns übernommenen hohen Disagios, eine Ablösung der Hypothek durch Einreichung von Pfandbriefen zu einer wirtschaftlichen Unmöglichkeit werden. Wenn die Landwirte trotzdem Personalkredite damals umwandelten und Steuern durch Aufnahme von Realkrediten bezahlten, so taten sie dies meist unter dem Druck der Gläubiger, die die fälligen Kredite rigoros zurückforderten, und um die zwangsweise Beitreibung rückständiger Steuern und Abgaben aus dem durch den Ausverkauf geschwächten Betriebe zu vermeiden. Die Realkreditaufnahme in dieser Zeit diente also vornehmlich zwei Zwecken: der Sperre des Ausverkaufs und der Zahlung rückständiger Steuern.[2]

β) Aufschwung vom Juli 1924 bis Januar 1925.

Mitte des Jahres 1924 war die durch die Kreditrestriktion der Reichsbank hervorgerufene Erschütterung der Wirtschaft überwunden. Die Veräußerung der Devisenreserven, die sehr großen, vorübergehend nicht benötigten Mittel der öffentlichen Kassen[3] und das weitere, wenn auch erheblich verlangsamte Zuströmen von Rentenmarkscheinen[4] bewirkte eine zunehmende

[1] RGBl. 1924, I, S. 170.

[2] Beckmann, Berichte über Landwirtschaft, N. F., IV. Bd., 1926, S. 119.

[3] Bis Anf. Oktober 24 waren 76% des für das Finanzjahr 1. April 24 bis 31. März 25 vorveranschlagten Steueraufkommens eingegangen.

[4] Geldumlauf Ende April 1924 2,8 Milliarden Reichsmark, Ende Juni 3,1 Milliarden, Ende August 3,5 Milliarden, Ende Oktober 3,8 Milliarden, Ende Dezember 1924 4,3 Milliarden Reichsmark.

Geldflüssigkeit. Die Berliner Großbanken hatten im Juni auf dem darniederliegenden Aktienmarkt interveniert, die Kurse hatten sich erholt, und die bevorstehende Regelung der noch schwebenden Reparationsfrage durch den Dawesplan erzeugte einen starken wirtschaftlichen Optimismus. Man hoffte, die Annahme des Dawespaktes würde in starkem Maße ausländisches langfristiges Kapital nach Deutschland einströmen lassen, und damit eine rasche Senkung der Zinsfüße herbeiführen. Der flüssigere Geldmarkt und die Zukunftshoffnungen riefen im Juli 1924 im Verein mit der sich langsam kräftigenden Kaufkraft der Massen einen scheinbaren industriellen Aufschwung hervor.

Einen weiteren Antrieb erhielt die Konjunktur, als das Londoner Abkommen am 30. August 1924 unterzeichnet worden war, und daraufhin im September die im Dawesplan vorgesehene Anleihe von 800 Millionen Goldmark nach Deutschland einströmte. Es folgten weitere kurz- und langfristige Auslandskredite, sodaß bis zum Ende des Jahres für eine Milliarde Goldmark langfristige Auslandskapitalien der deutschen Wirtschaft zur Verfügung gestellt worden waren. Die Reichsbank konnte infolge des starken Gold- und Devisenzustroms die Kreditrestriktion lockern. Im Diskontverkehr wurde das Kontingent um 10% erweitert, und im Lombardgeschäft wurden im Laufe des Jahres für 489 Millionen Goldmark und für 3,5 Millionen Zentner Roggen Wertpapiere, Sachwertanleihen und Pfandbriefe zugelassen. Die Sätze für tägliches Geld sanken aus all diesen Gründen von 27,4% im Monatsdurchschnitt Juni auf 11,1% im Dezember 1924 und 9,9 im Januar 1925. Monatsgeld kostete 1924 im Juni durchschnittlich 33,6%, im Dezember 12,6% und 1925 im Januar 11,2%. Geld- und Kapitalmarkt waren um die Jahreswende außerordentlich flüssig. Es machte sich sogar ein gewisser Überfluß an Mitteln bemerkbar, als Ende 1924 und in den ersten Januartagen 1925 die Entschädigungszahlungen an die Ruhrindustrie für die durch die Besatzung erlittenen Schäden zur Auszahlung gelangten.

Die Emissionstätigkeit nahm daher zu. Im letzten Vierteljahr 1924 waren insgesamt 59,1 Millionen Goldmark Aktien neu an den Markt gebracht worden, 1925 waren es in dem einen Monat Januar sogar 75,4 Millionen Goldmark. Ähnlich war die Lage am Pfandbriefmarkt. In der Zeit vom April bis Dezember 1924 waren im Monat durchschnittlich für nur 40,8 Millionen Goldmark Pfandbriefe emittiert worden, während allein im Januar 1925 dieser Betrag auf 96 Millionen Goldmark stieg. Im

Monatsdurchschnitt der Jahre 1907/12 hatten die deutschen Bodenkreditinstitute für 65,7 Millionen Mark Pfandbriefe ausgegeben. Wenn dieser Betrag Anfang 1925 trotz des herrschenden Kapitalmangels überschritten wurde, so lag das daran, daß der Pfandbrief fast Alleinherrscher am Rentenmarkt war[1] und so den Raum mitausfüllte, der vor dem Kriege von anderen festverzinslichen Werten in Anspruch genommen wurde.

Die Ausgabe festverzinslicher Papiere erreichte also ihren Höhepunkt erst am Ende der Aufschwungsperiode. Diese „regelwidrige" Erscheinung ist durch die im Dezember 1924 und Januar 1925 zur Auszahlung gelangten Entschädigungen an die Ruhrindustrie zu erklären. Es war also nicht die innere Kräftigung des Kapitalmarktes, die auf die Emissionstätigkeit belebend einwirkte, sondern Umstände, die mit der Eigendynamik der wirtschaftlichen Entwicklung in keinem Zusammenhange standen.

An der scheinbaren Besserung der Konjunktur hatte die Landwirtschaft keinen Anteil. Die Preisschere hatte sich zwar im August 1924 zu schließen begonnen. Aber die günstigere Preisgestaltung war nicht die Folge des Absinkens der Produktionsmittelpreise, sondern des Steigens der Getreidepreise, die durch den schlechten Ernteausfall in Deutschland wie in der übrigen Welt bedingt waren. So konnten die hohen Preise den einzelnen Betrieben keine nennenswerte Erleichterung bringen; die Umsätze waren nicht groß genug, um aus ihnen Produktionskosten, Steuern und Kreditzinsen zu entrichten. Die sehr hohen Steuern minderten häufig den Reinertrag so stark, daß das Verbleibende in vielen Fällen nicht einmal zur Bezahlung der Hypothekenzinsen ausreichte.[2] So war die Landwirtschaft nicht wie in der Vorkriegszeit in der Lage, die zu ihren Gunsten stehende Preisrelation zwischen Erzeugnissen und Erzeugungsmitteln auszunutzen.

Der schlechte Ernteausfall war aber nicht allein auf die Ungunst der Witterung, sondern in mindestens ebenso starkem Maße auf die gesunkene Boden- und Arbeitsproduktivität zurückzuführen. Die Notwendigkeit, steigende Naturalroh- und Geldreinerträge in der Landwirtschaft zu erzielen, um einerseits durch Einschränkung der Lebensmittelimporte die im Londoner Abkommen geforderten Zahlungen leisten, und andererseits die bisher

---

[1] Wirtschaft und Statistik, 7. Jahrg., 1927, S. 795; s. Anlage 4.

[2] Enquete-Ausschuß, Verhandlungen und Berichte des Unterausschusses für Landwirtschaft, Bd. 12. Berlin 1930, S. 88—89.

aufgenommenen kurzfristigen Schuldverbindlichkeiten abstoßen und die hohen Zinsverpflichtungen aus den Realkrediten erfüllen zu können, veranlaßte Behörden und Berufsvertretungen der Landwirte, die Forderung nach intensiverer und rationellerer Wirtschaftsweise zu heben. „Mit aller Leidenschaft und Kraft wurde das Problem, die landwirtschaftlichen Bodenerträge zu mehren, aufgegriffen", und „viele gingen mit frischem Mut an die Arbeit".[1] Da jede Rationalisierung aber Kapital erfordert, so setzte eine starke Nachfrage nach Realkredit ein.

Eine Rundfrage, die ein großes landwirtschaftliches Realkreditinstitut bei den Landmaschinenfabriken veranstaltet hatte, ergab, daß die Inlandsnachfrage nach Landmaschinen seit dem Herbst 1924 eine steigende Tendenz aufwies, und daß trotz der Zunahme der Fabriken gegenüber 1913 der Umsatz der einzelnen Werke sich den Vorkriegszahlen zu nähern begann. Der Landbau versuchte also, mit Hilfe langfristigen Leihkapitals seine Betriebe zu mechanisieren, man dachte aber dabei nicht immer kaufmännisch, sondern häufig nur produktionsmäßig.[2]

Verstärkt wurde diese Nachfrage nach Realkredit, als die geringen Bareinnahmen aus der Ernte nicht zur Rückzahlung der fälligen Wechselschulden ausreichten. Der Druck zur Abdeckung dieser Verbindlichkeiten ging von der Reichsbank aus, die eine Verkleinerung ihres landwirtschaftlichen Wechselportefeuilles aus währungspolitischen Gründen erstrebte.[3]

Die seit Juli 1924 sich wieder bessernde Lage am Kapitalmarkt gestattete es den Realkreditinstituten, dem Kreditbegehren der Landwirtschaft — wenn auch in engen Grenzen — zu entsprechen. Die Preußische Central-Bodenkredit-A.-G. und die Landschaften erschienen mit einem 10% Goldpfandbrief am Markte. Im Juli 1924, dem ersten Monat der amtlichen Notierung, standen die 10% Central-Bodenkreditpfandbriefe auf durchschnittlich 83%, während die der Landschaften nur 68% erreichten. Der Grund für diesen Kursunterschied ist in dem größeren Angebot der landschaftlichen Papiere zu suchen sowie darin, daß die Pfandbriefe der Landschaften jederzeit kündbar waren, während die Preußische Central-Bodenkredit-A.-G. eine Unkündbarkeit bis 1930 zugesichert hatte.

Die Pommersche Landschaft und die Preußische Zentral-

---

[1] Sering, „Deutschland unter dem Dawesplan", Berlin 1928, S. 173.

[2] Beckmann, Schmollers Jahrbuch, 48. Jahrg., 1924, S. 120.

[3] Verwaltungsbericht der Reichsbank für 1924, S. 5.

landschaft führten 10% Roggenpfandbriefe ein, die mit 4,92 Goldmark je Zentner im Monatsdurchschnitt des Juli 1924 bewertet wurden, der Kurs der 5% Zentrallandschaftlichen Roggenpfandbriefe notierte zur gleichen Zeit mit 2,78 Goldmark je Zentner. In Prozenten des damaligen Roggenpreises ausgedrückt, stand also das 5% Roggenpapier auf 41 und das 10% auf 72%. Diese im Verhältnis zum Goldpfandbrief niedrigen Kurse erklären sich aus der Ungewißheit über die künftige Bewegung des Roggenpreises und der Getreidezollpolitik. Jedenfalls zeigte die Kursgestaltung der Roggen- und Goldpfandbriefe an, daß der Vorrat an langfristig verfügbarem Kapital noch sehr gering war, und daß eine Realkreditgewährung an die Landwirtschaft zu Bedingungen, die für die Schuldner nur einigermaßen tragbar sein konnten, nicht möglich war.

Soweit sich die Kapitalbildung im Anwachsen der Spareinlagen bei den Sparkassen widerspiegelt, war das Bild nicht ungünstig. Die Spareinlagen hatten bis Ende 1924 von 25 auf 608 Millionen Goldmark zugenommen. Aber dieses Angebot genügte nicht im Entferntesten, um auch nur die dringlichste Nachfrage zu befriedigen. Die Hypothekenbanken waren daher in der Kreditgewährung weiter sehr zurückhaltend. Auch erforderte die Lage am Kapitalmarkt eine vorsichtige Emissionspolitik. Seitdem die Banken die Habenzinssätze zu senken begannen, lag für kurzfristig verfügbare Gelder ein Anreiz darin, in den hochverzinslichen Hypothekenpfandbriefen Unterkommen zu finden. Diese Papiere reizten auch die Spekulation zur Anlage. In den verhältnismäßig niedrigen Kursen schienen Möglichkeiten zu erheblichen Kursgewinnen zu liegen, die sich ergeben mußten, sobald etwa der Zinsfuß weiter sinken würde. Darauf aber glaubte man rechnen zu dürfen, sobald die Zufuhr ausländischen Kapitals wirksam werden würde. Die Hypothekenbanken konnten dieser für die künftige Entwicklung des Pfandbriefmarktes wenig günstigen Lage durch Einschränkung ihrer Ausleihungen begegnen, während die alten Landschaften satzungsgemäß daran verhindert waren.

Die weitere Erleichterung am Geld- und Kapitalmarkt und das Sinken der Geldsätze, die das Einströmen der Dawes-Anleihe im September zur Folge hatte, veranlaßte die Hypothekenbanken, neben den 10% Pfandbriefen nunmehr auch 8% Briefe zu emittieren. Es gelang ihnen dank einer vorsichtigen Emissionspolitik, die 8% Briefe zu damals recht günstigen Kursen einzuführen. Der 8% Pfandbrief der Preußischen Central-Bodenkredit-A.-G.

notierte im Oktober 1924, dem ersten Monat der Einführung, mit durchschnittlich 84%, lag also um 3% höher als der 10% Pfandbrief der Ostpreußischen Landschaft. Die Kurse der 10% landschaftlichen Pfandbriefe überstiegen die 8% Hypothekenbankpfandbriefe erst dann, als im Januar 1925 die überraschende Flüssigkeit am Geld- und Kapitalmarkt einsetzte. Der Absatz der Pfandbriefe stieg stark an, die Hypothekenbanken waren oft nicht in der Lage, der stürmischen Nachfrage zu genügen, da es ihnen an den nötigen Deckungshypotheken fehlte. 10% Hypothekenpfandbriefe stiegen Anfang 1925 über pari, 8% standen auf etwa 90%. Es hatten also die 10% Papiere in annähernd 6 Monaten 13% und die 8% innerhalb 3 Monaten etwa 6% am Kurse gewonnen.

Diese überraschende Entwicklung am Kapitalmarkt schien entgegen allen Prophezeihungen zu beweisen, daß der Realkreditbedarf im Inlande selbst ausreichende Deckung finden könnte, und es daher der Verhandlungen mit ausländischen Geldgebern, wie sie von der Gemeinschaftsgruppe deutscher Hypothekenbanken eingeleitet worden waren, nicht bedürfe.[1] Die Gemeinschaftsgruppe war nämlich mit amerikanischen Geldgebern in Verbindung getreten, um diese zur Übernahme eines größeren Postens ihrer 8% Goldpfandbriefe zu bewegen. Der Erlös sollte alsdann durch Vermittlung der Raiffeisengenossenschaften den Landwirten zugeführt werden. Die Verhandlungen scheiterten jedoch an dem Verlangen der Amerikaner, daß die von ihnen erworbenen Pfandbriefe nach dem Muster der Dawes-Anleihe frei von gegenwärtigen und zukünftigen deutschen Steuern sein sollten. Dabei hatten sie vor allem die deutsche Kapitalertragssteuer im Auge, eine Steuerart, die kein anderer Staat von seinen in New York gehandelten Schuldverschreibungen erhob.[2]

Die Bedingungen, zu denen die Hypothekenbanken im Sommer 1924 wieder ihre Geschäftstätigkeit aufgenommen hatten, waren im allgemeinen die gleichen, wie die im Frühjahr desselben Jahres. Bei den Darlehen, die auf der Basis 8% Goldpfandbriefe aufgenommen wurden, erfolgte die Beleihung bis zu 30% des Wehrbeitragswertes. Der um 2% niedrigere Zinsfuß erlaubte es, die Darlehen im Verhältnis zum Wehrbeitragswert um ein Geringes zu erhöhen. Die Beleihungen der Hypothekenbanken gingen durchschnittlich mit etwa 25% des bei einem Verkauf

[1] Geschäftsbericht der Bayr. Hyp.- u. Wechselbank 1924, S. 7.
[2] Geschäftsbericht der Gem.-Gruppe dt. Hyp.-Bk. 1924, S. 6.

erzielten Preises aus. Der Schuldner hatte jährlich zu entrichten: 8% Zinsen, 1% Verwaltungskostenbeitrag und ½% Tilgung. Die bare Auszahlung erfolgte etwa 7—8% unter dem Kurs der Pfandbriefe.

Der Schuldner hatte jetzt also die Wahl zwischen einer 8 und 10% Hypothek. Bei Aufnahme eines 10% Pfandbriefdarlehns hatte er jährlich aufzubringen:

bei einem Auszahlungskurs von:	eine Annuität von:
75%	15,2%
80%	14,4%
85%	13,5%
90%	12,6%

Bei Aufnahme eines 8% Goldpfandbriefdarlehns betrug die jährliche Annuität bei einem Auszahlungskurs von:

74%	12,8%
76%	12,5%

Durch Zahlung des Tilgungsbeitrages von ½% wurden die 8% Darlehn in 37 Jahren und die 10% in 31½ Jahren amortisiert. Verschiedentlich betrug bei 10% Darlehn die Tilgungsquote 1%, sodaß dadurch das Darlehn bereits in 25½ Jahren abgegolten war. Eine vorzeitige Rückzahlung konnte innerhalb der ersten fünf Jahre durch Einreichung von Pfandbriefen erfolgen, wobei die Banken sich die Erhebung eines Damnums vorbehalten hatten. Nach fünf Jahren war die Rückzahlung in bar zu pari oder in Pfandbriefen ohne Damnum zulässig. Für die Banken waren die Darlehn unkündbar. Die Preußische Central-Bodenkredit-A.-G.- und die Bayerische Hypotheken- und Wechselbank suchten ihre Schuldner möglichst zur Wahl der 8% Pfandbriefdarlehen zu bewegen. Das war nicht immer leicht, da die Landwirte weniger auf die effektive Verzinsung der aufgenommenen Darlehen, als vielmehr auf die Höhe der Auszahlung sahen. Je höher die Auszahlung gewährt werden konnte, desto befriedigter waren die Geldnehmer. Eine übermäßige Mehrung der 10% Darlehen lag aber weder im wahren Interesse der einzelnen Landwirte, noch in dem der gesamten Wirtschaft. Für die Dauer wurde der Landwirt durch die 10% Hypothek mehr bedrückt als durch die 8% und deshalb eher dazu veranlaßt, bei erster bester Gelegenheit das Darlehn in ein geringer verzinsliches umzuwandeln, selbst wenn diese Konvertierung mit erheblichen Kosten verbunden war; das aber erhöhte die unproduktive Verschuldung. Für das Beleihungsinstitut selbst jedoch war aus Sicherheitsgründen ein niedrigerer Zinsfuß erwünscht, da, sobald das allgemeine Zinsniveau sank, Objekte mit hochverzinslichen Hypotheken sowohl freihändig wie auch in der Zwangsversteigerung schwer veräußerlich sein mußten. Für die gesamte Volkswirtschaft endlich bestand der Nachteil darin, daß ein anhaltendes und vermehrtes Angebot an 10% Pfandbriefen die Politik der Reichsbank und der amtlichen Stellen auf Senkung des Zinsfußes durchkreuzen mußte.

Die 10% Darlehn der Landschaften waren wegen der niedrigeren Pfandbriefkurse ungünstiger als die der Hypothekenbanken. Bei den öffentlich-rechtlichen Kreditanstalten waren die Bedingungen etwa die gleichen wie bei den Hypothekenbanken, bei der Landesbank der Rheinprovinz jedoch erheblich günstiger.

Seit dem Sommer des Jahres 1924 erfuhr das Kreditangebot eine Verstärkung durch Sparkassen und Versicherungsunternehmungen, denen die Reichsbank nahegelegt hatte, sich an der Umwandlung der landwirtschaftlichen Wechselschulden in Realkredite zu beteiligen.[1] Bei den Sparkassen hatten sich, wie bereits erwähnt, die Spareinlagen wider Erwarten schnell vermehrt. Die Einlagen wurden jedoch im Gegensatz zur Vorkriegszeit sehr viel häufiger wieder abgehoben, so daß sie 1924 7,6mal gegen nur 0,3mal im Jahre 1913 bewegt wurden. Die Sparkassen mußten daher im Interesse ihrer Liquidität die kurzfristigen Anlagen bevorzugen; diese betrugen Ende 1924 76,4% der Bilanzsumme, die langfristigen dagegen nur 10,4%.[2] An Hypotheken hatten die deutschen Sparkassen im Jahre 1924 insgesamt 79,6 Millionen Goldmark vergeben; hiervon ruhten 17,5 Millionen Goldmark auf landwirtschaftlichen Grundstücken. Daneben aber hatten die Sparkassen noch für 20,9 Millionen Goldmark Wertpapiere erworben. Hierunter befanden sich erhebliche Posten Pfandbriefe der Landschaften und öffentlich-rechtlichen Kreditanstalten, sodaß die Sparkassen auf diese Weise auch indirekt Hypothekarkredite an die Landwirtschaft gewährt hatten. Die Bedingungen der Sparkassen hinsichtlich der Beleihungshöhe richteten sich nach denen der Hypothekenbanken und Landschaften. Im übrigen schwankte die Verzinsung zwischen 18 und 24%, bei einer Auszahlung von 93—95%. Die Darlehn wurden auf 3—5 Jahre fest vergeben. Im allgemeinen waren die Zinsen im Westen und Süden niedriger als im Norden und Osten. Die

[1] Verwaltungsbericht d. Reichsbank f. 1924, S. 5.
[2] Dt. Sparkassen-Zeitung 74 v. 30. Juni 1928.

jährliche Annuität für den Schuldner betrug durchschnittlich 23,8%, war also erheblich höher als die der Golddarlehn bei den Pfandbriefinstituten. Der Grund hierfür lag in dem Bestreben der Sparkassen, möglichst hohe Zinsen für ihre Einlagen gewähren zu können, um dadurch die fast abgestorbene Spartätigkeit wieder anzuregen. Die Sparkassen waren bei dem Versuch, die Kapitalakkumulation zu fördern und sich selbst einen starken Einfluß darauf zu sichern, in einen starken Konkurrenzkampf mit den Banken und Genossenschaften geraten, der noch dadurch verschärft wurde, daß ein Teil der Sparkassen in der Inflationszeit sich in kommunale Bankinstitute umgewandelt hatte. Die Kosten dieses Konkurrenzkampfes mußte also der Kreditnehmer der Sparkassen tragen. Der hohe Zins hat seine weitere Begründung, wie bei allen Instituten, in der Vernichtung der Vermögen und Reserven der Sparkassen und in den hohen sachlichen und persönlichen Unkosten. Eine Rationalisierung des Betriebes hatte noch nicht stattgefunden, da man noch nicht überall die Notwendigkeit dazu erkannt hatte, und da auch die Mittel zur Umorganisierung des Betriebes fehlten. Letztlich aber sind die hohen Zinsfüße im Fehlen der Konkurrenz begründet, wie sie vor dem Kriege in den Genossenschaften und vor allem in den privaten Kreditgebern bestand.

Die Genossenschaften fielen für die langfristige Realkreditgewährung an die Landwirtschaft vollkommen aus. Infolge der Vernichtung ihrer Betriebskapitalien waren sie zu Verteilungsstellen herabgesunken, die nur die von den zentralen Geldinstituten für den Landbau meist aus öffentlichen Mitteln bereitgestellten Personalkredite weiterleiteten. Die Deutsche Genossenschaftshypothekenbank, die von den Genossenschaften gemeinsam mit der Preußenkasse noch während der Inflationszeit ins Leben gerufen worden war, konnte sich ebenso wie die anderen Hypothekenbanken nur in dem ihr vom allgemeinen Kapitalmarkt gezogenen Rahmen bewegen. Bei ihrer Errichtung war man von dem Gedanken ausgegangen, daß die Genossenschaften verfügbare Mittel in Pfandbriefen der Genossenschaftshypothekenbank anlegen sollten. Aber dieser Plan war bei der Verarmung der Genossenschaften und ihrer geringen Liquidität jetzt nicht durchführbar. Ein solches Zusammenarbeiten zwischen Hypothekenbank und Genossenschaften wird auch erst dann möglich sein, wenn die Kursgestaltung der Pfandbriefe stabiler geworden ist, und wenn die Genossenschaften wieder über genügend eigene Mittel zum Ankauf der Pfandbriefe verfügen.

Auch die privaten Versicherungsunternehmen hatten im Sommer 1924 wieder begonnen, landwirtschaftliche Hypotheken zu vergeben. Die Prämieneinnahmen, vor allem die der Lebensversicherungsgesellschaften, waren überraschend schnell angewachsen, denn jeder hatte erkannt, daß nach Vernichtung der privaten Geldvermögen nur der Abschluß einer Versicherung vor äußerster Not schützen konnte. Ein Teil der Gesellschaften hatte daher Mittel zu Anlagezwecken verfügbar. Die Zwangsbewirtschaftung der Wohnräume schränkte das städtische Realkreditgeschäft erheblich ein. Die Anlage in Wertpapieren mußte wegen der unübersehbaren Kursgestaltung eingeschränkt werden. Der Anreiz war daher stark, gute landwirtschaftliche Hypotheken zu erwerben.

Die Bedingungen hinsichtlich der Beleihungshöhe entsprachen denen der Hypothekenbanken; es wurden im allgemeinen $33^1/_3$% des Wehrbeitragswertes gegeben. Die Zinssätze, die von den Lebensversicherungsgesellschaften für die von ihnen vergebenen Hypotheken verlangt wurden, lagen etwa 1% unter den Sätzen der Hypothekenbankpfandbriefe, betrugen also im Jahre 1924 8—9%. Die Darlehn wurden auf 3—5 Jahre fest vergeben, die Auszahlung erfolgte zu 95—97%, sodaß die Jahresleistung des Schuldners etwa 9,4% ausmachte. — Aber auch indirekt förderten die Versicherungsgesellschaften den ländlichen Realkredit. Soweit Wertpapiere von ihnen beschafft wurden, fanden naturgemäß Goldpfandbriefe eine starke Berücksichtigung, da diese das investierte Kapital gegen eine mögliche Entwertung der deutschen Mark schützen konnten und eine hohe Rendite abwarfen. Es kam auch verschiedentlich zu festen Vereinbarungen zwischen Versicherungsunternehmen und Realkreditinstituten, wonach die Versicherungsgesellschaften bereit waren, größere Posten Pfandbriefe — allerdings unter Einräumung eines Vorzugskurses — innerhalb bestimmter Zeiträume abzunehmen.

Von den öffentlich-rechtlichen Vericherungsunternehmen hatten auch die öffentlichen Lebensversicherungsanstalten in der zweiten Hälfte 1924 begonnen, landwirtschaftliche Hypotheken zu erwerben. Die Beleihungsbedingungen waren dieselben wie bei den privaten Versicherungsunternehmen. Im Gegensatz zu diesen aber bevorzugten sie die Beleihung mittleren und kleineren Grundbesitzes. Die Auszahlungs- und Zinsbedingungen waren sehr verschieden und nicht so einheitlich, wie dies bei den Hypothekenbanken und privaten Versicherungsunternehmen der Fall war. Die Auszahlungen schwankten zwischen 96 und 98%. Der Zinssatz richtete sich in vielen Fällen nach den Pfandbriefzinsen der Hypothekenbanken, oft wurde aber auch ausgemacht, daß die Verzinsung den bei Darlehnsabschluß gültigen Reichsbankdiskontsatz um ½ bis 1½% übersteigen sollte. Die Darlehen wurden im allgemeinen auf 3—5 Jahre fest gewährt. Nur vereinzelt wurden Tilgungsdarlehen gegeben.

Von den Organen der Sozialversicherung gewährte die Reichsversicherungsanstalt für Angestellte bis Ende 1924 97 landwirtschaftliche Darlehn mit einem ausgezahlten Betrag von 16,3 Millionen Reichsmark. Der Zinsfuß betrug 8%, die bare Auszahlung 92%, Laufzeit der Darlehn 3—5 Jahre. Der Schuldner hatte also durchschnittlich eine Jahresleistung von 10,8% zu entrichten. Die übrigen Anstalten der Sozialversicherung, die auch vor dem Kriege nur in geringem Umfange landwirtschaftliche Hypothekarkredite vergeben hatten, fielen jetzt vollkommen aus. Auch als Käufer von Pfandbriefen kamen sie bei den beschränkten Mitteln, die ihnen zur Verfügung standen, nicht in Betracht.

Die Hypothekendarlehen der privaten Versicherungsunternehmen waren also die billigsten. Man erhob trotzdem, vor allem aus landwirtschaftlichen Kreisen, gegen die Versicherungsunternehmen den Vorwurf, daß ihre Zinsforderungen erheblich zu hoch wären, da ihnen ja das erforderliche Kapital ohne Rücksicht auf die Zinsgestaltung vertragsmäßig zuflösse. Allerdings hatten auch die Aufsichtsbehörden die privaten und öffentlichen Versicherungsunternehmen angewiesen, der Berechnung der Rentabilität ihrer Vermögensanlagen keinen höheren rechnungsmäßigen Zinsfuß als 4—4½% zu Grunde zu legen. Der Grund dafür war, daß man mit den hohen Zinsfüßen, wie sie nach der Inflation herrschten, nicht auf lange Sicht rechnen zu können glaubte; denn ein hoher rechnungsmäßiger Zinsfuß mußte bei sinkendem Zinsniveau die Liquidität der Unternehmen gefährden. Wenn die Gesellschaften trotzdem höhere Zinsen verlangten, so war das wohl berechtigt: erstens entsprach der geforderte Zins den Verhältnissen am Kapitalmarkt, und zweitens lag er durchaus im Interesse der inneren Kräftigung der Institute und kam auch in Gestalt von Versichertendividenden den Versicherten zugute, weil sich dadurch die Prämienzahlungen entsprechend ermäßigten. Die Lebensversicherungsgesellschaften und -anstalten konnten dadurch auch mit den ausländischen Unternehmen konkurrieren, die nach der Inflation in Deutschland eingedrungen waren. Ohne Zweifel lag und liegt es auch noch im Interesse der deutschen Zahlungsbilanz und Kapitalbildung, wenn möglichst wenig Versicherungsprämien ins Ausland abfließen. — Allerdings wurde auch dieser Vorteil auf dem Rücken des ökonomisch Schwächsten erstritten, nämlich auf dem des landwirtschaftlichen Darlehnssuchers. Dieser aber war vor allem in jenen Monaten des Jahres 1924 auf die Versicherungsunternehmen angewiesen, als die Hypothekenbanken des schlechten Absatzes ihrer Pfandbriefe wegen Darlehn vorübergehend nicht gewähren konnten.

Private Geldgeber, die aus neuen Ersparnissen Hypothekendarlehn gaben, waren kaum zu finden. Die Möglichkeit zur Kapitalbildung durch Sparen war noch zu gering; erst mußten die Bestände an Hausrat und Kleidung aufgefüllt werden, deren Beschaffung man in der Inflationszeit aus Geldmangel hatte hintanstellen müssen. Private Kredite tauchten daher fast ausschließlich als Erb- und Restkaufgelder auf. Die Eintragung dieser Hypotheken erfolgte meist in Goldmark, und die Zinsfüße blieben weit hinter denen des freien Kapitalmarktes zurück; sie haben in seltenen Fällen 6% überschritten. Dieser auffallend niedrige Zinssatz erklärt sich durch das starke Angebot am Landgütermarkt, dem nur eine geringe, kapitalschwache Nachfrage gegenüberstand. Dieser Besitzkredit war für Gläubiger und Schuldner im allgemeinen 5 Jahre unkündbar.

Obwohl der organisierte Realkredit durch den unorganisierten eine erhebliche Unterstützung erhielt, so gelang es doch nicht im entferntesten, die Nachfrage zu befriedigen; das Kapital war eben viel zu knapp.

Daneben aber erschwerten die Aufwertungsbestimmungen der dritten Steuernotverordnung[1] die Abwicklung der Kreditgewährung. Die Rechtsgültigkeit der dritten Steuernotverordnung war seitens der Gerichte angezweifelt,[2] dann allerdings durch höchstrichterliche Entscheidung wieder bejaht worden. Weiter entstand darüber Streit, ob die Vorschriften der dritten Steuernotverordnung als Ausnahmevorschriften eng auszulegen seien oder nicht. Schließlich wurden seitens der obersten Gerichte einzelne Bestimmungen, die der Reichsfinanzminister zur Durchführung der dritten Steuer-

[1] RGBl. 1924, I, S. 74.

[2] Siehe O. Mügel, Das gesamte Aufwertungsrecht, Kommentar zum Aufwertungsgesetz vom 16. Juli 1925. 6.—10. Tausend. Berlin 1925, S. 59 ff.

notverordnung erlassen hatte, für ungültig erklärt. Daraufhin erließ der Reichspräsident gemäß Art. 48 der Reichsverfassung im Dezember 1924 eine Verordnung, die die Durchführungsbestimmungen bis zur Regelung im Wege der ordentlichen Gesetzgebung als für die Aufwertung maßgeblich hinstellte.[1] Dieses Gegeneinanderarbeiten von Gesetzgebung und Rechtsprechung mußte naturgemäß eine Realkreditgewährung dort unmöglich machen, wo nicht im Wege privater Vereinbarung zwischen den Parteien eine endgültige und unwiderrufliche Regelung der Aufwertung herbeigeführt worden war. Dieser Zustand der Rechtsunsicherheit aber wurde noch vermehrt, als in dem im Frühjahr 1924 gewählten Reichstag Anträge auf Abänderung der dritten Steuernotverordnung eingebracht wurden, und als nach Auflösung dieses Reichstages die Schutzverbände der Aufwertungsgläubiger eine lebhafte Agitation gegen die bisherige Regelung der Aufwertungsfrage entfalteten. Alles das bewirkte eine starke Zurückhaltung der Kreditinstitute.

Aber selbst diejenigen Schuldner, die Realkredit hatten bekommen können, bemerkten bald, daß die Kaufkraft des erhaltenen Kapitals — vor allem Maschinen und Geräten gegenüber — im Vergleich zu den Vorkriegsverhältnissen gesunken war; es bestand also von vornherein nur eine geringe Möglichkeit zur Anreicherung des Betriebes. Dieser aber mußte, auf die Kapitaleinheit bezogen, mehr Produkte liefern, um die erhöhten Annuitäten decken zu können. Die Effizienz des Kapitals war also gesunken. Die Folgen konnten katastrophal werden, sobald die Preise der Agrarprodukte wieder zu sinken begannen.

Die geringe Beleihungshöhe der Realkreditinstitute, sowie die gesunkene Effizienz des Kapitals veranlaßten die Landwirte, hinter den erststelligen Hypotheken weitere Belastungen eintragen zu lassen, die dann als Nebensicherheit bei der Aufnahme von Wechselkrediten dienten. So befand man sich auf dem Wege zu einer gefahrdrohenden Überschuldung.

γ) Die Hochspannung vom Februar bis September 1925.

Die wirtschaftliche Belebung, die sich im Januar 1925 zeigte, setzte sich verstärkt weiter fort. Unter dem Einfluß zuströmender Auslandsanleihen (Januar 134,3 Millionen Reichsmark, Februar 84,0 Millionen Reichsmark) sanken die Zinssätze. Die Reichsbank konnte infolgedessen ihren Diskont am 26. Februar

[1] RGBl. 1924, I, S. 765.

1925 um 1% auf 9% ermäßigen, und dies, obwohl der Rückgang der Arbeitslosigkeit anhielt, Produktion und Umsätze zunahmen, also alle Anzeichen eines weitergehenden Wirtschaftsaufschwunges vorlagen, in dem sich sonst die Geldsätze zu versteifen pflegten. Aber die zufließenden Auslandsanleihen, die es der Reichsbank ermöglichten, den Geldumlauf weiter zu vermehren, erweckten das Bild eines nicht vorhandenen Reichtums. Diese Fata Morgana dauerte auch noch fort, als im März der Strom des fremden Kapitals versiegte, denn an seine Stelle traten jetzt die vorübergehend nicht benötigten Mittel von Reich, Post und Eisenbahn. Im März und April gelangten für über eine Milliarde Reichsmark solcher Gelder an den Markt.[1] Diese Überfülle der öffentlichen Kassen war immer noch eine Folge der drakonischen Steuergesetzgebung. In Vorkriegszeiten hätte man den Überfluß zur Tilgung schwebender und konsolidierter Schulden verwandt und wahrscheinlich auch schleunigst die Steuersätze gesenkt. Schulden, die getilgt werden konnten, waren aber jetzt in nennenswertem Umfang nicht vorhanden: am 31. Dezember 1923 hatte die schwebende Schuld des Reiches 2,5 Milliarden Mark betragen, sie war mit Hilfe der Steuerüberschüsse bis zum 31. Mai 1925 um 900 Millionen Reichsmark auf 1,6 Milliarden vermindert worden.[2] Aber trotzdem liefen die Kassen noch über. Eine Herabsetzung der Steuern jedoch wagte man aus politischen Gründen nicht vorzunehmen; auch konnte man bei der Unklarheit aller Verhältnisse nicht übersehen, wie sich die finanzielle Entwicklung künftig gestalten würde.

Aber schon im April 1925 zeigten sich die ersten Sturmzeichen: die Produktion ging zurück; im Mai begannen die Geldsätze wieder anzuziehen. Die Stützung des Ende April ins Wanken geratenen Stinneskonzerns machte sich auf dem Geldmarkt durch Verknappung des Angebotes bemerkbar. Als nun noch weitere in der Inflationszeit entstandene „unorganisch aufgebaute Industriekonzerne“[3] ins Wanken gerieten, mußten die Banken mit großen Mitteln stillhalten und zum Teil sogar neue Abwicklungskredite zuschießen. Da aber hierzu ihre Kraft nicht ausreichte, griff die öffentliche Hand mit den ihr reichlich zur Verfügung stehenden Mitteln ein. Zur Besserung ihrer angespannten Liquidität sahen sich die Banken gezwungen, vor allem mittlere und

---

[1] Bericht des Generalagenten für Reparationszahlungen v. 30. November 1925, S. 142.

[2] Stat. Jahrbuch für das Deutsche Reich 1926.

[3] Sering, Deutsche Wirtschaftskrise, S. 8.

kleinere Kredite in der Provinz zu kündigen, und auch die öffentlichen Kassen zogen im Juni und Juli große Beträge vom Geldmarkte zurück.[1] Da aber gleichzeitig die Reichsbank eine nennenswerte Vermehrung des Geldumlaufes, der Ende Juli 4,9 Milliarden Reichsmark erreicht hatte, aus währungspolitischen Gründen nicht mehr vornahm, so pflanzte sich die Versteifung am Geldmarkt in die Provinz fort und verursachte unter den dortigen Banken eine starke Nervosität, die sich in einer wohl oft übertrieben scharfen Zurückziehung fälliger Kredite äußerte. Die Wirtschaftslage begann sich gegen Ende des Sommers 1925 zur Krise zuzuspitzen.

Am Pfandbriefmarkt blieb die Lage Anfang 1925 trotz weiter ansteigender Konjunktur dank der reichlich zufließenden Mittel aus den Auslandsanleihen und den Kassen der öffentlichen Hand zunächst günstig. Strukturelle Veränderungen überschatteten die Konjunkturbewegung. Die Kurse zogen weiter an, sodaß 10% Central-Boden-Pfandbriefe im Februar durchschnittlich 102,1%, 8% Hypothekenpfandbriefe 90, und 5% Werte über 70% standen. Auch die landschaftlichen 10% Emissionen erholten sich, wenn auch nicht in dem Umfang wie die Hypothekenbankpfandbriefe. Die Nachfrage nach Pfandbriefen war weiter sehr dringlich. Die kleineren Sparer, die allmählich das Vertrauen zu festverzinslichen Werten zurückgewonnen hatten, erschienen jetzt wieder auf dem Pfandbriefmarkt, traten aber neben den Großabnehmern noch vollkommen in den Hintergrund.[2] Diese Großabnehmer stellten eine gewisse Gefahr für die weitere Entwicklung am Pfandbriefmarkt dar, weil die Emissionshäuser nur schlecht übersehen konnten, ob die abgegebenen Posten auch tatsächlich fest placiert waren, oder ob sie nur zur vorübergehenden Anlage gerade verfügbarer Mittel dienen sollten. Wurden diese Gelder wieder benötigt, oder hatte die aufsteigende Kursbewegung dem Käufer einen genügenden Gewinn gebracht, so bestand die Wahrscheinlichkeit, daß die Stücke an die Börse zurückgebracht und von den ausgebenden Hypothekenbanken im Interesse ihres Emissionskredites wieder aufgenommen werden mußten. Die Banken suchten sich dagegen durch Vereinbarung einer einjährigen Sperrfrist zu sichern, innerhalb deren die abgenommenen Stücke nicht wieder auf den Markt geworfen werden durften. Es ist jedoch nicht immer gelungen, die Großabnehmer dazu zu be-

---

[1] Bericht des Generalagenten für Reparationszahlungen v. 30. November 1925, S. 144.

[2] Geschäftsbericht der Preuß. Centr.-Bodenkredit-A.-G. 1925, S. 1.

wegen;[1] infolge der Unübersehbarkeit der Geld- und Zinsverhältnisse blieb bei den Geldgebern die Neigung vorherrschend, sich möglichst nur kurzfristig zu binden. Feste Anlage fanden große Posten nur bei Versicherungsanstalten und öffentlichen Kassen. Vor allem bestanden besonders enge Beziehungen zwischen einem Teil der öffentlich-rechtlichen Kreditanstalten und den Sparkassen, wodurch ein flotter und gut placierter Absatz der Schuldverschreibungen dieser Anstalten ermöglicht wurde.[2] Diese Marktverhältnisse bewirkten eine starke Emission von Pfandbriefen in den ersten Monaten 1925, obwohl auf dem Geld- und Kapitalmarkt sehr bald gewisse Ermattungserscheinungen sich bemerkbar machten.

Versuche, deutschen Hypothekenpfandbriefen einen Markt in England zu schaffen, blieben ebenso erfolglos, wie die gleichen Bemühungen in Amerika im Jahre 1924. Die Engländer verlangten Abstellung der Briefe auf Pfund Sterling, da ihnen die Feingoldklausel nicht genügte. Das aber war nicht möglich, weil, wie schon erwähnt, der Eintragung von Deckungshypotheken in fremder Valuta die Verordnung von 1920 entgegenstand.[3] Ein weiteres Hindernis war wiederum die Erhebung der deutschen Kapitalertragssteuer. So konnten nur gelegentliche Einzelverkäufe in ganz kleinen Posten vorgenommen werden, die jedoch für die Entlastung des deutschen Kapitalmarktes keinerlei Bedeutung hatten. Um aber den Absatz von Pfandbriefen nach dem Ausland zu ermöglichen, ermächtigte das neue Reichseinkommensteuergesetz von 1925[4] in seinem § 115 bis zum 31. Dezember 1930 den Reichsfinanzminister, Einkünfte aus Anleihen, die im Ausland zahlbar und zum Handel an den deutschen Börsen nicht zugelassen wären, mit Zustimmung des Reichsrates und eines Ausschusses des Reichstages von der Kapitalertragssteuer zu befreien. Die Realkreditinstitute verfehlten nicht darauf hinzuweisen, daß eine Befreiung auch der im Inland notierten Pfandbriefe sehr erwünscht wäre, um den Zinsfuß zu senken und damit eine Verbilligung des Realkredites herbeizuführen, denn nach Lage der Dinge würde jetzt die Kapitalertragssteuer vom Pfandbriefinhaber auf den Hypothekenschuldner, also von den stärkeren auf die schwächeren Schultern, abgewälzt. Die Reichsregierung konnte sich jedoch aus innen- und außenpolitischen

---

[1] Geschäftsbericht der Roggenrentenbank-A.-G. f. 1925, S. 5.
[2] Geschäftsbericht der Staatl. Kredit-Anstalt in Oldenburg f. 1925.
[3] RGBl. 1920, S. 231/34; s. auch vorn S. 60.
[4] RGBl. 1925, I, S. 189 ff.

Gründen zu einer Aufhebung der Kapitalertragssteuer nicht entschließen.

Die Landschaften hatten, als der Kapitalmarkt flüssiger wurde, ebenfalls mit der Emission 8% Goldpfandbriefe begonnen. Im April 1925 gelangten die 8% Werte der Schlesischen Landschaft an der Berliner Börse zur Notiz und standen mit 87% sogar etwas besser als der Durchschnitt dieser Werte. Die Schlesische Landschaftliche Bank hatte aber der bekannten alten Breslauer Firma Molinari & Co. größere Kredite gewährt, und dieses Haus geriet im April in Zahlungsschwierigkeiten. Dadurch waren die Kredite der Schlesischen Landschaftlichen Bank gefährdet und man glaubte irrtümlicherweise, daß auch die Schlesische Landschaft selbst durch die Fehldispositionen ihrer Landschaftlichen Bank in Mitleidenschaft gezogen werden könnte. Gleichzeitig wurden seitens der kreditverbundenen Landwirte große Posten Pfandbriefe an den Markt gebracht, für die eine genügende Nachfrage nicht vorhanden war. So brach Anfang Juni 1925 am Markt der 8% Schlesischen Landschaftlichen Pfandbriefe eine Krise aus, die die Kurse vom 2. auf den 3. Juni um 9% fallen ließ. Aber auch das Kursniveau aller anderen Pfandbriefe zeigte bald sinkende Tendenz. Der Grund lag in einem starken Überangebot an Schuldverschreibungen; je weiter nämlich die Hochspannung fortschritt, desto mehr wurden diejenigen Beträge an den Markt gebracht, die nicht zu fester Anlage erworben waren. Zudem erhielt das Angebot dauernde Verstärkung durch das Emissionssystem der Landschaften, das sich auch einige Hypothekenbanken zu eigen gemacht hatten, wenn es ihnen nicht mehr gelungen war, auf dem Wege über Banken und Bankiers die Mengen von Pfandbriefen unterzubringen, die sie absetzen mußten, um die hereingenommenen Hypotheken zu valutieren. Selbst Bonifikationssätze von 5% und mehr[1] konnten jedoch den durch die beginnende Konzernkrise und die sich zuspitzende wirtschaftliche Lage stark in Anspruch genommenen Markt nicht dazu veranlassen, Pfandbriefe in dem Umfang aufzunehmen, wie es die Nachfrage nach Realkredit verlangte. Die konjunkturelle Entwicklung wurde nunmehr auch auf dem Pfandbriefmarkt fühlbar; die Emissionen gingen vom Juni an zurück.

Der anhaltende Bedarf der Landwirtschaft nach Hypothekenkredit hatte seine Ursache in den Mindererträgen der Jahre 1923 und 1924 und in den auf den Betrieben lastenden hohen kurz-

[1] Geschäftsbericht d. Preuß. Centr.-Bodenkredit-A.-G. 1925, S. 6.

fristigen Schulden. Die Mindererträge aber hatten einen großen Teil der Landwirte unfähig gemacht, die ihnen auferlegten hohen Steuern zu begleichen. Dies erhöhte natürlich noch das Kreditbedürfnis, das sich umso stärker auf den Realkredit werfen mußte, je mehr sich aus den oben angeführten Gründen der kurzfristige Kredit verknappte. Die Realkreditaufnahme zu Steuerzwecken hatte in dieser Zeit offenbar einen erheblichen Umfang erreicht; Geheimrat Dr. Georg Heim, der bekannte süddeutsche Bauernführer, berichtet darüber in der Vossischen Zeitung:[1] „Die Darlehnsnehmer weisen in 30% aller Fälle die Banken an, das aufgenommene Kapital ganz oder teilweise unmittelbar an die Steuerbehörden zu schicken."

Die steigenden Roggenpreise hatten bewirkt, daß die aus den Roggenwertdarlehen zu entrichtenden Jahresleistungen, geldmäßig gesehen, ständig wuchsen. Der verhältnismäßig niedrige Kurs der Roggenpfandbriefe veranlaßte daher einen Teil der Landwirte, ihre Roggenschuld in Goldmarkhypotheken umzuwandeln. Im Interesse der Roggenschuldner hatte die Roggenrentenbank, die über den größten Bestand an Roggenwerthypotheken verfügte, im Jahre 1925 ihren Emissionskredit stärker für die Umwandlungen zur Verfügung gestellt, als für das Neubeleihungsgeschäft.[2]

Je mehr jedoch die Ernte heranrückte, desto größer wurde auch das Bedürfnis der Landwirte, zur Finanzierung der Erntearbeiten Personalkredit aufzunehmen. Mit dieser saisonmäßig verstärkten Kreditnachfrage setzte aber gleichzeitig eine Verknappung der verfügbaren Mittel ein, die ja zur Stützung der wankenden Industriekonzerne benötigt worden waren. Die Nervosität, welche die Personalkreditinstitute daraufhin befallen hatte, veranlaßte diese, gerade jetzt rigorose Maßnahmen gegen ihre landwirtschaftlichen Schuldner zu ergreifen,[3] zumal im Juli die bis dahin hohen Getreidepreise stark zu sinken begannen, und sich dadurch ihre Befürchtung verstärkte, daß ein großer Teil der Landleute nicht in der Lage sein würde, die eingegangenen Verpflichtungen aus dem Ertrag der Ernte abzudecken.

So blieb dem Landbau nichts anderes übrig, als zu den Realkreditinstituten seine Zuflucht zu nehmen. Diese aber waren nicht immer imstande, die erbetene Hilfe zu gewähren: Ein Teil der Hypothekenbanken hatte angesichts der sich verschärfenden

[1] Vossische Zeitung 125 v. 14. März 1925.

[2] Geschäftsbericht der Roggenrentenbank-A.-G. für 1925, S. 4.

[3] Ehrenforth, Berichte über Landwirtschaft, N. F., 5. Bd. 1927, S. 8.

Lage auf dem Pfandbriefmarkt bereits vom Mai ab die Hereinnahme von Darlehnsanträgen stark eingeschränkt oder sogar abgelehnt. Die Nachfrage bevorzugte daher diejenigen Hypothekenbanken, die — ebenso wie die Landschaften —, die aus dem Darlehn aufkommenden Pfandbriefe den Schuldnern zur Verwertung überließen. Die Schuldner suchten alsdann diese Effekten zu lombardieren. Hierzu waren aber, wie schon erwähnt, die Banken und Personalkreditinstitute geneigter als zur Diskontierung von Wechseln. Da jedoch mit der zunehmenden Verschärfung der Lage die Kursgestaltung der Pfandbriefe ungewiß wurde, verlangten die Banken in der Provinz bei Gewährung eines Lombardkredits sehr große Überdeckung.

An die Stelle der Hypothekenbanken, die sich der Kreditnachfrage gegenüber versagten, trat nunmehr wieder, wie im Sommer 1924, der nichtorganisierte Realkredit der Versicherungsunternehmen. Die landwirtschaftlichen Organisationen hatten sich mit den Spitzenverbänden der deutschen Assekuranz in Verbindung gesetzt, um die Gesellschaften zu veranlassen, die Landwirtschaft in möglichst reichem Maße mit Kredit zu bedenken. Das Reichsaufsichtsamt für Privatversicherung stand diesen Bestrebungen wohlwollend gegenüber,[1] und ebenso legte die Reichsbank im Interesse der Entlastung des Kapitalmarktes Wert auf bevorzugte Berücksichtigung der Landwirtschaft.[2] Allerdings wehrten sich die Versicherungsgesellschaften dagegen, daß ihnen durch gesetzliche Vorschriften die Anlage eines bestimmten Prozentsatzes ihres Vermögens in landwirtschaftlichen Hypotheken oder landschaftlichen Pfandbriefen auferlegt würde, da sie dadurch ein Risiko auf sich nehmen müßten, das sie nicht glaubten tragen zu können. Das Reichsaufsichtsamt schloß sich diesem Standpunkt der Versicherungsgesellschaften an, und es wurde nunmehr auch ohne gesetzlichen Zwang erreicht, daß bis Ende 1925 die großen Lebensversicherungsgesellschaften zwischen 15 und 45% ihres Gesamthypothekenbestandes in landwirtschaftlichen Beleihungen festlegten. Das bedeutete gegenüber der Vorkriegszeit eine sehr erhebliche Steigerung. Aber auch ihre Mittel waren beschränkt und konnten nicht im entferntesten der Nachfrage genügen.

Allerdings war es vornehmlich nur der Großgrund-

---

[1] Rundschr. v. 25. Mai 1925, A. 2359 abgedr. in Veröffentl. d. Reichsaufs.-Amtes f. Privatvers., 25. Jahrg., Nr. 2, 1926, S. 93.

[2] Verwaltungsbericht d. Reichsb. 1925, S. 7.

besitz, der sich an die Versicherungsunternehmen wandte; der mittlere und kleine Landwirt suchte Hilfe bei den Sparkassen, die ihm in stärkerem Maße gewährt werden konnte als 1924. Die Sparkasseneinlagen waren bis Ende 1925 auf 1,7 Milliarden Reichsmark angewachsen und zeigten eine geringere Beweglichkeit als im Vorjahre (7,6 : 4,2). Von den Spareinlagen waren Ende 1925 aber immer noch 64,1% kurzfristig angelegt, und nur 4,3% waren zur Vergebung landwirtschaftlicher Hypotheken verwandt worden (1924 2,9%). Der städtische Realkredit hatte seitens der Sparkassen mit 17,3% (1924 10,2%) der Spareinlagen stärkere Beachtung gefunden. Der Bestand an Wertpapieren, unter denen sich auch beträchtliche Beträge landschaftlicher Pfandbriefe und Schuldverschreibungen öffentlich-rechtlicher Kreditanstalten befanden, hatte sich im gleichen Zeitraum von 20,9 auf 62,7 Millionen Reichsmark erhöht und machte jetzt 3,7% der Spareinlagen aus.

Die Bedingungen, zu denen die Realkreditgeber Darlehen vergaben, änderten sich insofern, als, je weiter das Jahr 1925 fortschritt, desto mehr auch der für die Veranlagung der Vermögenssteuer für 1924 berichtigte Wehrbeitragswert als Grundlage für die Bemessung der Darlehnshöhe verwandt wurde. Eine Verfügung des Reichsfinanzministers vom Januar 1924 wollte den Wehrbeitragswert von 1913 durch Abschläge so berichtigen, daß er dem Stand der landwirtschaftlichen Grundstücke im Jahre 1924 Rechnung trüge. Das Ausmaß der Abschläge wurde aber oft von Gesichtspunkten beeinflußt, die mit dem steuerlichen Zweck nichts zu tun hatten, wie z. B. Rücksichten auf geplante Kreditaufnahmen; die Steuerpflichtigen hatten nämlich erkannt, daß ein niedriger berichtigter Wehrbeitragswert auch eine geringere Kreditfähigkeit bedeutete, und wehrten sich deshalb gegen größere Abschläge, die an sich oft berechtigt gewesen wären. So bedeutete dieser Steuerwert keineswegs eine einwandfreie Grundlage, zur Feststellung des Sicherheitswertes eines ländlichen Grundstückes. Aber die Kaufpreise für Landgüter waren es damals noch weniger; die Preise zeigten eine sehr lebhafte Beweglichkeit und standen oft, trotz zurückgegangener Erträge und erhöhter Lasten und Aufwendungen, über denen der Vorkriegszeit.[1] So blieb den Realkreditgebern nichts anderes übrig, als sich an den berichtigten Wehrbeitragswert zu halten. Obwohl dieser oft erheblich

---

[1] Siehe meinen Aufsatz im Archiv f. innere Kolonisation, Bd. XIX, 1927, S. 136.

niedriger war als der Wehrbeitragswert von 1913, glaubten die Realkreditgeber nicht, eine Erhöhung des Prozentsatzes für die Beleihung eintreten lassen zu sollen. Im allgemeinen bewegten sich die gewährten Hypotheken zwischen 30 und 33% des berichtigten Wehrbeitragswertes. Das ergab bei den Hypothekenbanken Beleihungen bis zu durchschnittlich 20—25% der tatsächlich gezahlten Kaufpreise.

Die Landwirte hielten diese geringe Beleihungshöhe für ungerechtfertigt, übersahen aber dabei, daß die bedrängte und ungeklärte Lage des Landbaues die Realkreditinstitute zur größten Vorsicht mahnen mußten. Aereboe[1] gibt als ungefähre Richtlinie für die Höhe des Sicherheitswertes eines Landgutes folgende Zahlen an: Der Sicherheitswert beträgt bei einem Hypothekenzinsfuß von

10%	19 %	des vollen Gutswertes.
8%	35,2%	
6%	51,4%	
4%	67,6%	

Diesen Sicherheitswert aber haben die Darlehen nicht selten erreicht.

Ohne Zweifel bekam der Landwirt nur sehr wenig Kapital für die Vergebung der ersten Hypothek in die Hand, zumal wenn er noch beträchtliche Teile davon zur Ablösung aufgewerteter Rechte abzweigen mußte; es blieb dann zur produktiven Verwendung nur ein geringer Betrag übrig. Aus landwirtschaftlichen Kreisen wurde deswegen den Realkreditinstituten nahegelegt, nicht unbedingt auf die Erststelligkeit ihrer Beleihungen zu bestehen.[2] Einem solchen Wunsche konnten aber die Realkreditgeber nicht entsprechen. Eine Beleihung an zweiter Stelle, die über den Sicherheitswert des Grundstückes hinausging, war im Interesse von Schuldner und Gläubiger nicht angängig. Außerdem waren zweite Hypotheken zur Pfandbriefdeckung nicht geeignet (§ 11, Abs. 1 Hyp. B. G.), zumal es sich bei Zwangsversteigerungen wiederholt herausgestellt hatte, daß die bevorrechtigten Forderungen an Löhnen, Steuern, Abgaben, sozialen Lasten und Gerichtskosten zu Beträgen angewachsen waren, die oft 10% und mehr des in der Zwangsversteigerung erzielten Erlöses ausmachten. Dazu kam, daß bei den hohen Zinsfüßen auch die rückständigen Zinsen schnell zu großen Beträgen anschwol-

[1] Aereboe, Agrarpolitik, Berlin 1928, S. 486.
[2] Deutsche Tageszeitung, Nr. 73 v. 13. Februar 1925.

len. Wollten sich also die Realkreditgeber nicht der Gefahr von Verlusten aussetzen, so mußten sie auf der Erststelligkeit ihrer Hypotheken bestehen bleiben. — Diese Schwierigkeit, die durch die Aufwertung noch erhöht worden war, suchte die Deutschnationale Reichstagsfraktion durch einen Antrag zu beseitigen,[1] wonach unter Abänderung des Aufwertungsgesetzes im Grundbuch mündelsichere erste Stellen geschaffen werden sollten. Die Reichsregierung lehnte diesen Antrag ab, „da sie in keiner Weise dazu beitragen könne, an dem Hypothekenaufwertungsgesetz zu rütteln, nachdem es mit den größten politischen Schwierigkeiten zustande gekommen wäre".[2] Diese Auffassung der Reichsregierung deckte sich mit der der Grundkreditinstitute;[3] denn auch sie standen einer abermaligen Änderung des Hypothekenaufwertungsgesetzes grundsätzlich ablehnend gegenüber, da dadurch erneut der Rechtsunsicherheit in diesem Punkte Tor und Tür geöffnet worden wäre.

Das nach schwierigen parlamentarischen Verhandlungen im Juli 1925 endlich zustande gekommene Aufwertungsgesetz,[4] das die Zweifel an der Rechtsgültigkeit der bisherigen Regelung beseitigt und damit eine gewisse Klarheit geschaffen hatte, bestimmte im wesentlichen Folgendes:

1. Die Aufwertung wurde von 15 auf 25% erhöht.
2. Alle Rechte, die in der Zeit vom 15. Juni 1922 bis 14. Februar 1924 im Grundbuch gelöscht worden waren, lebten wieder auf und unterlagen gleichfalls der Aufwertung.
3. Unter gewissen Umständen konnte eine Aufwertung von Restkauf- und Erbgeldern über den Satz von 25% hinaus bis zu 100% des Goldwertes stattfinden.

Vor allem die zweite Vorschrift war für die Realkreditgewährung von einschneidender Wirkung, da sie an ihrer wichtigsten Voraussetzung, dem öffentlichen Glauben des Grundbuches, rührte. Daneben aber bot das Gesetz noch eine Fülle äußerst schwieriger Rechtsfragen, die vor allem mit der Aufwertung dinglicher und persönlicher Forderungen zusammenhingen. Dadurch wurden die Realkreditgeber gezwungen, für die Prüfung der sehr verzwickten Rechtsfragen, die sich bei Neubeleihungen aus dem Aufwertungsgesetz ergaben, besondere juri-

[1] Reichstagsdrucksache Nr. 1602, III. Wahlperiode, 1924/25.

[2] Sten. Ber., 131. Sitzung v. 9. Dezember 1925, S. 4972.

[3] Geschäftsbericht der Preuß. Centr.-Bodenkredit-A.-G. f. 1926, S. 10 und der Bayer. Hyp.- u. Wechselbank f. 1925, S. 7.

[4] RGBl. 1925, I, S. 117.

stische Hilfskräfte einzustellen, wodurch naturgemäß auch die Unkosten der Kreditgewährung wuchsen. Die Klärung der grundbuchlichen Verhältnisse bei den einzelnen Beleihungsobjekten machte einen äußerst kostspieligen und zeitraubenden Schriftwechsel mit den Grundbuchämtern erforderlich. Die Überlastung dieser Behörden verzögerte die Eintragung der neu aufgenommenen Hypotheken und die Ausstellung der Hypothekenbriefe, sodaß manch günstige Gelegenheit, Pfandbriefe abzusetzen, verpaßt wurde.[1]

Obwohl der Pfandbriefumlauf erheblich angewachsen war und infolgedessen den Pfandbriefinstituten wieder beträchtliche Einnahmen aus den Verwaltungskostenbeiträgen zuflossen, hatten die sehr hohen Steuerlasten[2] die durch die Aufwertung vermehrte Arbeit und die noch immer ungeklärte Lage am Pfandbriefmarkt zur Folge, daß die Realkreditinstitute die Abzüge, die sie zur Deckung der Unkosten bei Auszahlung der Darlehen vornahmen, noch nicht herabsetzen konnten. Allerdings war die nominelle Verzinsung zurückgegangen, da die Hypothekenbanken, je mehr sich in den ersten Monaten des Jahres 1925 der Pfandbriefabsatz hob, desto nachhaltiger ihren Schuldnern die Beleihung auf der Basis 8% Pfandbriefe nahelegten. Die Preuß. Central-Bodenkredit-A.-G. hatte deshalb auch sehr bald die Emission weiterer 10% Goldpfandbriefe eingestellt; das Gleiche taten die Landschaften und öffentlich-rechtlichen Kreditanstalten.

Wie hoch sich die Auszahlungsquoten und die jährliche Belastung der Schuldner stellten, ist schwer festzustellen, zumal ja im weiteren Verlauf des Jahres ein Teil der Realkreditinstitute, soweit sie nicht überhaupt die Beleihungstätigkeit eingestellt hatten, den Darlehnsnehmern die Pfandbriefe in natura aushändigte. Im Großen gesehen, dürften die Hypothekenbanken Darlehen auf 10% Pfandbriefbasis zu Beginn 1925 mit etwa 90% ausgezahlt haben, so daß sich die Annuität auf etwa 12,6% des erhaltenen Betrages belief. Die Auszahlung der 8% Pfandbriefdarlehen stellte sich in der Zeit von Januar bis Juni 1925 auf 76—80%, wodurch der Darlehnsnehmer eine Jahresleistung von ungefähr 12,5—11,9% auf sich nahm.

Bei den Landschaften erbrachten 10% Pfandbriefdarlehen zu Anfang des Jahres den Schuldnern etwa 85% des

---

[1] Geschäftsbericht der Preuß. Centr.-Bodenkredit-A.-G. f. 1925, S. 7.

[2] Obwohl für die Hypothekenbanken die Körperschaftssteuer ermäßigt worden war, machte die steuerliche Belastung damals bis zu 20% des Reingewinnes aus.

Nominalbetrages, woraus sich eine Annuität von etwa 13,5% ergab. Die 8% Darlehen der Landschaften werden im April 1925 kaum ungünstiger gewesen sein als die der Hypothekenbanken; ihre spätere Gestaltung ist jedoch, da die Pfandbriefe, je mehr sich der Absatz verschlechterte, den Darlehnsnehmern in natura ausgehändigt wurden, mit annähernder Genauigkeit nicht festzustellen.

Von den öffentlich-rechtlichen Kreditanstalten zahlte die Landesbank der Rheinprovinz weiter 8% Darlehen, die auf 5 Jahre fest gewährt wurden und zu 102% zurückgezahlt werden mußten, zu 93 aus, sodaß sich eine jährliche Belastung des Schuldners von 10,5% ergab. Auch hier wieder wirkte sich die durch die örtlichen Verhältnisse bedingte gute Absatzorganisation der Landesbank für ihre Schuldverschreibungen verbilligend auf den Kredit aus. Die Hannoversche Landeskreditanstalt gewährte bei 10% Darlehen eine bare Auszahlung von anfangs 97%, die mit der Verengung des Kapitalmarktes bis auf 89% zurückging. Der Schuldner hatte dementsprechend 10,8 bis 12,4% des erhaltenen Kapitals jährlich aufzubringen.

Beim nichtorganisierten Realkredit hatten die Zinsbedingungen ebenfalls eine leichte Besserung erfahren. Die Sparkassen zahlten landwirtschaftliche Hypotheken zu 93—95%, bei Abzug eines einmaligen Verwaltungskostenbeitrages von ¼ bis ½% aus. Die Darlehen wurden auf 3—5 Jahre fest vergeben und bedangen zu Anfang 1925 11—15% und Mitte des Jahres 10—15% Zinsen; dabei galten für den Westen und Süden des Reiches die höheren Auszahlungsquoten und die niedrigeren Zinssätze, für den Norden und Osten dagegen die ungünstigeren Bedingungen. Im Durchschnitt stellte sich also die Belastung des Schuldners zu Anfang 1925 auf 15,8%, um im Laufe des Jahres auf 14,2% zu sinken.

Während 1924 die meisten Lebensversicherungsgesellschaften aus Liquiditätsgründen sich der Gewährung von Hypothekarkredit enthalten hatten, konnten sie jetzt, als die Prämieneingänge ständig anwuchsen, aus dieser Zurückhaltung heraustreten. Die Auszahlungen bei den Gesellschaften an die landwirtschaftlichen Schuldner bewegten sich zwischen 90 und 96%, während der Zinsfuß von 9% Anfang 1925 auf 7% Ende des Jahres zurückging. Die Festschreibung der Darlehen erfolgte im allgemeinen auf 5 Jahre. Daraus ergab sich eine jährliche Belastung des Schuldners von etwa 12—8,4%.

Von den Anstalten der Sozialversicherung

war der größte Geldgeber die Reichsversicherungsanstalt für Angestellte, die im Jahre 1925 allein für 31,5 Millionen Reichsmark 8% Hypothekendarlehen an die Landwirtschaft, zumeist an den Großgrundbesitz, mit 93% zur Auszahlung brachte. Auch diese Darlehen wurden auf 5 Jahre fest vergeben; sie belasteten den Schuldner mit jährlich 10%.

Von den Landesversicherungsanstalten gaben nur ein Teil der süddeutschen und eine in Norddeutschland hypothekarische Darlehen an die Landwirtschaft. Die Anstalten verwandten die bei ihnen zu langfristiger Anlage verfügbaren Mittel in erster Linie zum Kleinwohnungsbau und zum Ausbau der eigenen Sozialeinrichtungen. An diesem Grundsatz wurde auch in den Jahren 1926—29 festgehalten, sodaß wesentliche Mittel aus dieser Quelle der Landwirtschaft nicht zugute gekommen sind. Soweit landwirtschaftliche Hypothekendarlehen überhaupt vergeben wurden, erfolgte ihre Auszahlung zu 100%; die Verzinsung schwankte zwischen 13 und 7%, die Höhe der Beleihung bewegte sich zwischen 40 und 25% des Verkaufswertes der beliehenen Grundstücke. Die Darlehen wurden teils als Kündigungs-, teils als Tilgungshypotheken gegeben; im letzten Falle schwankte der Tilgungsbeitrag zwischen ½ und 2%. — Vom Jahre 1925 ab erwarben die Landesversicherungsanstalten auch Pfandbriefe in kleinerem Umfang, vor allem die mündelsicheren Papiere der Landschaften und öffentlich-rechtlichen Kreditanstalten. Die bayerischen Anstalten legten auch verfügbare Mittel in den dort landesmündelsicheren Pfandbriefen der großen bayerischen Hypothekenbanken an. Von den anderen Anstalten wurden Hypothekenpfandbriefe nur in ganz geringem Umfang erworben, und dann meist nur mit der Bedingung, daß die Emissionshäuser die so erhaltenen Mittel zur Förderung des Kleinwohnungsbaues verwandten.

Kredite aus privater Hand waren immer noch nicht erhältlich. Der private Grundkredit bestand nur in Restkauf- und Erbgeldern, deren durchschnittlicher Zinssatz 6—7% betrug. Die Höhe der Zinsen richtete sich nach der Höhe der Schulden, die der Käufer mitzuübernehmen hatte. Das Kapital dieser Verbindlichkeiten machte nicht selten 40% des Kaufpreises aus.

Den billigsten Realkredit gaben also wieder die Versicherungsunternehmen, die in ihrer Darlehnsgewährung von der Lage am Kapitalmarkt unabhängig waren, und bei denen die Unkosten der Kredithergabe zum großen Teil in den Generalunkosten ihres eigentlichen Geschäfts aufgingen. Im Vergleich mit den Sätzen, die für kurzfristigen Kredit entrichtet wurden, war auch der Realkredit der Landschaften und Hypothekenbanken billig. Die Landwirte hatten im Wirtschaftsjahr 1924/25 (Juni—Juli) im Reich durchschnittlich für Wechsel- und Lombardkredite 16,5%, in Ostpreußen etwa 18,5% und für Kontokorrent- und Schuldscheindarlehn im Reich durchschnittlich 18,5%, in Ostpreußen 20,5% zu zahlen.

Die Steuerverzugszinsen (12%)[1] hatten sich den Kosten für Realkredite fast angeglichen. Die Zinsdifferenz konnte daher nicht Veranlassung sein, fällige Steuern durch die Aufnahme von Realkrediten zu entrichten. Wenn dies trotzdem im Jahre 1925 in größerem Umfang geschah, so spielte hier der Respekt vor dem Steuerexekutor eine Rolle, sowie die Erkenntnis, daß dem Reich angesichts der steigenden Reparationslasten die ihm zustehenden Steuerbeträge nicht vorenthalten werden dürften.

δ) Die Krise vom Oktober 1925 bis Januar 1926.

Der Zusammenbruch der Industriekonzerne war die Einleitung zur großen Bereinigungskrise, die die deutsche Wirtschaft im Herbst und Winter 1925 durchmachen mußte. Auf dem Pfandbriefmarkt trat eine völlige Deroute ein, die alles das, was dort seit der Stabilisierung der Währung aufgebaut worden war, zu zerstören drohte. Vor allem bestand die Gefahr, daß das allmählich wieder erwachende Vertrauen zur Anlage in festverzinslichen Werten untergraben würde. Die Hypothekenbanken sahen sich daher gezwungen, große Posten der am Markt befindlichen Emissionen aufzunehmen. Es flossen teilweise 75% der im Jahre 1925 abgesetzten Pfandbriefe wieder an die Banken zurück. Diese Beträge wurden mit jenen Mitteln zurückgekauft, die die Banken bei Auszahlung der Dahrlehnsbeträge den Hypothekenschuldnern in Abzug gebracht hatten. Die Krise am Pfandbriefmarkt zeigte, daß die großen, im Frühjahr 1925 abgesetzten Pfandbriefbeträge nicht durchweg zur Anlage langfristig verfügbarer Mittel gedient hatten, sondern daß in ihnen häufig nur vorübergehend entbehrliche Gelder des hohen und sicheren Zinsertrages wegen angelegt worden waren, und daß weiter die Spekulation erhebliche Beträge in die Hände bekommen hatte. Jetzt bewährte sich die Zurückhaltung, die die großen alten Hypothekenbanken im Frühjahr 1925 bei ihren Emissionen hatten walten lassen, als sie sich durch die augenblickliche Aufnahmefähigkeit des Kapitalmarktes

---

[1] RGBl. 1925, I, S. 10.

nicht über seine tatsächliche Schwäche hinwegtäuschen ließen. Die Goldpfandbriefe der Preußischen Central-Bodenkredit-A.-G. und der Bayrischen Hypotheken- und Wechselbank zeigten daher in den kritischen Herbstmonaten 1925 nur unbedeutende oder überhaupt keine Kurseinbußen.

Es notierten an der Berliner Börse im Jahre 1925 (in %):

	Am Monatsende						Im ganzen Jahr	
	Febr.	April	Juni	August	Okt.	Dez.	höchst. Kurs	niedr. Kurs
a) 10% Pfand-Br.								
Preuß. Central-Bodenkredit-A. G.	101,50	100,75	98,—	99,—	100,75	98,50	104,—	94,—
Ostpr. Landschaft	93,50	86,10	80,25	78,30	75,—	82,50	94,—	75,—
Prov. Sächs. Landschaft	93,80	90,50	82,70	78,80	78,—	84,90	97,25	77,75
Schlesw.-Holst. Landschaft	93,50	90,75	83,20	80,60	81,—	86,25	95,50	80,25
b) 8% Pfand-Br.								
Preuß. Central-Bodenkredit-A. G.	89,—	86,—	85,—	85,—	84,50	84,50	90,50	83,50
Central-Landschaft ab 1. 4.	—	84,50	80,75	71,—	66,—	70,25	84,50	66,—
Ostpr. Landschaft	87,—	81,—	75,—	70,50	69,50	72,50	87,—	66,75
Pommer. Landschaft ab 8. 4.	—	83,—	82,—	75,—	75,—	75,—	84,50	73,—
Prov. Sächs. Landschaft	—	85,—	82,—	73,—	—	73,50	85,—	72,—
Schles. Landschaft	—	87,—	69,50	65,75	62,50	69,50	87,—	61,75
Schlesw.-Holst. Landschaft	89,50	85,—	81,50	73,—	73,—	74,—	85,—	72,50
Westf. Landschaft	87,—	—	70,—	68,75	68,50	70,—	90,—	66,—
Roggenrentenbank ab 9. 3.	—	78,10	67,50	73,50	73,50	73,50	82,90	67,50

Anders lagen die Verhältnisse am Markt der landschaftlichen Pfandbriefe. Hier kam all' das Material an den Markt, das den Schuldnern seinerzeit zur Verwertung überlassen worden und von diesen zum großen Teil als Lombardunterlage verwandt worden war. Die Lombardkredite konnten sie jetzt nicht zurückzahlen, die Kreditgeber aber drängten auf Glattstellung, da sie sich auch ihrerseits die Gelder an den zentralen Geldmärkten hatten beschaffen müssen, von wo sie nunmehr zurückgerufen wurden. Die landschaftlichen Banken, die ebenfalls ihre Mittel durch die Inflation verloren und sie noch nicht wieder aufgefüllt hatten, waren nicht in der Lage, das auf sie einströmende Pfandbriefmaterial aufzunehmen. Die Kurse glitten deshalb zunächst langsam, dann immer stärker ab. Erst mit Hilfe befreundeter Großbanken gelang es den Landschaften, den Sturz zum Stehen zu bringen. Um aber den Zufluß neuen Materials zu unterbinden, machten sie es ihren Darlehnsnehmern zur Bedingung, in Zukunft den Absatz der aus den Krediten aufkommenden Pfandbriefe nur durch Vermittlung der landschaftlichen Banken erfolgen zu lassen, die ihrerseits die Emission nach dem Vorbild der Hypothekenbanken vornehmen würden.

Die Lage am Pfandbriefmarkt veranlaßte den Reichsbankpräsidenten einzugreifen. Um die Jahreswende 1925/26 setzte die Reichsbank von ihrem Pensionsfonds zunächst 80 Millionen Reichsmark zum Ankauf landschaftlicher Pfandbriefe ein; ferner wurden, ebenfalls auf Veranlassung des Reichsbankpräsidenten, seitens der Reichspost aus verfügbaren Postscheckgeldern[1] für 100 Millionen Reichsmark Pfandbriefe aufgekauft; und schließlich investierte auch die Reichsversicherungsanstalt für Angestellte 32 Millionen Reichsmark in diesen Werten.[2] Zur weiteren Entlastung des Marktes erweiterte die Reichsbank den Kreis der zu ihrem Lombardverkehr zugelassenen Pfandbriefe. Im Jahre 1925 wurden Papiere im Werte von 1,2 Milliarden Goldmark und 4,7 Millionen Zentner Roggen, größtenteils Pfandbriefe, zum Lombardverkehr neu zugelassen. Allerdings wehrte sich die Reichsbank nach wie vor dagegen, „nasse" Pfandbriefe, d. h. solche Stücke zu lombardieren, die aus der Hand des Hypothekenschuldners kamen, oder die seitens der Realkreditinstitute nicht hatten am Markt abgesetzt werden können. Diese Maßnahmen ermöglichten es, die Krise am Pfandbriefmarkt zum Stehen zu bringen. Die Kurse hoben sich dann, und das Vertrauen zu den festverzinslichen Werten festigte sich soweit, daß im Januar 1926 die übliche saisonmäßige Nachfrage, die noch durch die beim Abklang der Krise bemerkbaren konjunkturellen Einflüsse verstärkt wurde, wieder einsetzte.

Die Krise am Pfandbriefmarkt war deswegen so schwer, weil Industrie und Landwirtschaft gleichzeitig von tiefwirkenden Erschütterungen heimgesucht wurden. Die deutsche Landwirtschaft, wie die der ganzen Welt, stand zwar im Herbst 1925 im Zeichen einer

---

[1] Der Verwaltungsrat der Deutschen Reichspost hatte im April 1925 Vorschriften über die Anlage der Postscheckgelder erlassen. (Amtsblatt des Reichspostministeriums Nr. 39 vom 28. April 1925.) Danach waren etwa 30 Millionen Reichsmark auf Reichsbankgirokonto zu halten und vom Rest $^1/_3$ in reichsbankfähigen Wechseln, der Rest in festverzinslichen, reichsbanklombardfähigen Wertpapieren, öffentlichen Anleihen, Reichsschatzwechseln oder in Darlehen an das Reich, die Länder oder Staatsbanken anzulegen. Ende 1925 betrugen die Guthaben der Postscheckkunden 589,7 Millionen Reichsmark (Stat. Jahrbuch f. d. Deutsche Reich, 1927, S. 114).

[2] Verwaltungs-Bericht d. Reichsb. 1925, S. 9. Rede d. Reichsbank-Präsidenten, abgedruckt im Berliner Tageblatt Nr. 215 v. 8. Mai 1926.

guten Körnerernte; ihr erwuchs jedoch kein Segen daraus. Wohl war im August 1925 das Ausfuhrverbot für Getreide gefallen; auch hatte der Reichstag mit Wirkung vom 1. September ab die von der Reichsregierung beantragten Getreidezölle genehmigt. Aber die Einfuhrscheine, die einen lohnenden Getreideexport der preußischen Ostprovinzen nach den Nordischen Staaten vor dem Kriege ermöglicht hatten, sollten erst vom 1. Oktober 1925 ab ausgestellt werden dürfen; man befürchtete in Kreisen der Reichsregierung, die deutschen Märkte möchten zu Gunsten des Exportes von Material entblößt und dann die Preise zum Schaden des inländischen Verbrauchers gesteigert werden. Man übersah, daß vor Inkrafttreten des Zolles noch beträchtliche Mengen Brotgetreide nach Deutschland eingeführt worden waren. Zu der eigenen Fülle kam also noch der starke Einfuhrüberschuß hinzu. Das Schlimmste aber war, daß die Landwirte mit dem Verkauf ihrer eigenen Ernte nicht zurückhalten konnten, bis die Einfuhr vom Konsum aufgenommen worden war. Sie mußten sofort verkaufen, um die kurzfristigen Schulden abzudecken, gestundete Steuern entrichten, am 1. Oktober Hypothekenzinsen bezahlen und am 1. Dezember für 130 Millionen Reichsmark Rentenbankwechsel auf Grund der Londoner (Dawes-) Abmachungen vom Sommer 1924[1] einlösen zu können. Es zeigte sich jetzt, daß ebenso wie die Industrie auch die Landwirtschaft vielfach kurzfristige Kredite zu langfristigen Investierungen verwandt hatte, offenbar in der Hoffnung, daß die im Sommer eingetretene Stagnation am Pfandbriefmarkt bald überwunden und es dann möglich sein würde, diese kurzfristigen Darlehen wie in Friedenszeiten durch Hypothekarkredite abzulösen. Da der Hypothekenmarkt jedoch versagte, mußten die fälligen Verbindlichkeiten aus dem Ertrag der Ernte oder, wo dieser nicht ausreichte, durch Aufnahme neuer kurzfristiger Schulden abgedeckt werden. Die Angaben über die Höhe der kurzfristigen Verbindlichkeiten, mit denen die Ernte von 1925 belastet war, gehen stark auseinander: Ehrenforth nimmt 2,5 Milliarden Reichsmark an,[2] während das Institut für Konjunkturforschung die zwischen September und Dezember 1925 fällig gewesenen Schulden auf 600 Millionen Reichsmark[3] schätzt.

Da nun das Angebot von Getreide und Kartoffeln wegen der fehlenden Einfuhrscheine kein Ventil nach außen fand, drückte

[1] Näheres s. S. 103.

[2] Berichte über Landwirtschaft, N. F., V. Bd., 1927, S. 7/8.

[3] Vierteljahrshefte z. Konjunkturforschung, 1. Jahrg., 1926, Erg.-Heft 3, S. 6.

es auf den inneren Markt und stieß dort auf den wenig kapitalkräftigen Handel. Die Folge war ein starker Preissturz, vor allem des Roggens und der Kartoffeln. Die Weizenpreise hielten sich infolge der schlechten Ernte in den Vereinigten Staaten und der Preispolitik des kanadischen Weizenpools besser.[1]

Nicht ganz so ungünstig wie für den vorwiegend Getreide und Kartoffeln erzeugenden Großgrundbesitz des Ostens lagen die Verhältnisse bei den Schweine produzierenden bäuerlichen Wirtschaften im Westen. Die Schweinepreise hatten schon im September 1924 begonnen anzuziehen, waren dann allerdings wieder Ende 1924 abgesunken, um dann vom Mai 1925 an sehr fest zu liegen. Die Aussichten mußten jetzt noch besser werden, da Roggen, Gerste und Kartoffeln, die wichtigsten Futtermittel für Schweine, im Preise fielen, und infolge der gesteigerten und weiter anwachsenden Kaufkraft der breiten Massen mit einer Zunahme der Nachfrage nach Schweinefleisch zu rechnen war. Der kleine Grundbesitz erweiterte deshalb seinen Schweinebestand. Doch auch der Großgrundbesitz versuchte, es ihm nachzumachen, vor allem nach dem Mißerfolg der letzten Ernte, die den Mehraufwand an künstlichem Dünger im letzten Wirtschaftsjahr nicht entfernt gelohnt hatte. In dieser Umstellung eines Teils der landwirtschaftlichen Großbetriebe östlich der Elbe war ein weiterer Antrieb zur Kreditaufnahme gegeben. Mit Hilfe des Kredits wollte man jetzt die durch den Ausverkauf von 1924 gelichteten Schweinebestände wieder auffüllen.

Dieser einsetzenden Nachfrage konnte der Kapitalmarkt nicht annähernd genügen. Die Liquidationserlöse aus den infolge der Industriekrise zusammengebrochenen oder in Schwierigkeiten geratenen Unternehmen waren noch nicht — wie das im weiteren Verlauf einer Krise zu geschehen pflegt — an den Kapitalmarkt geflossen. So war der organisierte Realkredit nur wenig leistungsfähig, und der nichtorganisierte Kredit verfügte erst recht nicht über die ungeheuren Mittel, die diesem Kreditbedürfnis hätten genügen können.

Die Lage erlitt eine nur unvollkommene Entspannung durch das Eingreifen der neu errichteten Deutschen Rentenbank-Kreditanstalt.

Auf die Gründungsgeschichte dieses Instituts soll hier nur kurz eingegangen werden, da sie in der Literatur bereits einge-

[1] v. Bissing, Der Weltmarkt und die deutsche Ernte in Zeitschrift für die gesamte Staatswissenschaft, Band 87, 1929.

hend und zutreffend dargestellt worden ist.[1] Schon im Jahre 1924, als es den alten Realkreditinstituten nicht gelingen wollte, die von der Landwirtschaft ersehnten ausländischen Kredite zu beschaffen, tauchte der Plan auf, die Deutsche Rentenbank, nachdem sie ihre Aufgabe als Währungsbank erfüllt haben würde, zu einem großen landwirtschaftlichen Zentralkreditinstitut auszubauen. Von den Sachverständigen des Daweskomitees war verlangt worden, daß, nachdem die Reichsbank auf Grund des im Dawesplan enthaltenen neuen Bankgesetzes ihre Aufgabe als zentrales Noteninstitut und als Hüterin der deutschen Währung wieder übernommen haben würde, die Deutsche Rentenbank in Liquidation treten und sich nur noch mit der Abwicklung des Umlaufs an Rentenmarkscheinen befassen sollte. Die Tilgung der Rentenmarkscheine hatte in 10 Jahren, und zwar vornehmlich aus den der Deutschen Rentenbank zufließenden Grundschuldzinsen zu erfolgen; solange sollten die für die Deutsche Rentenbank bestellten Grundschulden in ihrer vollen Höhe haften. Ferner verlangten die Sachverständigen des Daweskomitees, daß die über die Reichsbank der Landwirtschaft im Frühjahr 1924 zugeflossenen Wechselkredite von 870 Millionen Reichsmark sofort zurückgezogen würden. Dem Reichsbankpräsidenten Schacht gelang es immerhin, hierfür eine Frist von drei Jahren zu erwirken mit der Maßgabe, daß die Wechsel in drei gleichen Raten von je 290 Millionen Reichsmark bis zum 1. Dezember 1927 abzudecken wären. Diese Abwicklung aber war nur durch Umschuldung der kurzfristigen Wechselschulden in langfristige Realkredite möglich. Hinwiederum hatten die Dawessachverständigen Bedenken, der Deutschen Rentenbank gleichzeitig mit der Liquidierung des Rentenmarkumlaufes auch die Gewährung neuer Kredite für diese Umschuldung zu übertragen. Es wurde daher im Gesetz über die Liquidierung der Deutschen Rentenbank[2] vorgesehen, daß mit ihrem Einverständnis eine zentrale landwirtschaftliche Kreditanstalt begründet werden könnte. Dieser Anstalt sollten von der Rentenbank aus den eingehenden Grundschuldzinsen, sobald deren Aufkommen 60 Millionen Reichsmark übersteigen würde, jährlich 25 Millionen Reichsmark als Betriebsmittel überwiesen werden; ferner sollte die Deutsche Rentenbank ihrem Tochterinstitut mit Zustimmung der Reichs-

[1] Dr. O. Berthold u. Dr. E. Seelmann-Eggebert, Die Deutsche Rentenbank und Deutsche Rentenbank-Kreditanstalt. Berlin 1926.

[2] RGBl. 1924, II, S. 252.

regierung auch ihre sonstigen verfügbaren Mittel zuwenden dürfen. Die Errichtung dieser neuen landwirtschaftlichen Kreditanstalt, die später die Bezeichnung Deutsche Rentenbank-Kreditanstalt (Landwirtschaftliche Zentralbank) erhielt, zog sich, vor allem aus politischen Gründen, bis in den August 1925 hin. Die maßgebenden politischen Stellen befürchteten nämlich eine übermäßige wirtschaftliche und politische Stärkung der Landwirtschaft, daneben aber auch eine Gefährdung der wirtschaftlichen Interessen der außerpreußischen Länder. — Die landwirtschaftlichen Kreditinstitute aller Art sahen in der neuen Landwirtschaftlichen Zentralbank einen unliebsamen Konkurrenten, der ihnen die besten Verdienstmöglichkeiten nehmen und sie ihrer Selbständigkeit berauben möchte.

Nach harten Kämpfen kam schließlich mit Zustimmung des Reichstages am 15. Juli 1925 das Gesetz über die Errichtung der Deutschen Rentenbank-Kreditanstalt zustande. Es trat am 4. August 1925 in Kraft,[1] sodaß die Anstalt am 5. August ihren Geschäftsbetrieb eröffnen konnte. Das Gesetz bestimmt im Wesentlichen folgendes:

1. Es dürfen zur Versorgung der Landwirtschaft mit Realkredit zinsbare Darlehen gegeben werden
   a) an die öffentlich-rechtlichen oder unter Staatsaufsicht stehenden privatrechtlichen Realkreditinstitute, die das landwirtschaftliche Realkreditgeschäft betreiben;
   b) an die Spitzenorganisationen von öffentlich-rechtlichen, das landwirtschaftliche Realkreditgeschäft pflegenden Sparkassen.
2. Die Versorgung der Landwirtschaft mit Personalkredit darf nur durch diejenigen Institute erfolgen, die das Gesetz benennt. Allerdings sollen Personalkredite nur bis zum 31. Dezember 1930 gegeben werden.

Die Mittel zur Kreditgewährung kann sich das Institut auf zwei Wegen beschaffen: Einmal darf es Schuldverschreibungen auf den Inhaber bis zum Sechsfachen, mit Zustimmung des Reichsrates bis zum Achtfachen des Kapitals ausgeben. Die Schuldverschreibungen müssen in voller Höhe gedeckt sein durch Pfandbriefe staatlicher, landschaftlicher, kommunaler oder anderer unter staatlicher Aufsicht stehender Bodenkreditinstitute Deutschlands oder durch Hypotheken, die für die vorbezeichneten Kreditinstitute oder für öffentlich-rechtliche Sparkassen an

[1] RGBl. 1925, I, S. 145 und 156 und 391.

inländischen land- und forstwirtschaftlichen Grundstücken bestellt und an die Deutsche Rentenbank-Kreditanstalt verpfändet oder abgetreten sind. Die Hypotheken müssen mindestens den Anforderungen des Hypothekenbankgesetzes entsprechen. Die Schuldverschreibungen können lauten auf Reichsmark, Goldmark, Feingold und folgende ausländische Währungen: nordamerikanische Dollars, englische Pfunde, Schweizer Franken, holländische Gulden und schwedische Kronen.[1]

Daneben ist der Deutschen Rentenbank-Kreditanstalt aber auch die Aufnahme von Darlehen auf die Dauer von mindestens einem Jahre gestattet. Ferner darf sie im Einvernehmen mit der Reichsbank Devisen kaufen und verkaufen, soweit dies zur Erfüllung ihrer Aufgaben erforderlich erscheint, und kann verfügbare Kassenbestände durch kurzfristige Anlage bei sicheren Bankhäusern nutzbar machen.

Das Kapital der Deutschen Rentenbank-Kreditanstalt setzte sich zusammen aus den jährlichen Überweisungen aus dem Gewinn der Deutschen Rentenbank (bei der Gründung 170 Millionen Reichsmark), ferner aus den jährlichen Überweisungen von 25 Millionen Reichsmark aus den der Deutschen Rentenbank zufließenden Grundschuldzinsen bis zum Aufhören der Grundschuldbelastung, sowie schließlich aus den Einnahmen aus eigenen Mitteln. Das Kapital sollte 500 Millionen Reichsmark nicht übersteigen. Das Gründungskapital betrug 195 Millionen Reichsmark. Im Jahre 1931 dürfte das Höchstkapital von 500 Millionen Reichsmark erreicht sein.[2]

Diese Landwirtschaftliche Zentralbank war also ein Institut von gewaltiger Kapitalkraft. Sie war eine Bank der Banken und durfte daher auch Kredit nicht unmittelbar an den landwirtschaftlichen Darlehnssucher vergeben, sondern nur durch Vermittlung der im Gesetz genannten Realkreditinstitute. Um weiter den Absatz der Schuldverschreibungen der Realkreditinstitute im Inland nicht zu behindern, war im Reichstag die Absicht ausgesprochen worden, die Obligationen der Deutschen Rentenbank-Kreditanstalt nur im Auslande aufzulegen, sie jedoch an deutschen Börsen nicht einzuführen.[3] Allerdings fand eine entsprechende Bindung im Gesetz keine Aufnahme.

Die Errichtung der Rentenbank-Kreditanstalt hält Beckmann

[1] Reichsanz. 184 v. 8. August 1925.

[2] Verwaltungsbericht der Deutschen Rentenbank-Kreditanstalt f. 1925, S. 7.

[3] Reichstagsdrucksache 1155 von 1925, S. 22.

für fehlerhaft und überflüssig.[1] Er faßt sein Urteil in folgende Worte zusammen: „Man hätte meinen sollen, die Landwirtschaft wäre seit Einführung der Reichsmark durch die Reichsbank für schleunigste Liquidierung der Rentenmark und Abschaffung der Grundschuldzinsen wie ein Mann eingetreten; statt dessen die Verewigung dieser Last zu Gunsten von Kredit. Die Rückführung jener Mittel der Rentenbank auf dem einfachsten Wege, der Gewinnausschüttung an die Einzahler, wäre ohne Einfluß der Organisationen glatt und reibungslos vollzogen." Beckmann übersieht, daß der Dawesplan die Liquidierung der Rentenbank verlangt hatte, und daß das Organisationskomitee für die Reichsbank wünschte, daß sich die Rentenbank allein auf die Liquidierung ihres Notenumlaufs beschränkte. Ohne die Errichtung der Rentenbank-Kreditanstalt hätten also die 870 Millionen Reichsmark Rentenbankkredite sofort zurückgezahlt, hätten weiter die von einer Treuhandstelle für die Deutsche Rentenbank vergebenen 160 Millionen Reichsmark Personalkredite ebenfalls sofort aus der Landwirtschaft zurückgezogen werden müssen. Selbst wenn man voraussetzt, daß dies trotz der damaligen Notlage der Landwirtschaft und trotz der Verknappung am Kapitalmarkt möglich gewesen wäre, hätte eine Erleichterung der Zinslast aus der Rentenbankgrundschuld sich nicht auf dem Wege erreichen lassen, den Beckmann im Auge hat. Die Sachverständigen hatten nämlich verlangt, daß, wenn die Rentenbank-Kreditanstalt nicht zustande käme, die 25 Millionen Reichsmark, die die Deutsche Rentenbank über ihr Tochterinstitut der Landwirtschaft jetzt jährlich wieder zur Verfügung stellt, ebenfalls zur Tilgung des Rentenbankscheinumlaufes verwandt werden müßten. Die Folge wäre gewesen, daß zwar der Umlauf an Rentenbankscheinen ein Jahr früher getilgt worden wäre,[2] die Landwirtschaft aber von den durch sie aufgebrachten Grundschuldzinsen nicht den geringsten Vorteil gehabt hätte.

Ein anderer Vorschlag ging dahin, daß an Stelle der Rentenbank-Kreditanstalt die Hypothekenbanken eine Dachgesellschaft zur Beschaffung von Auslandskrediten errichten sollten. Die amerikanischen Geldgeber hätten sich gesträubt, an 12 oder 15 verschiedene Stellen langfristige Hypothekendarlehen zu geben: sie legten vielmehr Wert darauf, nur mit einer Stelle zu verhandeln. Eine solche Dachgesellschaft der Hypothekenbanken hätte den gleichen Zweck erfüllt, wie die Rentenbank-Kreditanstalt.

---

[1] Berichte über Landwirtschaft N. F. Bd. IV, 1926, S. 218.
[2] Reichstagsdrucksache Nr. 1155, 1925, S. 4.

Aber die Verwirklichung auch dieses Vorschlages wäre unter den obwaltenden Verhältnissen kaum durchführbar gewesen. Den gemischten süddeutschen Hypothekenbanken ist zwar das Gründungsgeschäft erlaubt, es bleibt aber zum mindesten zweifelhaft, ob die Errichtung einer solchen Dachgesellschaft den reinen Hypothekenbanken als „Hilfsgeschäft" gestattet ist.[1] Aber selbst dann wäre es noch mehr als fraglich gewesen, ob die reinen Hypothekenbanken das für die Errichtung der Dachgesellschaft notwendige große Kapital hätten aufbringen können. In diesem Falle aber mußte eine Beteiligung aus dem den Umlauf an Schuldverschreibungen garantierenden Kapital ausscheiden (§§ 7 und 41 Hyp. B. G.), da sonst derselbe Kapitalteil die Garantie für den Obligationenumlauf zweier verschiedener Emittenten übernommen hätte. Das würde jedoch dem Sinn und der wirtschaftlichen Bedeutung des Hypothekenbankgesetzes widersprechen. Dieser Ausfall aber hätte die Hypothekenbanken in ihrer Kreditgewährung und in ihrem Emissionsgeschäft stark behindert. Außerdem ließen es die Erfahrungen, die um die Jahrhundertwende mit dem bekannten Spielhagenkonzern gemacht worden waren, wenig wünschenswert erscheinen, die Hypothekenbanken zu einer Beteiligung an einer neuen zentralen Hypothekenbank zu veranlassen.

Wie die Dinge damals lagen, als die Errichtung der Rentenbank-Kreditanstalt zur Debatte stand, war die tatsächlich durchgeführte Lösung wohl die beste. Auch die Verquickung von Personal- und Realkreditgeschäft ließ sich nicht vermeiden, wollte man die Umschuldung der zahlreichen, die Landwirtschaft besonders drückenden Personalkredite möglichst reibungslos durchführen.

In der Nacht vom 12. zum 13. September 1925 kam endlich nach sehr schwierigen Verhandlungen, die schon im Herbst 1924 eingeleitet, aber dann durch das langsame Zustandekommen des Gesetzes über die Deutsche Rentenbank-Kreditanstalt wiederholt unterbrochen worden waren,[2] der erste Anleihevertrag zwischen der Rentenbank-Kreditanstalt und der National City Co. in New York zustande. Danach war das amerikanische Institut bereit, mit Hilfe der ihm befreundeten Banken Dollar-Schuldverschreibungen der Deutschen Rentenbank-Kreditanstalt in Höhe von 25 Millio-

[1] Dannenbaum, Deutsche Hypothekenbanken, Berlin 1911, S. 127.

[2] Verwaltungsbericht der Deutschen Rentenbank-Kreditanstalt für 1925, S. 7.

nen Dollar unterzubringen. Die Schuldverschreibungen trugen 7% Jahreszinsen, halbjährlich am 15. März und 15. September zahlbar, und konnten frühestens nach 10 Jahren zu pari zurückgezahlt werden. Die Obligationen wurden in New York zu 93% aufgelegt, die Deutsche Rentenbank-Kreditanstalt erhielt 88% in bar, 5% fiel an das amerikanische Bankkonsortium als Provision.[1] Der Erlös aus den Schuldverschreibungen wurde, entsprechend den gesetzlichen Bestimmungen, durch Vermittlung der Realkreditinstitute und Sparkassen an die Landwirtschaft weitergegeben. Der landwirtschaftliche Schuldner erhielt jedoch, da ihm aus seinem Betriebserlöse keine Auslandsvaluten zuflossen, kein Dollardarlehn, sondern eine Goldmarkhypothek. Das Valutarisiko zwischen Goldmark und Dollar für Kapital und Zinsen trug also die Deutsche Rentenbank-Kreditanstalt. Der Schuldner hatte 1% Begebungskosten an die Rentenbank-Kreditanstalt und 1% Abschlußprovision an das vermittelnde Realkreditinstitut zu zahlen, sodaß ihm selbst 86% blieben. Dafür waren zu leisten: 7% jährlich Zinsen, ein Verwaltungskostenbeitrag von 1%, von dem $^3/_4$% das vermittelnde Realkreditinstitut erhielt und $^1/_4$% an die Rentenbank-Kreditanstalt weitergeleitet wurde, sowie ein Tilgungsbeitrag von zirka $1^1/_2$%. Durch die laufende Entrichtung des Tilgungsbeitrages wurde das Darlehn in 25 Jahren abgegolten. Eine vorzeitige Kündigung seitens des Darlehnsnehmers war mit sechsmonatlicher Frist frühestens nach zehn Jahren zum 15. September 1935 möglich.

Zur Sicherung des Darlehns war den vermittelnden Kreditinstituten eine Goldmarkhypothek in Höhe des Darlehnsnennbetrages zu bestellen. Die Hypothek durfte 40% des berichtigten Wehrbeitrages im allgemeinen nicht übersteigen. Infolge der beschränkten zur Verfügung stehenden Mittel wies jedoch der Verwaltungsrat die vermittelnden Realkreditinstitute an, nur bis zu 30% des berichtigten Wehrbeitragswertes zu beleihen. Außerdem schien unter den damaligen Verhältnissen eine Beleihung bis zu 40% des berichtigten Wehrbeitragswertes schon die Grenze der Beleihungsfähigkeit eines landwirtschaftlichen Grundstücks zu übersteigen, sodaß auch aus diesem Grunde eine mehr als 30% Beleihung nicht zweckmäßig erschien. In den meisten Fällen sind

---

[1] Als Vergleich seien hier die Bedingungen für die amerikan. Tranche der Dawesanleihe wiedergegeben: Nennwert 110 Mill. Dollar, Zeichnungskurs 92%, Auszahlung an das Reich 87%, Verzinsung 7%, Rückzahlung nach 25 Jahren zu 110%. (R. Kuczynski, Deutsche Anleihen im Ausland, Bln. 1928, S. 55/56.)

die vermittelnden Realkreditinstitute, die in erster Linie das Risiko zu tragen hatten, sogar noch unter dieser Grenze geblieben. Sollte infolge einer wesentlichen Verbesserung des Grundstücks der berichtigte Wehrbeitragswert in keinem Verhältnis zum Gegenwartswert stehen, so durfte das Darlehn bis zu 30% des amtlich geschätzten Gegenwartswerts betragen. Die Darlehen wurden grundsätzlich nur zur ersten Stelle gewährt. Es durften nur geringfügige Lasten in Abteilung II des Grundbuches, Rentenbankgrundschulden oder Aufwertungshypotheken im Range vorgehen. Die Aufwertungshypotheken durften nach ihrem Aufwertungswert nicht mehr als etwa 17% des Darlehnsnennbetrages ausmachen und mußten bis zum 1. Juli 1926 ausnahmslos beseitigt sein, widrigenfalls die sofortige Rückzahlung des gesamten Darlehns gefordert werden konnte. Bis zur Beseitigung dieser Vorbelastung blieb ein entsprechender Betrag des Darlehns gesperrt. Eine weitere Bedingung war, daß die Darlehen zur wirtschaftlicheren Gestaltung der Betriebe verwandt wurden; was darunter zu verstehen wäre, wurde nicht näher angegeben. Die Rentenbank-Kreditanstalt überließ die Beurteilung der produktiven Verwendungsmöglichkeit in erster Linie den verteilenden Realkreditinstituten, um die ohnehin schon schwierigen Bedingungen der Darlehnshergabe nicht noch mehr zu verschärfen.

Die Abwicklung dieses ersten Geschäftes der Deutschen Rentenbank-Kreditanstalt gestaltete sich außerordentlich kompliziert. Die für die Vermittlungsinstitute eingetragenen Briefhypotheken mußten, dem Gesetz entsprechend, zur Sicherung der aufgenommenen Darlehnsschuld an die Deutsche Rentenbank-Kreditanstalt verpfändet werden. In dem Vertrag mit den Amerikanern war ein System von Treuhändern vorgesehen, die die von den Realkreditinstituten beigebrachten Hypotheken darauf zu prüfen hatten, ob sie den Bedingungen der Deutschen Rentenbank-Kreditanstalt entsprachen. Die Hypotheken passierten zunächst die Kontrolle eines Bezirkstreuhänders, der sie dann an einen der in Berlin befindlichen drei Haupttreuhänder weitergab. Waren diese Treuhänder mit den hereingenommenen Unterlagen einverstanden, so wurden diese an die Reichsbank weitergegeben, die die amerikanischen Gelder zugunsten der Deutschen Rentenbank-Kreditanstalt treuhänderisch für das amerikanische Bankenkonsortium verwaltete. Die Auszahlung des bewilligten Anleihebetrages erfolgte mit Ermächtigung eines Haupttreuhänders an das vermittelnde Realkreditinstitut durch die Reichsbank. Diese komplizierte Abwicklung mußte nun noch außerordentlich schnell erfolgen, weil, solange die Gelder nicht weitergegeben waren, die Deutsche Rentenbank-Kreditanstalt dem amerikanischen Konsortium für die Verzinsung des Anleihebetrages mit eigenen Mitteln haftete. Es hing dies damit zusammen, daß die Rentenbank-Kreditanstalt, abweichend von der Praxis der Realkreditinstitute, sich v o r Erwerb der Hypotheken die baren Mittel durch Verkauf ihrer Schuldverschreibungen verschaffen mußte, weil die amerikanischen Emissionshäuser stets ganze Serien von Schuldverschreibungen in großen Posten zu erwerben wünschten. Wollte man nach dem Verfahren der Realkreditinstitute zuerst die Hypotheken erwerben und dann Schuldverschreibungen ausgeben, so würde häufig der günstigste Augenblick zur Emission der Obligationen verpaßt werden und der Darlehnsnehmer hätte den Nachteil, daß er ohne nähere Kenntnis der Kreditbedingungen einen Darlehnsvertrag schließen und dann noch sehr lange Zeit auf die Auszahlung seiner Valuta warten müßte. Diese Art der Geldbeschaffung machte auch die Einschiebung der Reichsbank als aufsichtsführende Treuhänderin nötig. Sie zahlte nur aus, wenn ihr nachgewiesen wurde, daß die erforderliche Hypothekendekkung vorhanden war. Da der Anleiheerlös der Reichsbank Ende Oktober zugunsten der Rentenbank-Kreditanstalt in New York bereits gutgeschrieben war, sollten die Institute bis zum 6. November bezw. 6. Dezember 1925 die ihnen zugewiesenen Beträge abgenommen haben. Infolge des umständlichen Geschäftsverfahrens zog sich aber die Abwicklung bis in das erste Vierteljahr 1926 hin.[1] Die Reichsbank vermochte jedoch die nicht rechtzeitig abberufenen Anleihebeträge so günstig anzulegen, daß weiter keine Zinsverluste daraus entstanden. Da aber auch die Darlehnssucher unter der langsamen Abwicklung empfindlich litten, zahlten einige bayerische Kreditinstitute, denen aus ihrem gemischten Bankbetrieb größere Mittel zur Verfügung standen, die Darlehen vorschußweise aus und erhoben die verauslagten Beträge nach der endgültigen Durchführung des Darlehnsantrages von der Rentenbank-Kreditanstalt.[2] Bei Inanspruchnahme dieses Amerikakredits nahm der Landwirt eine Annuität von 11,2% des erhaltenen Kapitals auf sich.

Sehr schwierig war es, den Anleiheerlös auf die verschiedenen Realkreditinstitute zu verteilen. Es entbrannte wegen der zuzuteilenden Quoten ein heftiger Konkurrenzkampf zwischen

[1] Verwaltungsbericht der Deutschen Rentenbank-Kreditanstalt für 1926, S. 5.

[2] Geschäftsbericht der Bayerischen Vereinsbank für 1925, S. 9.

den einzelnen Gruppen. Die Deutsche Rentenbank-Kreditanstalt legte bei der Verteilung an die Realkreditinstitute den Bestand an landwirtschaftlichen Darlehen vor dem Kriege und im Juni 1925 zugrunde. Danach erhielten die Landschaften 32 Millionen Reichsmark, die Hypothekenbanken 29 Millionen Reichsmark, die öffentlich-rechtlichen Kreditinstitute 24 Millionen Reichsmark und die Sparkassen 20 Millionen Reichsmark. Im ganzen gelangten also 105 Millionen Reichsmark zur Verteilung. Hierzu kamen noch 3 Millionen Reichsmark, die die Rentenbank-Kreditanstalt zu den gleichen Bedingungen aus eigenen Mitteln hergab.[1]

Aus der Amerikaanleihe, einschließlich der Hypotheken aus den eigenen Mitteln der Deutschen Rentenbank-Kreditanstalt wurden insgesamt 7 378 Einzeldarlehen vergeben. Die Durchschnittshypothek betrug 14 700 RM.[2] Die Verteilung der Anleihe auf die einzelnen Betriebsgrößenklassen und auf die einzelnen Darlehnsstufen zeigen die beiden nachstehenden Tabellen:

Verteilung der 1. Amerika-Anleihe nach der Darlehnshöhe.

	Reichsmark	Stück	v. H.
1.	1 bis 1 000	405	5,49
2.	1 001 bis 3 000	2 518	34,13
3.	3 001 bis 5 000	1 397	18,93
4.	5 001 bis 10 000	1 410	19,11
5.	10 001 bis 25 000	909	12,32
6.	25 001 bis 100 000	545	7,39
7.	100 001 bis 200 000	128	1,74
8.	über 200 000	66	0,89
		7 378	100,00

Zahl der beliehenen Betriebe in den einzelnen Größenklassen (bis 31. 12. 26).

Größe	Stück	v. H.
Unter 2 ha	181	2,45
2 bis 5 ha	712	9,65
5 bis 20 ha	3 108	42,13
bis 20 ha insgesamt	4 001	54,23
20 bis 100 ha	2 680	36,33
über 100 ha	697	9,44
	7 378	100,00

[1] Vierteljahrshefte z. Konjunkturforschung, Sonderheft 3, Berlin 1927.

[2] Verwaltungsbericht der Deutschen Rentenbank-Kreditanstalt für 1926, S. 5 und 12.

Das amerikanische Geschäft der Deutschen Rentenbank-Kreditanstalt bedingte auch eine Änderung des Rentenbank-Kreditanstaltgesetzes.[1] Die amerikanischen Geldgeber bestanden nämlich darauf, daß die für sie reservierten Hypotheken eine gesonderte Deckungsmasse bildeten, und daß den ausländischen Geldgebern an diesen Hypotheken ein Vorzugsrecht im Konkursfalle zustehen sollte, damit nicht die Inhaber der Bonds einer Emission durch die Rechte der Inhaber weiterer Emissionen in ihren Rechten beeinträchtigt würden. Ebenso mußte das Hypothekenbankgesetz eine Ergänzung erhalten.[2] Seinem § 5 wurde eine Ziffer 7 beigefügt, wonach den Hypothekenbanken die Aufnahme von Darlehen bei der Deutschen Rentenbank-Kreditanstalt zwecks Gewährung hypothekarischer Darlehen und die Bestellung von Sicherheiten für diese Darlehen gestattet wurde. Ferner erhielt § 7 den Zusatz, daß die von der Deutschen Rentenbank-Kreditanstalt aufgenommenen Darlehen in die gesetzlich zugelassenen Pfandbriefumlaufgrenzen mit einzubeziehen wären.

Der Amerikakredit ist wegen seiner scharfen Bedingungen vielfach angegriffen worden. Er war sicher ungünstiger als das Geld der deutschen Versicherungsunternehmungen; er hielt sich etwa auf gleicher Höhe mit den Darlehen der Hypothekenbanken, bei denen die Jahresleistung wohl etwas höher lag, die dafür aber die praktische Möglichkeit einer vorzeitigen Ablösung boten. Er war aber besser als die Sparkassenhypotheken. Wie ein Vergleich mit den Bedingungen der Dawesanleihe zeigt, hat die Deutsche Rentenbank-Kreditanstalt für die deutsche Landwirtschaft aus den amerikanischen Geldgebern herausgeholt, was nur herauszuholen war. Anfangs hatten die Amerikaner ebenso wie bei der amerikanischen Tranche der Dawesanleihe auf einer Rückzahlung zu 105% bestanden. „Nur um den Preis der Festlegung auf zehn Jahre war die Beseitigung dieses erheblichen Agios möglich, die sowohl von den landwirtschaftlichen Vertretern in unserem Verwaltungsrat, wie von den den Kredit verteilenden Anstalten vorgezogen wurde.“[3]

Diese zehnjährige Unkündbarkeit des Kredits bedeutet allerdings eine besonders schwere Last, denn, wenn innerhalb dieser Zeit eine Senkung des Zinsfußes und eine Erhöhung der Beleihungsfähigkeit landwirtschaftlicher Grundstücke eintreten,

[1] RGBl. 1925, I, S. 391.
[2] RGBl. 1926, I, S. 97.
[3] Verwalt.-Bericht der Dt. Rentenbank-Kreditanstalt für 1925, S. 8.

dann hat der landwirtschaftliche Schuldner die erste Stelle im Grundbuch für einen verhältnismäßig niedrigen, jedoch hochverzinslichen Kapitalbetrag vergeben, und ihm bleibt keine Möglichkeit, die erste Stelle zur Aufnahme eines höheren Darlehns unter besseren Bedingungen wieder freizubekommen.

Wenn man den durch die Rentenbank-Kreditanstalt der deutschen Landwirtschaft zur Verfügung gestellten Kreditbetrag mit dem Kreditbedürfnis vergleicht, so bedeutet die Amerika-Anleihe allerdings nur einen Tropfen auf den heißen Stein, sind doch die 108 Millionen Reichsmark nur 18% der Verpflichtungen, die die Landwirtschaft nach den Schätzungen des Instituts für Konjunkturforschung von September bis Dezember 1925 abzudecken hatte; ja, sie reichten nicht einmal aus, die 130 Millionen[1] Rentenbankwechsel, die bis zum 30. November 1925 eingelöst werden mußten, in langfristigen Realkredit umzuwandeln.

Es wäre aber falsch, wollte man allein nach diesem Zahlenvergleich die Bedeutung der Anleihe bewerten. Ihr großes Verdienst ist es, daß sie der deutschen Landwirtschaft überhaupt erst die ausländischen Kreditquellen zugänglich gemacht hat, daß sie beruhigend auf Schuldner und Gläubiger in der Landwirtschaft eingewirkt, den Pfandbriefmarkt in seiner kritischen Zeit entlastet und dadurch das Eingreifen der Reichsbank vorbereitet hat.

In dem nunmehr abgeschlossenen ersten Konjunkturabschnitt vollzog sich die Wiederausstattung der Wirtschaft mit den erforderlichen Umlaufsmitteln. Die Geldvermehrung löste sehr bald eine wirtschaftliche Bewegung aus, die einem industriellen Aufschwung glich, also den Eindruck erweckte, als setzte nunmehr in gleicher Weise wie vor dem Kriege der Rhythmus der konjunkturellen Bewegungen ein. Aber trotz äußerlicher Gleichheit der Erscheinungen handelte es sich nicht um konjunkturelle Einflüsse, die hier wirksam wurden, sondern um die Änderung eines ökonomischen Strukturelements, des Geld- und Kreditwesens.

[1] In Erkenntnis der schwierigen Lage der Landwirtschaft hatte die Dt. Rentenbank aus zurückgezahlten Krediten und angesammelten Zinsen Reserven geschaffen, sodaß im Nov. 1925 statt 193 Mill. nur 130 Mill. Mark landw. Kredite zurückgezogen zu werden brauchten. 100 Mill. Mark waren bereits vor Nov. 1925 seitens der Reichsbk. zur Ablösung gebracht worden. (Verw.-Ber. d. Dt. Rentenb. f. 1925, S. 1.)

Aus der Auffüllung des Geldumlaufes erklärt es sich auch, daß die beispiellos hohe Besteuerung in den ersten Monaten nach der Währungsstabilisierung durchführbar war, ohne die Wirtschaft zum Erliegen zu bringen, daß dadurch die Reichsfinanzen geordnet und die öffentlichen Kassen im Geldüberfluß schwammen. Die Vermehrung des Geldumlaufes täuschte auch eine größere Kapitalkraft vor, als tatsächlich vorhanden war. Dadurch konnte sich die Emissionstätigkeit der Realkreditinstitute entgegen allen Erfahrungen der Vorkriegszeit während des industriellen Aufschwunges und auch noch in den ersten Wochen der Hochkonjunktur von 1924/25 ungehindert, zum Teil sogar verstärkt, fortsetzen, sodaß der an den Markt gebrachte Betrag in Schuldverschreibungen höher war als durchschnittlich in den letzten Vorkriegsjahren. Die tatsächliche Lage wurde allerdings blitzartig durch die Kreditrestriktion der Reichsbank vom April 1924 und ihre Folgen beleuchtet. Da aber an Stelle des Notenbankkredites die Überschüsse der öffentlichen Kassen dem Markt zur Verfügung standen, wurde wieder die Erkenntnis der richtigen Lage am Kapitalmarkt erschwert, dem sich gerade diese Gelder zuwandten, da dort der Zinsfuß höher stand als am Geldmarkt. Geldvermehrung und Zustrom der öffentlichen Gelder zum Markt brachten den Geld- und den Kapitalmarkt vollkommen in Unordnung. Damit fehlte aber eine der wichtigsten Voraussetzungen, auf denen der organisierte landwirtschaftliche Realkredit vor dem Kriege aufgebaut war, der geordnete und widerstandsfähige Kapitalmarkt. Die reichlichen hochverzinslichen Emissionen, die beträchtlich unter der Parität mit hoher Bonifikation an den Markt gebracht wurden, schienen, sobald der Zinsfuß sinken würde, große Gewinnchancen zu bieten und riefen daher auch am Pfandbriefmarkt eine ungezügelte Spekulation auf den Platz, die an die Stelle der verarmten Sparer, an die Stelle der von ihren Reserven entblößten Versicherungsunternehmen und an die Stelle aller der Kreise trat, die vor dem Kriege Pfandbriefe zu langfristiger, *fester* Anlage kauften.

Kapitalmangel und Spekulation trieben weiter den Zinsfuß der Pfandbriefe und damit auch den der Hypotheken hoch. Hier waren die alten *Landschaften* nachgiebiger als die Hypothekenbanken, weil sie ja satzungsgemäß zur Kredithergabe verpflichtet waren. So trieben die Landschaften im Gegensatz zur Zeit vor 1914, wo gerade sie besonders billigen Kredit gaben und dadurch auch die anderen Realkreditgeber zu niedrigem Zinsfuß zwangen, jetzt den an sich schon hohen Zinsfuß noch mehr in die Höhe und wurden dadurch teurer als die Hypothekenbanken. Damit aber war das Rückgrat, das vor dem Kriege dem landwirtschaftlichen Realkredit Halt gegeben hatte, verletzt. Dazu kam noch, daß das landschaftliche Emissionssystem, zugeschnitten auf einen starken und zu langfristiger Anlage bereiten Kapitalmarkt, jetzt mehr und mehr versagte, und in den Händen der Spekulation Pfandbriefbeträge anhäufte, die auf den Markt kommen mußten, sobald die Konjunktur umschlug. Im Gegensatz zu den Landschaften wurden die Hypothekenbanken infolge der beschränkten Mittel, die ihnen nach Verlust ihrer Vermögen wieder zur Verfügung standen, um kursregulierend einzugreifen, zu vorsichtiger Emissionspolitik gezwungen. Sie mußten den Umfang ihrer Emissionen der Aufnahmefähigkeit des Kapitalmarktes stark anpassen und dabei die eigene finanzielle Kraft abwägen, die allein ihnen die Möglichkeit gab, die Kurse möglichst stabil zu halten und die zurückströmenden Schuldverschreibungen wieder aufzunehmen, um das in der Inflationszeit verloren gegangene Vertrauen zu den festverzinslichen Werten wieder herzustellen. Wo man in Kreisen der Hypothekenbanken aus Mangel an Erfahrung oder aus dem Bestreben heraus, sich möglichst schnell wieder einen großen Hypothekenstock aufzubauen, von diesem Gesichtspunkt abgewichen war, sollte man später dieselben Mißerfolge erleben, wie die Landschaften. Auch in diesen Zeiten zeigte sich, wie vor dem Kriege, die Überlegenheit der Landesbanken, vor allem derjenigen in den westlichen Provinzen. Sie hatten die engen Beziehungen mit den Sparkassen sogleich wieder aufgenommen. Den Sparkassen aber führte dort die gute industrielle Konjunktur und die autoritär erfolgenden Lohnerhöhungen der industriellen Arbeiter reichliche Spargelder zu, die wenigstens teilweise in Obligationen der Landesbanken Anlage fanden.

Solange aber die Sparkassen aus Mangel an Mitteln und aus Liquiditätsgründen nicht selbst hypothekarische Darlehen zu geben vermochten, hatten die Pfandbriefinstitute (Landschaften, Landesbanken, Hypothekenbanken) ein Monopol inne. Wie jeder Monopolist, so hatte auch der organisierte Realkredit seine günstige Lage ausgenützt, um auf den Schultern des wirtschaftlich Schwächeren die Verluste wieder auszugleichen, die ihm die Inflation zugefügt hatte. Verschärft wurde die ungünstige Wirkung der Monopolstellung dadurch, daß die Darlehnssucher oft gezwungen waren, ohne Rücksicht auf die Bedingungen Kredit dort aufzunehmen, wo sie ihn bekamen.

Jetzt machte sich auch die Vernichtung der vor dem Kriege vorhandenen Arbeitsteilung zwischen denjenigen Pfandbriefinstituten, die überwiegend größeren Besitz, und den Sparkassen, die vorwiegend bäuerliche Betriebe beliehen hatten, ungünstig bemerkbar. Die kleinen Darlehnsgesuche mußten nunmehr auch von den dafür weniger geeigneten Landschaften und norddeutschen Hypothekenbanken erledigt werden, was zu einer Vermehrung der Geschäftsunkosten und zur Erhöhung der vom Schuldner zu entrichtenden Spesen führte.

Aber schneller als man erwartet hatte, konnten schon im Sommer 1924 Sparkassen und Versicherungsunternehmen als Geldgeber auf dem Hypothekenmarkt auftreten. Das Monopol der Pfandbriefinstitute schien gebrochen. In Wirklichkeit wurde aber nur das Kreditvolumen größer, auf das die Landwirtschaft zurückgreifen konnte, der monopolhaft gesteigerte Preis des Kredites sank wider Erwarten jedoch nicht. Der Verlust ihres Vermögens in der Inflationszeit veranlaßte nämlich auch die Sparkassen durch Hochhalten des Zinsfußes einmal die Verluste in möglichst kurzer Zeit wieder wettzumachen und dann die gestiegenen Unkosten zu decken. Die Versicherungsunternehmen aber waren nicht kapitalkräftig genug, um im Konkurrenzkampf mit den anderen Realkreditgebern Zins und vor allem die Spesen des Realkredites nachhaltig zu senken. Es zeigte sich jetzt, welche volkswirtschaftliche Bedeutung der private Grundkredit vor dem Kriege trotz seiner technischen Nachteile für die Gestaltung des Hypothekenzinses gehabt hatte. Ihn galt es zu ersetzen. Das konnte nach Lage der Dinge nur durch Heranziehung von Auslandskredit geschehen. Aber hierfür mußte erst eine Organisation geschaffen werden, die für den Ausländer das darstellte, was vor fast 200 Jahren die Landschaften für den damaligen inländischen Kapitalmarkt bedeutet hatten; sie mußte ausreichende Garantien bieten, um einmal den Ausländer überhaupt zur Kredithergabe zu veranlassen, und um ferner die Risikoprämie des ausländischen Kapitalisten so niedrig wie nur möglich zu halten. Diese Organisation war die Rentenbank-Kreditanstalt. Ihre Errichtung fiel mitten in die große Reinigungskrise von 1925.

Im Juli war die Vermehrung des Geldumlaufes zum Stillstand gekommen, im Herbst brach die Krise aus und legte die tatsächlichen Verhältnisse am Kapitalmarkt offen. Jetzt zeigte es sich, in welchem Umfang die Spekulation, vor allem landschaftliche, Pfandbriefe erworben hatte, die nunmehr den schwachen

Markt überschwemmten, und eine Katastrophe herbeigeführt hätten, wären nicht von seiten der Reichsbank energische Schritte unternommen worden, die zu einer Reinigung und Ordnung des Pfandbriefmarktes führten. Damit beginnt der zweite Konjunkturabschnitt.

b) Der zweite Konjunkturabschnitt.

α) Depression vom Februar bis Oktober 1926.

Während der erste Konjunkturzyklus unter dem Einfluß des zunehmenden Geldumlaufes stand, war das Kennzeichen des zweiten der Zustrom ausländischer Kredite, die vornehmlich in Gestalt von Devisen nach Deutschland gelangten.[1]

Dieser starke Einstrom, der um die Jahreswende 1925/26 eingesetzt hatte, trug wesentlich dazu bei, die Wirtschaftskrise zu beenden. Im Vereine mit den inländischen Mitteln, die aus der Liquidierung zusammengebrochener Betriebe stammten oder für die bei der noch gedrückten wirtschaftlichen Lage vorübergehend keine Verwendungsmöglichkeit vorhanden war, bewirkten die Auslandskredite eine Zinssenkung vor allem am Markt des kurzfristig verfügbaren Kapitals. Den gleichen Einfluß übten die öffentlichen Gelder und die Einnahmen der Reichsbetriebe aus, die in vielen Fällen Anlage auf dem Markt suchten. Infolge der durch das Reichsbahn-[2] und Reichspostfinanzgesetz[3] geschaffenen Verhältnisse waren diese Betriebe vom Reich finanziell getrennt worden, sodaß sie gesonderte Kassen- und Betriebsreserven bildeten; ihre Mittel nun drängten auf den offenen Markt. Durch diesen Zustrom aus verschiedenen Kanälen kamen der Privatdiskont, sowie die Sätze für tägliches und monatliches Geld ins Weichen, sodaß die Durchschnittssätze des Jahres 1913 im Verlauf des ersten Halbjahres 1926 teils erreicht, teils sogar unterschritten wurden. Die Reichsbank folgte dieser Entwicklung, indem sie ihren Diskont am 12. Januar 1926 auf 8%, am 27. März auf 7%, am 7. Juni auf 6½% und am 6. Juli auf 6% herabsetzte. Der große Überfluß an kurzfristig verfügbaren Mitteln ließ aber die Reichsbank trotz ihrer Diskontermäßigung keinen Einfluß auf den Markt gewinnen, sodaß ihr Bestand an Inlandswechseln ständig abnahm, und die Deckung der umlaufenden Noten immer

[1] Verwaltungsbericht der Reichsbank 1926, S. 6 und 7.
[2] RGBl. 1925, II, S. 272.
[3] RGBl. 1924, I, S. 287.

mehr aus Gold und Devisen bestand, die den Auslandsanleihen entstammten.

Als nun am 1. Mai 1926 der englische Bergarbeiterstreik ausbrach, ergab sich für die deutsche Industrie die Möglichkeit großer und gewinnbringender Exporte. Die Folge war eine Anreicherung der deutschen Wirtschaft. Dies aber bewirkte im Verein mit den ausländischen Krediten eine starke Belebung der Produktion, die hauptsächlich zur Neuausstattung industrieller Werke diente. Alles dies verschleierte die Kapitalverminderung, die trotzdem die deutsche Wirtschaft durch die Zahlung der Reparationen dauernd erlitt. Dem Einstrom an langfristigen öffentlich aufgelegten Auslandsanleihen in Höhe von 1693 Millionen Reichsmark standen 1 191 Millionen Reichsmark an Daweszahlungen im Jahre 1926 gegenüber.[1] Immerhin überschritten die Einlagen bei den deutschen Sparkassen seit März 1926 die zweite Milliarde, und nach weiteren 9 Monaten — im Dezember 1926 — war die dritte erreicht. Das bedeutete eine starke Beschleunigung und Vermehrung der Kapitalbildung, hatten doch die Sparer zur Ansammlung der ersten Milliarde 16, und für die zweite Milliarde auch noch 11 Monate benötigt. Es darf daher nicht Wunder nehmen, daß dieser Fortschritt selbst die Vorsichtigen zu der Meinung verführte, die deutsche Wirtschaft nähere sich wieder mit Riesenschritten den Verhältnissen der Vorkriegszeit. Man vergaß, daß nur ein Teil dieser Summe als Kapital*neu*bildung angesehen werden durfte. Die anderen Gelder stellten entweder nur Vermögensverschiebungen dar — es floß nämlich den Sparkassen der Erlös vorzeitig zurückgezahlter aufgewerteter Rechte zu — oder waren Teile der Auslandsanleihen, die sich in Löhne und Gehälter umgesetzt hatten.

Diese Verhältnisse konnten auf den Wertpapiermarkt nicht ohne Einfluß bleiben. Der Aktienmarkt zog in hohem Maße die kurzfristig verfügbaren Mittel an, wie aus der starken Kurssteigerung der auf Termin gehandelten Papiere zu ersehen war.[2] Aber auch der Pfandbriefmarkt wurde nicht vernachlässigt. Die Stützungskäufe der Reichsbank hatten hier ein weiteres Anziehen der Kurse hervorgerufen, und es waren vor allem die 5%igen, noch weit unter pari stehenden Pfandbriefe, die die Spekulation anlockten. So hob sich das durchschnittliche Kursniveau der 5% Pfandbriefe von 66% im Januar 1926 auf 82,4% im April. Daneben aber wurden 8% Pfandbriefe gesucht, die auf etwa 84%

---

[1] *Sering*, Deutschland unter dem Dawesplan, Berlin 1928, S. 150.
[2] Vierteljahrshefte zur Konjunkturforschung, 1. Jhg., 1926, Heft 1.

standen, sie näherten sich jetzt langsam der Parität. 10% Papiere dagegen, deren Kurs ihren Nennwert schon überschritten hatte, wurden vernachlässigt. Daß es sich hierbei mehr um Spekulationskäufe als um Nachfrage zu fester Placierung handelte, bewiesen die großen Posten, die den Emissionshäusern auf einmal abverlangt wurden. Die Realkreditinstitute hielten daher anfangs mit der Neuausgabe von Pfandbriefen zurück, damit der Markt erst das zahlreiche schwimmende Material, vor allem an landschaftlichen 8% Pfandbriefen, aufsaugen könnte. Im zweiten Vierteljahr 1926 dagegen begannen bei zunächst nachgebenden, dann aber steigenden Kursen eine starke Emission von Pfandbriefen. Diesen Papieren erwuchs jedoch im Sommer 1926 eine erhebliche Konkurrenz in den Schuldverschreibungen der Industrie und der öffentlichen Körper. Die Industrie hatte das Bestreben, ihre kurzfristigen Verbindlichkeiten jetzt in langfristige umzuwandeln. Länder und Gemeinden aber wurden auf den Anleihemarkt getrieben, nachdem infolge der Steuerermäßigungen die Einnahmen spärlicher zu fließen begannen. Obwohl die Emissionen ständig wuchsen, wurden sie doch schlank aufgenommen, da dem Markt aus den Auslandsanleihen dauernd Mittel zuströmten und sich unter dem Einfluß der Wirtschaftsbelebung auch die innere Kapitalbildung stärkte. Da gleichzeitig auch der Aktienmarkt eine fortdauernde und scharfe Aufwärtsbewegung zeigte, verlor die Spekulation das Interesse an den Pfandbriefen und überließ diese Papiere dem soliden Sparer, der sein Geld sicher und fest anlegen wollte. Diese Strukturwandlung am Pfandbriefmarkt ging im Laufe des Sommers 1926 vor sich. Sie führte eine vorübergehende Stockung des Absatzes herbei, die aber infolge der allgemeinen günstigen Wirtschaftsentwicklung ohne große Reibungen schnell überwunden wurde. Die Schärfen, die jede Strukturwandlung mit sich zu bringen pflegt, wurden in diesem Falle dadurch erheblich gemildert, daß die Reichsbank, deren Devisenbestand infolge der einströmenden Auslandsanleihen beträchtlich zunahm, und die infolge der konjunkturellen Liquidität des Geldmarktes wenig in Anspruch genommen wurde, den Lombardverkehr für Reichsmark- und Goldpfandbriefe erweitern und die Beleihungsgrenze in rascher Folge auf 50, $66^2/_3$ und 75% des Kurswertes heraufsetzen konnte. Es wurden im Jahre 1926 für 2,6 Milliarden Reichsmark Werpapiere, überwiegend Pfandbriefe, zum Lombardverkehr neu zugelassen. Jedoch hielt die Reichsbank nach wie vor daran fest, nur solche Pfandbriefe zu beleihen, die bereits einmal den Besitzer gewechselt hatten.

Allerdings waren der Zulassung zum Lombardverkehr für die Schuldverschreibungen der öffentl.-rechtl. Kreditanstalten gewisse Grenzen gezogen, die sich aus den Bestimmungen des neuen Bankgesetzes ergaben.[1] Dessen § 21 bestimmte in Ziffer 3 b, daß von der Reichsbank lombardiert werden dürften „Pfandbriefe landschaftlicher, kommunaler oder anderer unter staatlicher Aufsicht stehender Bodenkreditinstitute Deutschlands und deutscher Hypothekenbanken auf Aktien". Auf Kommunalanleihen durften Lombarddarlehn nur an als zahlungsfähig bekannte Banken gegeben werden, wenn diese Schuldverschreibungen spätestens nach einem Jahre fällig werden (§ 21, 3 b). Im Gegensatz zu den Hypothekenbanken befolgte nur ein Teil der öffentlich-rechtlichen Kreditanstalten für ihre Pfandbriefe das Prinzip der kongruenten Deckung. Wo man von diesem Grundsatz abwich, waren die Schuldverschreibungen nicht ausschließlich durch entsprechende Hypotheken gedeckt, sondern Darlehen, die an Unternehmen des Handels und der Industrie, sowie an Kommunen gegeben worden waren, bürgten mit für ihre Sicherheit. Es bestand also eine gemischte Deckung. Derartige Schuldverschreibungen haben daher gleichzeitig den Charakter von Pfandbriefen, Kommunalanleihen und Industrieobligationen. Welche Eigenschaft vorwiegend ist, hängt von der Zusammensetzung des Deckungsmaterials ab. Nach dem Reichsbankgesetz sind aber Industrieobligationen überhaupt nicht lombardfähig; Kommunalanleihen nur in den obenerwähnten Grenzen. Deshalb aber können diese Schuldverschreibungen nicht den Charakter von Pfandbriefen eines Boden kreditinstituts haben, und ihre Zulassung zum Lombardverkehr würde gegen den Sinn des Bankgesetzes verstoßen. Aus diesem Grunde verlangte das Reichsbankdirektorium in einer Denkschrift an den Reichswirtschaftsminister vom 1. September 1926, daß auch für die öffentlich-rechtlichen Kreditanstalten auf dem Wege der Gesetzgebung ähnliche Vorschriften erlassen würden, wie sie im Hypothekenbankgesetz für die Deckung der Pfandbriefe der Hypothekenbanken niedergelegt waren. Die Reichsregierung schloß sich nach eingehenden Erwägungen dem Standpunkt des Reichsbankdirektoriums an, und ein entsprechender Gesetzentwurf wurde vorbereitet.

Im dritten Vierteljahr 1926 drängten stärkere Aktienemissionen die Pfandbriefausgabe zurück, aber schon im letzten Vierteljahr belebte sie sich von neuem. Wie jedoch das Steigen der

---

[1] RGBl. 1924, II, S. 235.

Kassakurse zeigte, fühlte sich jetzt auch der Sparer vom Aktienmarkt lebhaft angezogen.[1]

Die Gleichzeitigkeit der starken Ausgabe von Schuldverschreibungen aller Art und von Aktien war nur deshalb möglich, weil in den einfließenden ausländischen Krediten dem Markt ständig neue Mittel zuströmten, und weil auch, vor allem am Aktienmarkt, das Ausland selbst als Käufer auftrat.

Die Entwicklung, die sich in den Monaten von Februar bis November 1926 vollzog, wird am besten dadurch gekennzeichnet, daß an den Gesamtemissionen der Prozentsatz niedrig verzinslicher Pfandbriefe dauernd im Zunehmen war. Von den an der Berliner Börse eingeführten Goldpfandbriefemissionen entfielen auf den

5%igen	7%igen	8%igen Typ[2]	10%igen	
—	—	42%	58%	im Dezember 1925,
6%	—	74%	20%	im 1. Vierteljahr 1926,
—	20%	75%	1%	im 2. Vierteljahr 1926,
—	28%	72%	—	im 3. Vierteljahr 1926,
—	34%	66%	—	im Oktober/November 1926.

Zwar nahm auch das Ausland hier und da Pfandbriefkäufe vor, doch machten die betreffenden Emissionshäuser bald die Erfahrung, daß diese Beträge nur vorübergehender Anlage dienten und bald wieder nach Deutschland zurückflossen. Der relativ hohe Zinsfuß der deutschen Goldpfandbriefe lockte den ausländischen Käufer, doch der Steuerabzug vom Kapitalertrage schreckte ihn ab.

Diese Steuer zeigte auch beim Absatz auf dem innerdeutschen Markt mehr und mehr ihren hemmenden Einfluß, je weiter sich die Kurse der Pfandbriefe der Parität näherten, und je mehr sich die Lage am Pfandbriefmarkt konsolidierte: denn die Aussicht auf Kursgewinne, wie sie 1925 und noch Anfang 1926 bestanden hatte, wurde immer geringer. Vor allem hielten sich jetzt die großen öffentlichen Versicherungsunternehmungen im Erwerb von Pfandbriefen zurück, da die Entrichtung des Steuerabzuges für sie eine Sonderbelastung bedeutete; sie konnten nämlich infolge ihrer Befreiung von der Körperschaftssteuer den gezahlten Steuerabzug nicht auf die Körper-

[1] Vierteljahrshefte zur Konjunkturforschung, 1. Jhrg. 1926, Heft 3, Seite 14.

[2] Nach Angaben der Zulassungsstelle der Berliner Wertpapierbörse.

schaftssteuer verrechnen. Wie stark diese Sonderbelastung war, zeigt sich daraus, daß beispielsweise ein großes gemeinnütziges Unternehmen im Jahre 1926/27 fast 1 Million Reichsmark Kapitalertragssteuer zahlen mußte.

Die beginnende Konsolidierung am Pfandbriefmarkt ließ es wünschenswert erscheinen, daß sich die Hypothekenbanken untereinander und mit den öffentlich-rechtlichen Realkreditinstituten über die Herabsetzung der Bonifikationssätze einigten. Das bayrische Handelsministerium hatte bereits im Herbst 1925 diese Frage mit den bayerischen Realkreditinstituten des näheren erörtert und den Vorschlag gemacht, die Bonifikation auf ein Viertel der bisherigen Höhe zu ermäßigen. Da diese zwischen 4—5% schwankte, sollte sie demnach auf 1—1¼% herabgesetzt werden. Sowohl die bayerischen wie auch die preußischen Aufsichtsbehörden sahen in den hohen Bonifikationen eine Gefahr für die weitere Konsolidierung des Pfandbriefmarktes, da der Abnehmer sich durch sie verführen lassen mochte, nach Ablauf der häufig nur sehr kurzen Sperrfrist die Pfandbriefe zu veräußern, um die hohe Bonifikation erneut zu verdienen. Es gelang dem Zentralverband des Deutschen Bank- und Bankiergewerbes gegen Jahresschluß, unter den Hypothekenbanken eine Einigung auf 2% herbeizuführen, nur in besonderen Ausnahmefällen durften 2½ und auch 3% gewährt werden. Das Abkommen sollte mit Wirkung vom 15. Februar 1926 in Kraft treten. Die öffentlich-rechtlichen Kreditanstalten und die Landschaften schlossen sich diesen Vereinbarungen an.

Gleichzeitig suchten die Aufsichtsbehörden auf die Realkreditinstitute dahin einzuwirken, in Zukunft auf die Ausgabe 10% Pfandbriefe zu verzichten. Sie meinten nämlich, daß diese die Kursgestaltung der 8% Papiere ungünstig beeinflußten. Man hoffte, daß, falls eine weitere Emission 10% Pfandbriefe unterbliebe, der Kurs der 8%igen steigen, und damit eine Senkung des Realzinsfußes der Darlehen herbeigeführt werden würde. Die Erreichung dieses Zieles bedeutete für die Landwirtschaft eine unmittelbare Lebensnotwendigkeit.

Die Lage der Landwirtschaft erhielt nach wie vor ihr Gepräge durch die hohe kurzfristige Personalverschuldung. Nach den Ermittlungen des Institutes für Konjunkturforschung betrugen die erfaßbaren kurzfristigen Personalschulden bei Geldinstituten am 31. Dezember 1925 2,2 Milliarden Reichsmark.[1] Hinzu kamen

[1] Vierteljahrshefte zur Konjunkturforschung, Sonderheft 3, Berlin, 1927, S. 30.

aber noch Schulden bei Händlern und Lieferanten in Höhe von etwa 1,5 Milliarden Reichsmark, sodaß die gesamte kurzfristige Verschuldung Ende 1925 sich auf etwa 3,7 Milliarden Reichsmark belief. Wenn sich auch die Schere vom April 1926 ab zugunsten des Landbaues zu schließen begonnen hatte, so war damit noch keineswegs gesagt, daß sich seine Lage wesentlich gebessert hätte. Die noch zum Verkauf verfügbaren Getreidevorräte waren zu klein, als daß sie den durch übermäßigen Verkauf im Herbst 1925 entstandenen Verlust wettmachen oder gar eine Verminderung der Personalschulden hätten herbeiführen können. Allerdings waren diejenigen Betriebe, die infolge der niedrigen Kartoffel- und Gerstenpreise eine Erweiterung des Schweinebestandes vorgenommen hatten, in der Lage, Schweine zu günstigen Preisen abzustoßen, so vor allem die Bauernwirtschaften in Schleswig-Holstein, Hannover, Westfalen und Oldenburg. Im Osten hatten sich zwar auch die Großbetriebe Pommerns und Ostpreußens einer vermehrten Schweinehaltung zugewandt, aber eine durchgreifende Besserung ihrer Lage und eine Verminderung ihrer Personalschulden war dort trotz der hohen Schweinepreise nicht zu erzielen.[1]

Von den 2 Milliarden Reichsmark Bankschulden waren in der Zeit zwischen Ernte und Jahresschluß 1926 411 Millionen Reichsmark fällig. Diese starke kurzfristige Verschuldung hatte den Direktor der Deutschen Bank, Oskar Wassermann,[2] veranlaßt, schon im Januar 1926 an den Reichsbankpräsidenten mit der Anregung heranzutreten, der Landwirtschaft durch eine großzügige ausländische Kreditaktion die Konsolidierung ihrer schwebenden Schulden zu ermöglichen. Dabei sollte der Zinssatz erheblich unter demjenigen für deutsche langfristige Anleihen liegen, damit eine wirkliche Gesundung der landwirtschaftlichen Betriebe ermöglicht werden könnte. Da weiter damit zu rechnen war, daß in einigen Jahren auch deutsches Kapital für die Bedürfnisse der Landwirtschaft zu tragbaren Sätzen zur Verfügung stehen würde, sollte der neue Auslandskredit nicht wie das Darlehn der Deutschen Rentenbank-Kreditanstalt auf 25 Jahre abgeschlossen werden, sondern sollte nur einen mehrjährigen hypothekarisch gesicherten Zwischenkredit von 3—5jähriger Laufzeit vorstellen. Der Reichsbankpräsident ging auf die Vorschläge

[1] Vierteljahrshefte zur Konjunkturforschung, 1. Jahrg. 1926, Heft 2, S. 124.

[2] Schacht, Die Stabilisierung der Mark, S. 161.

Wassermanns ein, entschloß sich aber von der Hereinnahme weiterer ausländischer Kredite für die Landwirtschaft aus währungspolitischen Gründen abzusehen. Er wollte vielmehr den Inlandsmarkt zur Verwirklichung dieses Gedankens heranziehen, und zwar auf dem Wege über die deutsche Golddiskontbank und die Deutsche Rentenbank-Kreditanstalt.

Die Anregung wurde Tatsache: am 5. Februar 1926 schloß die Golddiskontbank mit der Rentenbank-Kreditanstalt einen Vertrag, worin sie sich bereit erklärte, 200 Millionen Reichsmark hypothekarisch gesicherter 7%iger Schuldverschreibungen der Rentenbank-Kreditanstalt zu übernehmen.

Die Begebung der Darlehen erfolgte wiederum, dem Gesetz entsprechend, durch Vermittlung der Realkreditinstitute. Bei Auszahlung des Darlehns wurden ½% Stempel- und ¼% Emissionskosten für die Beschaffung der Hypothekarschuldscheine abgezogen, sodaß die Realkreditinstitute nur 99¼% erhielten. Sie durften ihrerseits ½% des Nennbetrages als einmalige Vergütung bei Abschluß des Darlehns sowie die Stempelgebühren einbehalten. Der Darlehnsnehmer selbst erhielt infolgedessen 98,65% des Nennbetrages, und zwar in bar in deutscher Reichswährung. In jenen Fällen, wo die Hinzuziehung eines ständig mit den Realkreditinstituten arbeitenden Vermittlers nicht zu umgehen war, durften die Realkreditinstitute zu Gunsten dieses Vermittlers eine Provision von ¼% zu Lasten des Schuldners erheben, die Vermittler selbst durften jedoch keinerlei Provision berechnen. Die Realkreditinstitute sollten im allgemeinen Darlehen nur aus der Hand von Personalkreditinstituten, deren Forderungen abgelöst werden sollten, oder unmittelbar vom Schuldner entgegennehmen.

Der landwirtschaftliche Schuldner hatte für das Darlehn eine erststellige Reichsmark-Hypothek in Höhe des Nennbetrages zu bestellen, diese mit 7% jährlich zu verzinsen und einen jährlichen Verwaltungskostenbeitrag von ½% zu entrichten. Das Darlehn war für die Rentenbank-Kreditanstalt und die Realkreditinstitute auf 3 Jahre unkündbar. Jedoch war nach 3 Jahren, von der Darlehnsaufnahme ab gerechnet, ein Drittel, nach einem weiteren Jahr ein zweites Drittel und nach 5 Jahren das letzte Drittel zurückzuzahlen. Die Rückzahlung konnte sowohl in bar, wie auch in den von der Deutschen Rentenbank-Kreditanstalt ausgegebenen Hypothekarschuldscheinen erfolgen, die dabei zum Nennwert angenommen werden sollten. Der Darlehnsnehmer hatte das Recht, das Darlehn zu jedem Zinstermin ganz oder in Höhe einer oder mehrerer Tilgungsraten zurückzuzahlen, wobei die Rückzahlung einen Monat vorher dem betreffenden Realkreditinstitut anzukündigen war. Die Jahresleistung des Schuldners machte für die Jahre 26—29 8,2%, für 29/30 10,7%, für 30/31 13,3% des erhaltenen Kapitals aus. Die steigende Belastung mußte auf möglichst frühzeitige Rückzahlung hinwirken.

Die Gelder sollten nur solchen landwirtschaftlichen Betrieben zugeführt werden, welche die unbedingte Gewähr für rationelle und möglichst intensive Bewirtschaftung boten, und zur Abdeckung fälliger oder demnächst fällig werdender Personalschulden dienen. In zweiter Linie kamen die Kredite zur Finanzierung der Düngemittelbeschaffung und in gewissem Umfange auch für eine verständige Erneuerung und Ergänzung des toten und lebenden Inventars in Betracht. Auch sollten die Gelder für einfache Meliorationsarbeiten, die mit geringen Kosten durchführbar waren, verwandt werden dürfen, wenn infolge der Bodenverbesserung auf einen schnellen Rückfluß der dafür verbrauchten Mittel gerechnet werden konnte. Der Kredit war dagegen nicht bestimmt für die Ausführung von Bauten, noch für die Ablösung von Aufwertungshypotheken oder sonstigen festen Kapitalbelastungen des Grundbesitzes. Das vermittelnde Realkreditinstitut hatte eingehend in jedem Falle die Höhe der Gesamtverschuldung der Darlehnssucher festzustellen und die Anträge solcher Landwirte abzuweisen, die bereits so erheblich belastet waren, daß es zweifelhaft schien, ob sie sich auf ihrem Besitz würden halten können. Die Darlehnssucher hatten im übrigen genau nachzuweisen, zu welchen Zwecken sie den erbetenen Kredit verwenden wollten und mußten sich verpflichten, Kontrollen über die Verwendung des Darlehnsbetrages jederzeit zu dulden.

Die zur Deckung verwandten Darlehnshypotheken durften $33^1/_3$% des berichtigten Wehrbeitragswertes des belasteten Grundstückes nicht übersteigen. Sobald ein berichtigter Wehrbeitragswert nicht vorlag oder aus irgendeinem Grunde nicht mehr den Verhältnissen entsprach, trat an seine Stelle der durch einen vereidigten Taxator amtlich festgestellte Wert. Auch in diesem Falle durfte die Beleihung nicht über $33^1/_3$% hinausgehen.

Den Deckungshypotheken konnten im Range nur solche Lasten der zweiten oder dritten Abteilung des Grundbuches vorgehen, die keine Kapitalbelastungen darstellten, und die für die Sicherheit der Darlehnshypothek unerheblich waren. Belastungen mit Kapitalcharakter konnten nur dann stehen bleiben, wenn das

Golddiskontbankdarlehn und die Vorbelastungen zusammen $33^1/_3\%$ des berichtigten Wehrbeitragswertes oder des amtlich festgestellten Wertes nicht überschritten.

Der Geschäftsgang zwischen den vermittelnden Realkreditinstituten und der Deutschen Rentenbank-Kreditanstalt wickelte sich in der Weise ab, daß die von den Realkreditinstituten erworbenen Reichsmarkhypotheken einem Bezirkstreuhänder zur Entscheidung vorgelegt wurden, ob sie den Bedingungen der Rentenbank-Kreditanstalt entsprächen. Der Bezirkstreuhänder reichte alsdann die Unterlagen an einen der Haupttreuhänder weiter, auf dessen Anweisung hin die Auszahlung des Darlehnsbetrages an das vermittelnde Realkreditinstitut erfolgte.

Die baldige Fälligkeit der Darlehen bedeutete ein gewisses Risiko für die Realkreditinstitute. Es war zu Beginn des Jahres 1926 noch keineswegs zu übersehen, ob die Landwirtschaft an den Fälligkeitsterminen es den vermittelnden Realkreditinstituten ermöglichen würde, den Forderungen der Rentenbank-Kreditanstalt nachzukommen. Um die Realkreditinstitute alsdann in die Lage zu setzen, das Darlehn durch Ausgabe und Verwertung von Pfandbriefen abzudecken, mußten sich die Schuldner verpflichten, in diesem Falle ein Pfandbriefdarlehn bis zum Betrage von 120/100 des Golddiskontbankkredites aufzunehmen. Damit nun diese Ablösung des Golddiskontbankdarlehns nicht durch spätere Nachhypothekare erschwert werden könnte, verlangten die meisten Realkreditinstitute zur Sicherung ihrer Ansprüche die Eintragung einer entsprechenden Vormerkung im Grundbuch.

Bis Ende Mai 1926 waren von der Rentenbankkreditanstalt erst 90 Millionen Reichsmark vergeben worden. Die Auszahlungen gingen nur sehr langsam vor sich, da der jeweilige Nachweis für die Kreditverwendung sich außerordentlich verzögerte. Außerdem machte die Bereinigung der Grundbücher erhebliche Arbeit, da die Grundbuchämter mit der endgültigen Regelung der Aufwertung stark überlastet waren. Da bei der starken Nachfrage die ursprünglich vorgesehenen 200 Millionen Reichsmark nicht ausreichten, wurden im Juli 1926 seitens der Deutschen Golddiskontbank weitere 100 Millionen Reichsmark zur Verfügung gestellt, obwohl die Realkreditinstitute sich gegen diese Ausdehnung der Aktion verwahrten.

Sie reichten eine Denkschrift[1] an den Reichskanzler ein, in der sie besonders hervorhoben, daß die schon nach drei Jahren

---

[1] S. Jahrbuch für Bodenkredit, Band I, 1928, S. 349.

einsetzende Rückzahlungspflicht der Golddiskontkredite eine ernste Gefahr für Schuldner und Gläubiger bedeutete. Es würde notwendig sein, bereits bei Fälligkeit der ersten Rate das ganze Golddiskontdarlehn durch ein Pfandbriefdarlehn abzudecken, da die Landwirte bis dahin wohl kaum die entsprechenden Rücklagen gemacht haben würden. Vor allem hätte aber die Aktion der Rentenbank-Kreditanstalt die Landwirte davon abgehalten, Pfandbriefdarlehen in dem Augenblick aufzunehmen, als sich die Kurse günstig entwickelten. Wenn auch zu Beginn des Jahres 1926 die Bedingungen der Golddiskontbank günstiger gewesen wären als die 8% Amortisationsdarlehen der alten Realkreditinstitute, so wäre im Sommer infolge des weiteren Steigens der Pfandbriefkurse die Spanne so gering geworden, daß es sich für den Landwirt nicht mehr gelohnt hätte, deswegen das mit dem Golddiskontbankdarlehen verbundene Risiko zu übernehmen.

Die Aktion der Golddiskontbank wurde jedoch trotzdem fortgesetzt. Sie schien die Möglichkeit zu bieten, der Landwirtschaft die zahlreich vorhandenen, kurzfristig verfügbaren Mittel in geeigneter Form zuzuführen, und die Abdeckung der fälligen Rentenbankwechsel zu erleichtern, da ja die Rentenbank-Kreditanstalt gleichzeitig Gläubiger für beide Kredite war. Es wurden insgesamt nach und nach 360 Millionen Reichsmark bereitgestellt und davon waren bis zum Jahresschluß 1926 rund 300 Millionen ausgezahlt. Für die Abnahme der noch übrigen 60 Millionen Reichsmark wurde der 28. Februar 1927 als letzter Termin gesetzt; doch mußte dieser Schlußtag bis Ende 1927 hinausgeschoben werden, da die grundbuchlichen Schwierigkeiten immer wieder verzögernd dazwischentraten.

Am 18. April 1926 beantragte die Deutsche Rentenbank-Kreditanstalt beim Reichsrat, die von ihr herausgegebenen Hypothekarschuldverschreibungen als mündelsicher zu erklären. Dieser Antrag stieß ebenfalls auf den lebhaften Widerstand der alten Pfandbriefinstitute, die eine unliebsame Konkurrenz befürchteten. Bei der Beratung des Rentenbank-Kreditanstaltsgesetzes war allerdings erklärt worden, daß die Schuldverschreibungen der Rentenbank-Kreditanstalt auf dem inländischen Kapitalmarkt nicht untergebracht werden sollten. Zwar dachte man auch jetzt nicht an eine Börseneinführung der Hypothekarschuldverschreibungen; diese sollten vielmehr durch die Golddiskontbank unmittelbar bei Versicherungsanstalten, Sparkassen und öffentlichen Stellen placiert werden, um die dort verfügbaren Mittel mehr als bisher dem landwirtschaftlichen Grundkredit dienstbar zu machen.

Im Juli 1926 gelang es der Rentenbank-Kreditanstalt, trotz des Einspruchs der Pfandbriefinstitute, vom Reichsrat die Genehmigung ihres Antrages zu erhalten, was allerdings den Pfandbriefmarkt leicht beunruhigte und hemmend auf den Absatz der landschaftlichen und Hypothekenbankpfandbriefe einwirkte.

Da die Deutsche Rentenbank-Kreditanstalt hoffte, auch das Auslandskapital für ihre Hypothekarschuldscheine zu interessieren, wurden die Serien 18—27 im Betrage von 115 Millionen Reichsmark am 16. Dezember 1926 auf Grund des § 115 des Reichseinkommensteuergsetzes von der Kapitalertragssteuer befreit.

Die Finanzierung der gesamten Kreditaktion erfolgte in der Weise, daß die ersten 30 Millionen Reichsmark von der Golddiskontbank aus ihren verfügbaren Mitteln gegeben und zum Aufkauf von Schuldverschreibungen der Rentenbank-Kreditanstalt verwandt wurden. Weitere 60 Millionen Reichsmark stellte die Rentenbank-Kreditanstalt zunächst aus eigenen Mitteln zur Verfügung, während der Restbetrag durch Verkauf von Hypothekarschuldverschreibungen außerhalb der Börse beschafft werden sollte. Es zeigte sich jedoch, daß nur verhältnismäßig kleine Beträge untergebracht werden konnten, sodaß Golddiskontbank und Rentenbank-Kreditanstalt erhebliche Posten in ihr eigenes Portefeuille nehmen mußten. Die Rentenbank-Kreditanstalt besaß Ende November 1926 für 130 Millionen Reichsmark eigene Schuldverschreibungen und die Deutsche Golddiskontbank an 115 Mill. Reichsmark davon. Ende November gab die Rentenbank-Kreditanstalt ihren eigenen Bestand ebenfalls an die Golddiskontbank ab, die nunmehr dem gesamten Posten bei der Reichsbank lombardierte und dafür 85 Millionen Reichsmark erhielt. Da die Beschaffung flüssiger Mittel auf diesem Wege nur eine Aushilfsmaßnahme sein konnte, beschloß die Deutsche Golddiskontbank, die große Flüssigkeit des Geldmarktes für ihre Zwecke auszunützen, und brachte Anfang Dezember 100 Millionen Reichsmark in Solawechseln, die bei der Reichsbank diskont- und lombardfähig waren, mit einer Laufzeit von drei Monaten zur Subskription auf den Geldmarkt. Die Gebote mußten bis zum 8. Dezember 1926 bei der Reichsbank eingehen. In den Geboten sollte neben der verlangten Summe auch der Diskontsatz angegeben werden, zu dem die Käufer bereit wären, die Beträge zu übernehmen. Es gingen im ganzen für 136 Millionen Reichsmark Gebote ein, von denen die Golddiskontbank 62,6 Millionen Reichsmark zu $4\frac{1}{2}\%$ und 10 Millionen zu $4^{3}/_{4}\%$ annahm, sodaß dieser

Kredit der Golddiskontbank auf etwa 4,5% zu stehen kam, während der Privatdiskont in der Woche vom 6. bis 11. Dezember 1926 mit 4,69% notiert wurde. Diese 72 Millionen Reichsmark benutzte die Golddiskontbank zur teilweisen Abdeckung des bei der Reichsbank aufgenommenen Lombarddarlehns. Mitte Januar 1927 wiederholte man diese Aktion in kleinerem Umfange und begab für weitere 20,5 Millionen Reichsmark Solawechsel mit Laufzeit bis Mitte April.

Im März 1927 wurden von den fällig gewordenen 72 Millionen Reichsmark 50 Millionen, die sich im Portefeuille der Verkehrskreditbank befanden, und die zur Anlage von verfügbaren Mitteln der Reichsbahn gedient hatten, zu 4½% bis zum 14. Juni prolongiert, während die verbleibenden 22 Millionen, die besonders von der Deutschen Bank und von Mendelssohn & Co. übernommen worden waren, eingelöst wurden. Die prolongierten Solawechsel wurden am 14. Juni 1927 ebenfalls zurückgezahlt. Eine weitere Prolongation erübrigte sich, da die Golddiskontbank mit der Verkehrskreditbank und dem Reich im Januar 1927 ein Abkommen getroffen hatte, wonach vorübergehend nicht benötigte Gelder von der Golddiskontbank verzinslich entgegengenommen wurden. Mit Hilfe dieser Mittel konnte bis Ende Mai 1927 die Golddiskontbank 241 Millionen Reichsmark Hypothekarschuldscheine übernehmen. Der fehlende Betrag befand sich teils im eigenen Besitz der Deutschen Rentenbank-Kreditanstalt, teils war er mit Hilfe der Golddiskontbank außerhalb der Börse fest placiert.[1] Von den Hypothekarschuldscheinen wurden fällig:

118,4 Millionen Reichsmark am 15. Juli 1929,
118,6 Millionen Reichsmark am 15. Juli 1930,
118,7 Millionen Reichsmark am 15. Juli 1931.

Die Rückzahlung der am 1. Juli 1929 fälligen Golddiskontbankdarlehen ging dank der vorausschauenden Maßnahmen, die die Rentenbank-Kreditanstalt getroffen hatte, seitens der landwirtschaftlichen Schuldner glatt von statten. Die Anstalt hatte zunächst die Bank für Deutsche Industrieobligationen veranlaßt, insgesamt 10,4 Millionen Reichsmark Pfandbriefe verschiedener Realkreditinstitute zu übernehmen. 8,8 Millionen Reichsmark Pfandbriefe kaufte die Rentenbank-Kreditanstalt für ihre eigenen Fonds. Die Abnahme dieser Schuldverschreibungen

[1] Hiervon hatten u. a. 20 Mill. RM der Kommissar für die verpfändeten Einnahmen und 20 Mill. RM die Post, öffentliche Stellen und eine Hypothekenbank übernommen.

erfolgte jedoch unter der ausdrücklichen Auflage, daß die Emissionshäuser die ihnen daraus zufließenden Gelder zur Umschuldung der Golddiskontbankkredite verwendeten. Ferner stundete die Rentenbank-Kreditanstalt 22,2 Millionen Reichsmark der am 1. Juli 1929 fälligen Rate je zur Hälfte bis zum 1. Juni 1930 und 1. Juni 1931. Dies war möglich, weil ein erheblicher Teil der Schuldner mit der ersten Rate auch die zweite und dritte zurückgezahlt hatte, um der Sorge für die Umschuldung der beiden anderen Raten ledig zu werden. Über den Fälligkeitstag hinaus brauchte die Rentenbank-Kreditanstalt von den Beträgen, die zur Einlösung der am 15. Juli 1929 fälligen Hypothekarschuldscheinen fällig waren, nur 2,4 Millionen Reichsmark zu stunden.

Die Rückzahlung der ersten Gelddiskontbankrate ist zwar häufiger, als man ursprünglich annahm, aus eigenen Mitteln der Schuldner erfolgt. In der Mehrzahl der Fälle war jedoch die Aufnahme eines anderen Realkredits erforderlich. Diesen gewährten die Hypothekenbanken auf der Basis 8% Goldpfandbriefe bei einer Auszahlung von 92—93%, die Landschaften bei etwas niedrigerer Auszahlung zu gleichen Zinsbedingungen. Die Sparkassen zahlten zwar voll aus, forderten aber 9—10½% Zinsen. So stellten sich im Durchschnitt die neuen Kredite auf etwa 10%. Das bedeutete eine Erhöhung der Zinsbelastung für den Schuldner, denn die erste Golddiskontbankrate verlangte nur 8,2%, aber schon die zweite stellte sich, wie erhähnt, auf 10,7, sodaß im Vergleich mit den noch nicht fälligen Raten die neuen Ablösungskredite nicht teurer zu stehen kamen als diese.

Doch zurück zum Januar 1926! Beim organisierten Realkredit bewirkte der günstige Pfandbriefabsatz eine zunehmende Verbesserung der Bedingungen. Die Hypothekenbanken faßten den Beschluß, von jetzt ab 10% Pfandbriefe nicht mehr zu emittieren. Sie gaben ihre Darlehen vorwiegend auf der Basis 8% Goldpfandbriefe, deren Barauszahlung zu 78—80% erfolgte. Der Schuldner hatte wie bisher 8% Zinsen, ½% Tilgung und 1% Verwaltungskosten zu entrichten, sodaß sich die Annuität auf etwa 12% stellte. Wenn trotz der Kurssteigerung auf dem Pfandbriefmarkt die Abzüge und Verwaltungskostenbeiträge nicht entsprechend sanken, so lag das an den steigenden Personalunkosten und an der Mehrarbeit, die durch die Aufwertungsgesetzgebung verursacht war, sowie an den noch immer sehr drückenden Steuern und Abgaben. Zudem sahen sich die Banken durch die Ungewißheit, ob die günstige Entwicklung am Pfandbriefmarkt anhalten würde, gezwungen, für genügende

Mittel zur Stützung des Marktes zu sorgen. Depositen standen dazu nur in geringem Umfange zur Verfügung. Überdies veranlaßte die Notlage der Landwirtschaft die Institute häufig, dem Schuldner die fällige Halbjahresleistung zu stunden, wodurch sie hinwiederum genötigt waren, die Einlösung der fälligen Pfandbriefkupons aus eigenen Mitteln vorzunehmen. — Die anhaltende Besserung der Verhältnisse am Kapitalmarkt ermöglichte es, im Sommer 1926 Darlehen auf 8%iger Goldpfandbriefbasis mit 93% auszuzahlen, wodurch die Annuität des Schuldners auf etwa 10,2% herabgesetzt wurde. Der nächste Schritt war die Ausgabe 7% Pfandbriefe; die Bedingungen für die Hypothekenbankdarlehen, auf 7% Basis waren im allgemeinen 7½ bis 7¾% Zinsen, ½% Tilgungsbeitrag bei einer Auszahlung von 89,91%, sodaß die Jahreslast des Schuldners etwa 8,7% ausmachte. Die Darlehen wurden durch Zahlung des laufenden Tilgungsbeitrages und unter Verwendung der ersparten Zinsen in 41 Jahren amortisiert. Der Absatz 7% Pfandbriefe war jedoch nur in engen Grenzen möglich, sodaß, vor allem der höheren Auszahlung wegen, in vielen Fällen noch Darlehen auf 8% Pfandbriefbasis abgeschlossen wurden. Die Auszahlung erfolgte im Oktober 1926 zu 95—86% und im November zu 96—98%; die jährliche Belastung des Schuldner lag also zwischen 10 und 9,7%. Im Herbst 1926 setzte ein Teil der Hypothekenbanken, veranlaßt durch das Vorgehen der öffentlich-rechtlichen Krditanstalten, auch ihrerseits den Verwaltungskostenbetrag auf ¾ bis ½% herab. Der Verwaltungskostenbeitrag wurde jetzt häufig, wie das in der Vorkriegszeit auch der Fall gewesen war, in den Hypothekenzins miteinberechnet; dadurch wurde bei Amortisationsdarlehen der auf den Verwaltungskostenbeitrag entfallende Anteil der Jahresleistung mit fortschreitender Tilgung kleiner und kleiner.

Endlich wurden die Maklerprovisionen im Beleihungsgeschäft herabgedrückt. Die Gesundung am Kapitalmarkt bewirkte eine zunehmende Ausschaltung ungeeigneter Vermittler. Die Konkurrenz, die zwischen den einzelnen Realkreditinstituten erwachte, sowie das energische Eingreifen der Gerichte führten dazu, daß die Fälle, in denen eine lange Vermittlerkette die Kreditbedingungen verteuerte, immer seltener wurden. Der solide, ständig mit einer Bank arbeitende Makler trat wieder in den Vordergrund.

Wenn sich auch der Hypothekenzinsfuß gesenkt hatte, so wagten die Realkreditinstitute doch nicht, die Beleihungsgrenze heraufzusetzen; die starken Schwankungen am Gütermarkt, sowie die unsichere Zukunft der Landwirtschaft mahnten zur Vorsicht. Nur bei einzelnen besonders guten Objekten, die von hervorragend tüchtigen Eigentümern bewirtschaftet wurden, ging man bis zu 40% des berichtigten Wehrbeitragswertes hinauf. Durchschnittlich machten die vergebenen Darlehen 33,10% des bei freiwilligem Verkauf erzielten Preises aus.[1]

Der Preußischen Central-Bodenkredit A.-G. gelang es nicht nur die reichlichen Mittel des inländischen Kapitalmarktes, sondern auch ausländisches Kapital der Landwirtschaft zur Verfügung zu stellen. Sie brachte im Dezember 1926 durch Vermittlung des Londoner Bankhauses Rothschild 16 Millionen Goldmark 7% kapitalertragssteuerfreier Goldpfandbriefe im Ausland unter und erzielte dafür 94¼%. Der Erlös wurde in Anlehnung an die auf dem Inlandsmarkt geltenden Bedingungen an die landwirtschaftlichen Schuldner weitergegeben.

Im Jahre 1926 war, wie in Friedenszeiten, das städtische Realkreditgeschäft bei den Hypothekenbanken wieder stark in den Vordergrund getreten. Während Ende 1924 bei einem Gesamthypothekenbestand[2] von 354,3 Millionen Reichsmark noch 168,8 Millionen Reichsmark = 48% auf landwirtschaftliche Grundstücke entfielen, blieb im Jahre 1925 die Zunahme der landwirtschaftlichen Darlehen hinter der der städtischen mehr und mehr zurück. Von insgesamt 732,7 Millionen Reichsmark Hypotheken ruhten am Jahresschluß 1925 nur 278,2 Millionen Reichsmark = 39% auf landwirtschaftlichen Grundstücken, Ende 1926 waren es von rund 1778 Millionen Reichsmark nur noch 537,4 Millionen = 30%. Es war in erster Linie der vom Reich geförderte Neubau von Kleinwohnungen, der die Hypothekenbanken veranlaßte, sich in immer stärkerem Maße dem städtischen Realkreditgeschäft zuzuwenden.[3]

Ebenso wie die Hypothekenbanken konnten die Landschaften und öffentlich-rechtlichen Kreditinstitute ihre Bedingungen für die Schuldner allmählich günstiger gestalten. Der Erlös aus den landschaftlichen Pfandbriefdarlehen blieb hinter der Barauszahlung der Hypothekenbanken um etwa 3—5% zurück, da die Kurse der landschaftlichen Pfandbriefe niedriger notierten als die der Hypothekenbanken. Es rächte sich

[1] Geschäftsbericht der Preußischen Central-Bodenkredit-A.-G. 1926, Seite 16.

[2] S. Anlage 2.

[3] Geschäftsbericht der Bayerischen Hypotheken- und Wechselbank 1926, S. 8, desgl. der Preuß. Pfandbrief-Bank, S. 7.

hier noch die allzu große Emissionstätigkeit des Jahres 1925. Weiter wurde die Kursgestaltung durch die jederzeitige Kündbarkeit der landschaftlichen Pfandbriefe ungünstig beeinflußt, und dieses Moment machte sich gerade dann empfindlich fühlbar, wenn eine Periode stark sinkender Zinssätze eintrat, wie dies im Jahre 1926 der Fall war.

Die dauernde Besserung am Kapitalmarkt veranlaßte die Ostpreußische Generallandschaft im Sommer 1926, die beschleunigte Herabsetzung der hochverzinslichen Hypothekendarlehen anzubahnen. Die ostpreußische Landwirtschaft war durch wiederholte Mißernten schwer geprüft und litt deshalb doppelt unter den 10% Realkrediten, die sie seinerzeit bei verhältnismäßig niedriger Auszahlung hatte aufnehmen müssen.

Nach einer Denkschrift, die der ostpreußische Generallandschaftsdirektor der Reichsregierung eingereicht hatte,[1] betrug die Zinsbelastung der ostpreußischen Landwirtschaft im Sommer 1926 bei 100 Mark Beleihung 8 Mark auf den Morgen gegenüber 3 Mark in der Vorkriegszeit. Diese Belastung aber verlangte gebieterisch eine Senkung der Zinssätze, die sich durch Umwandlung der hochverzinslichen Hypotheken in 6%ige erreichen ließe. Dadurch würde die Zinsverpflichtung der ostpreußischen Landwirtschaft um etwa 5 Millionen Mark im Jahr verringert werden. Allerdings wäre die Lage am Kapitalmarkt der Einführung eines 6% Pfandbriefes zurzeit noch nicht günstig; deshalb müsse das Reich bei den von ihm abhängigen kapitalbildenden Betrieben (Reichsbahn, Versicherungen, Pensionsfonds u. dergl.) auf Ankauf dieser 6% Pfandbriefe hinwirken. Da die so verfügbar gewordenen Mittel jedoch nicht ausreichen würden, der gesamten deutschen Landwirtschaft die ersehnte und notwendige Entlastung zu bringen, so wäre es wohl gerechtfertigt, diese Hilfsaktion dem national und wirtschaftlich besonders gefährdeten ostpreußischen Landwirt allein zukommen zu lassen.

Die Reichsregierung glaubte aber, einer Sonderbehandlung der Provinz Ostpreußen in dieser Form nicht zustimmen, wohl aber dem Wunsche im Rahmen einer allgemeinen Hilfsaktion für die national bedrohten Grenzgebiete entsprechen zu können. Aus den hierfür vom Reichstag bewilligten Mitteln wurden 5 Millionen Reichsmark für die ostpreußische Landwirtschaft zur Verfügung gestellt. Der Oberpräsident der Provinz Ostpreußen erließ daraufhin Anfang November 1926 eine öffentliche Bekanntma-

[1] Akten des Reichsministeriums für Ernährung und Landwirtschaft D VI v. 1926.

chung, wonach solchen Landwirten, die an Hypothekenzinsen mehr als 8% des Nominalbetrages jährlich zu entrichten hätten, der 8% übersteigende Betrag für die Herbstzinsrate 1926 und die Frühjahrszinsrate 1927 aus diesen Mitteln erstattet werden sollte. Die Beträge wurden unmittelbar an die kreditgewährenden Realkreditinstitute überwiesen. Von dieser Vergünstigung blieben jedoch diejenigen Landwirte ausgeschlossen, deren Verschuldung nicht so groß war, daß nicht die Entrichtung der vollen Zinsen zweifellos möglich gewesen wäre. Die kreditgewährenden Realkreditinstitute hatten darüber zu befinden, welchem ihrer Schuldner die Ermäßigung der Zinslasten aus Reichsmitteln zuteil werden sollte.[1]

Günstiger als bei Hypothekenbanken und Landschaften entwickelten sich die Dinge bei den öffentlich-rechtlichen Kreditanstalten. Um aus ihnen nur ein Beispiel herauszugreifen, sei auf die Entwicklung der Darlehnsbedingungen hingewiesen, die die Pfandbriefdarlehen der Landesbank der Rheinprovinz durchmachten. Sie wurden auf 5 Jahre fest vergeben und waren mit 103% zurückzuzahlen. Es betrugen

Anfang 1926	Auszahlung 93%	Zins 10%
April 1926	Auszahlung 93%	Zins 9%
ab August 1926	Auszahlung 93%	Zins 8%

Im zweiten Halbjahr 1926 wurden diese Zinssätze durch Zinszuschüsse aus Mitteln der Landesbank um ½% ermäßigt.

Die im Verbande öffentlich-rechtlicher Kreditanstalten zusammengeschlossenen Institute wirkten bahnbrechend für die Herabsetzung der Verwaltungskostenbeiträge, als sie im Sommer 1926 dieselben auf ½—¼% senkten. Im Gegensatz zu den Hypothekenbanken blieb bei ihnen das ländliche Realkreditgeschäft vorherrschend.[2]

Ebenso wie der organisierte wies auch der nichtorganisierte Realkredit eine steigende Zunahme landwirtschaftlicher Darlehen auf.

Unter diesen Kreditgebern nahmen die Sparkassen die hervorragendste Stelle ein. Sie hatten sogar von allen Realkreditgebern im Jahre 1926 den größten Zuwachs an ländlichen Hypotheken zu verzeichnen; ihr Bestand[3] an landwirtschaftlichen Darlehen hatte sich vom 31. Dezember 1925 bis 31. Dezember 1926

[1] Georgine (Amtsblatt der ostpr. Landw. Kammer) Nr. 95 vom 3. Dezember 1926.

[2] S. Anlage 2.

[3] Deutsche Sparkassenzeitung 74 vom 30. Juni 1928.

von 74,4 auf 241,3 Millionen Reichsmark, also um über 200% vermehrt. Die steigenden Löhne und vorzeitig ausgezahlten Aufwertungsforderungen hatten die Spareinlagenüberschüsse stark anschwellen lassen und auch einen Rückgang der Abhebungen bewirkt. Die Einlagen wurden im Jahresdurchschnitt 1926 nur noch 2,8mal bewegt (1925 4,2mal, 1913 0,3mal). So konnten die Sparkassen in ihrer Anlagepolitik wieder mehr von kurzfristigen zu langfristigen Anlagen übergehen; die kurzfristigen betrugen Ende 1926 nur noch 36,8% der gesamten Spareinlagen (1925 64,1%, 1913 0,6%). Allerdings machten die landwirtschaftlichen Hypotheken trotz der Steigerung der Darlehnsgewährung im Reichsdurchschnitt nur rund 25% der gesamten Hypotheken aus, und von den gesamten Spareinlagen wurden im Reichsdurchschnitt nur 7,6% zum Erwerb landwirtschaftlicher und 23,1%, also fast dreimal soviel, zum Erwerb städtischer Hypotheken verwandt; der Neubau von Stadtwohnungen nahm also auch hier starke Mittel in Anspruch. In Preußen steht zudem einer direkten Vergebung von Hypotheken seitens der Sparkassen das Sparkassenanlagegesetz[1] entgegen, demzufolge die Sparkassen bis zu 25% ihrer Spareinlagen in mündelsicheren Papieren anzulegen haben. Solange am Markt der festverzinslichen Werte von den als mündelsicher anerkannten Papieren der landschaftliche Pfandbrief eine hervorragende Stelle inne hatte, konnten sich die Sparkassen in doppelter Hinsicht der Realkreditgewährung an die Landwirtschaft hingeben, einmal durch Erwerb der landschaftlichen Pfandbriefe und dann durch Hingabe von Hypotheken. Besonders ausgeprägt trat dieses Verhalten der Sparkassen im Rheinland in der engen, wiederholt erwähnten Zusammenarbeit mit der Landesbank der Rheinprovinz hervor. Je mehr aber im Jahre 1926, vor allem, als die Beratungsstelle für Auslandsanleihen die öffentlichen Körper zur Befriedigung ihres Kreditbedarfs in erster Linie auf den Inlandsmarkt verwies, die Emissionen von Schuldverschreibungen der Länder und Gemeinden zunahmen, desto stärker mußten naturgemäß die Kommunalanleihen in den Portefeuilles der preußischen Sparkassen zunehmen. Es entstand dadurch ohne Zweifel eine relativ gleichmäßige Nachfrage nach Kommunalanleihen, die den Markt der festverzinslichen Werte entlastete und damit auch dem Pfandbriefmarkt zugute kam; aber es fragt sich, ob auf diese Weise nicht Kapitalien auf einen volkswirtschaftlich weniger erwünschten Weg

[1] GS. 1913, S. 3.

abgedrängt wurden. Aus dieser Politik der Sparkassen ist es zu erklären, daß ihr Bestand an Wertpapieren von 62,7 Millionen Reichsmark Ende 1925 auf 642,9 Millionen Reichsmark Ende 1926 stieg. Am Jahresschluß 1925 waren nur 3,7% aller Spareinlagen in Wertpapieren angelegt, Ende 1926 waren es dagegen 20,8%.

Die Bedingungen der Sparkassen, zu denen sie landwirtschaftlichen Realkredit vergaben, waren wie bisher im Westen vorteilhafter als im Osten, da die sich aus dem englischen Bergarbeiterstreik ergebenden Industriegewinne die Kapitalbildung im Westen mehr begünstigten als im Osten, der vollkommen unter dem Druck der noch herrschenden Agrarkrise stand. Zu Anfang 1926 zahlten die Sparkassen Hypotheken zu 93—95% auf 3—5 Jahre fest bar aus und verlangten 10—14% Zinsen; es mußten demnach seitens des Schuldners durchschnittlich 14,2% des empfangenen Kapitals im Jahre aus dem Betriebe herausgewirtschaftet werden; im zweiten Vierteljahr 1926 sank bei gleichbleibender Auszahlung die Zinsforderung auf 9% und im dritten Vierteljahr auf 8% und damit die jährliche Belastung des Schuldners auf durchschnittlich 11 oder 10%.

Bei den preußischen Sparkassen war der Anteil der Amortisationshypotheken (Ende 1913 22%) von 41% Ende 1925 auf 38,9 % Ende 1926 zurückgegangen. Die Tilgungsdarlehen wiesen 1925 und 1926 einen größeren Anteil am Bestand der landwirtschaftlichen Hypotheken auf, als vor dem Kriege. Aber sie waren nur zum Teil von vornherein als Amortisationshypotheken vergeben worden. Erst später, im Laufe der Jahre 1925 und 1926, als der Zinsfuß der Sparkassenhypotheken zu sinken begann, wurde den Schuldnern der alten hochverzinslichen Darlehen mitgeteilt, daß der den jeweils geltenden Normalzinsfuß übersteigende Zinsbetrag zur Tilgung der Hypothek verwandt werden würde.

Die privaten Lebensversicherungsgesellschaften hatten im Jahre 1926 einen leichten Rückgang ihrer landwirtschaftlichen Kreditgewährung zu verzeichnen, da die Aktion der Golddiskontbank und der glatte Pfandbriefabsatz die Darlehnssucher mehr auf den organisierten Realkredit verwiesen hatten. Die Gesellschaften gaben aber immer noch einen erheblich größeren Teil ihrer Mittel für solche Zwecke her, als das vor dem Kriege der Fall gewesen war. Die Bedingungen, zu denen die Lebensversicherungsgesellschaften Hypothekendarlehen gewährten, schwankten zwischen 90—95% Barauszahlung und einer Verzinsung von 9—6½%; die Festschreibung erfolgte meist auf

5 Jahre, sodaß sich die jährliche Belastung des Schuldners zwischen 12% und 7,8% bewegte.

Die Reichsversicherungsanstalt für Angestellte zahlte zu 93—94% aus auf 5 Jahre fest und verlangte 8, und im späteren Verlauf des Jahres 7% Zinsen, sodaß der Schuldner eine jährliche Last von 10—8,4% auf sich nahm.

Der private Grundkredit fing im Laufe des Jahres an sich zu beleben. Die zur Verfügung stehenden Kapitalien waren aber noch immer bedeutungslos. Ein Teil der aus privater Hand gegebenen Darlehen entstammte aufgewerteten und vorzeitig ausbezahlten Rechten, die wieder als landwirtschaftliche Hypotheken Anlage suchten. Der überwiegende Teil privater Hypotheken entfiel auch in diesem Jahr wieder auf Restkauf- und Erbgelder. Die aus neu gebildetem Kapital neu in der Landwirtschaft investierten Darlehen machten nach den Schätzungen des Instituts für Konjunkturforschung nur etwa $^{1}/_{10}$ der vom organisierten und nicht organisierten Kredit gegebenen Beträge aus. Von einer Konkurrenz zwischen Pfandbrief- und nicht organisierten Kredit auf der einen und privatem landwirtschaftlichen Realkredit auf der anderen Seite konnte also gar keine Rede sein.

Für Preußen gibt die Hypothekenstatistik ein ungefähres zahlenmäßiges Bild vom Verhältnis des Privatkredites zum anderen Realkredit. Außer den Sicherheitshypotheken wurden 1926 im landwirtschaftlichen Grundkredit 1 319,5 Millionen Reichsmark in Preußen neu investiert.[1] Nach den Berechnungen des Instituts für Konjunkturforschung ruhten am 31. Dezember 1926 auf preußischen landwirtschaftlichen Grundstücken 1 420 308 800 RM an Anstaltshypotheken;[2] das sind rund 80% aller im Reich vergebenen Anstaltskredite in Höhe von 1 928,9 Millionen Reichsmark. Im Reich betrug der Zuwachs von Anstaltskrediten vom 31. Dezember 1925 bis zum 31. Dezember 1926 977,0 Millionen Reichsmark, sodaß davon 782,6 Millionen Reichsmark (= 80%) auf Preußen entfallen sein dürften. Demnach würden einschließlich Rest- und Erbkaufgeldern an privatem Grundkredit im Jahre 1926 an die preußische Landwirtschaft (1 319,5 Millionen Reichs-

[1] Statistisches Jahrbuch für den Freistaat Preußen, Band 24, Berlin 1928, S. 94. Nach Auskunft des Preußischen Statistischen Landesamtes bestehen keine sachlichen Bedenken, die in der Statistik in „ländlichen Bezirken" eingetragenen Hypotheken mit landwirtschaftlichen gleichzustellen.

[2] Darlehen der Hypothekenbanken, Landschaften, öffentlich-rechtlichen Realkreditinstitute, Sparkassen, Versicherungsunternehmen.

mark — 782 Millionen Reichsmark) = 537,5 Millionen Reichsmark vergeben worden sein. Es hat sich also das Verhältnis gegegenüber der Vorkriegszeit umgekehrt.

Die Bedingungen, zu denen man Restkaufgelder stehen ließ, blieben die gleichen wie bisher. Private, erststellige Kredithypotheken wurden bei einer Auszahlung von 100% zu 9—12% Zinsen auf 2—5 Jahre fest vergeben.

Ein Rückblick auf die Bedingungen des organisierten und nicht organisierten Realkredits zeigt, daß im Jahre 1926 die billigsten Hypotheken bei der Deutschen Rentenbank-Kreditanstalt zu haben waren, die sie aus Mitteln der Golddiskontbank gewährte. Am ungünstigsten waren die Darlehen der Sparkassen, während die Bedingungen der anderen Realkreditgeber, je weiter das Jahr fortschritt, sich immer mehr aneinander anglichen.

Die Zinssätze für kurzfristige Darlehen hielten sich mit 12,5% für Wechsel und Lombardschulden und mit 13,5% für Schuldscheine und Kontokorrentschulden noch beträchtlich über denen für Realkredit. In Ostpreußen waren die Zinsforderungen für Personalkredite sogar noch höher. Mit Recht wirkten daher die Sparkassen, die landschaftlichen Banken, die übrigen landwirtschaftlichen Personalkreditinstitute und die Rentenbank-Kreditanstalt auf eine Umwandlung kurzfristiger Kredite in langfristige hin. Von den durch die Golddiskontbank zur Verfügung gestellten Mitteln wurden allein 140 Millionen Reichsmark zu Umschuldungszwecken verwandt. Die Folge davon war, daß sich die nach der Ernte fälligen Verbindlichkeiten der Landwirtschaft von 596 Millionen Reichsmark am 30. April 1926 auf 411 Millionen am 31. Juli 1926 verminderten.[1] Wenn man die vom Institut für Konjunkturforschung ermittelte erfaßbare Gesamtverschuldung[2] nach der Laufzeit der Kredite aufgliedert, so zeigt sich, daß diese am 31. Dezember 1925 3,2 Milliarden Reichsmark betrug; davon entfielen 1,0 Milliarden Reichsmark = 31,4% auf Realkredit, 0,03 Milliarden Reichsmark = 10,8% auf Kredite mittlerer Laufzeit und 2,2 Milliarden Reichsmark = 67,8% auf kurzfristige Kredite. Ende 1926 dagegen belief sich die erfaßbare Gesamtverschuldung auf 4,3 Milliarden Reichsmark, an denen Kredite mittlerer Laufzeit und die Realkredite mit 2,15 Milliarden Reichsmark = 50,3% und die kurzfristigen Kredite mit 2,13 Milliarden Mark = 49,7% beteiligt waren, ihr Anteil ist also in dem einen Jahr von 67,8% auf 49,7% zurückgegangen. Es ist wahr-

[1] Sonderheft 3, S. 30.

[2] S. Anlage 1.

scheinlich, daß in Wirklichkeit der prozentuale Rückgang der kurzfristigen Kredite sogar noch größer gewesen ist; denn ein erheblicher Teil der nicht erfaßbaren Schwimmkredite bei Händlern und Lieferanten wird ebenfalls in Realkredite umgewandelt worden sein.

Die Deutsche Rentenbank-Kreditanstalt ging bei Eintreibung der fälligen Wechselschulden mit außerordentlicher Vorsicht vor. Überall dort, wo Gefahr drohte, warf sie eigene Mittel in die Wagschale. Zu diesem Zweck hatte sie bereits Anfang des Jahres die erforderlichen Reserven anzusammeln begonnen; so war sie in der Lage, von den am 1. Dezember 1926 fälligen 293 Millionen Reichsmark Rentenbankwechseln nur 120 Millionen Reichsmark zurückfordern zu müssen.

Die Politik der Deutschen Rentenbank-Kreditanstalt auf dem Gebiete des Personal- und Realkredites, sowie die günstige Entwicklung des Pfandbriefabsatzes und die dadurch ermöglichte Umschuldung von Personalkrediten in langfristige Realkredite wandten gemeinsam eine schwere Gefahr von der deutschen Landwirtschaft ab: die Ernte von 1926 brauchte nicht wie die des vergangenen Jahres unter dem Druck fälliger Wechselschulden verschleudert zu werden.

So bot Ende 1926 die Verschuldung der Landwirtschaft ein etwas besseres Bild als im Jahr vorher. Die Gründe dafür waren zunächst struktureller Natur; die Auslandskredite, welche mittelbar und unmittelbar der Landwirtschaft zugute gekommen waren, hatten die Einleitung einer Umschuldung von kurz- in langfristige Kredite ermöglicht, die innerdeutsche Kapitalbildung hatte durch den englischen Bergarbeiterstreik und seine Folgen für den deutschen Export eine starke Anregung erfahren. Die Zinssätze hatte außerdem die konjunkturelle Bewegung zum starken Abgleiten gebracht und durch die Maßnahmen der Golddiskontbank waren der Landwirtschaft die zahlreich am Geldmarkt vorhandenen Mittel in geeigneter Form zu billigem Zins zugeführt und dadurch ebenfalls die Umschuldung gefördert worden. Ferner hatte die konjunkturelle Aufwärtsbewegung der Schweinepreise vor allem den kleinen ländlichen Grundbesitz entlastet. Schließlich war infolge des weniger günstigen Ernteausfalles der Getreidepreis gestiegen und durch die Umschuldung eine plötzliche Überschwemmung des Getreidemarktes vermieden worden Die weitere Entwicklung mußte zeigen, ob die strukturellen Wandlungen oder die konjunkturellen Anregungen von stärkerem Einfluß auf den Gang der Ereignisse gewesen waren.

β) Der Aufschwung (November 1926 — August 1927).

Die Auslandsanleihen, die im letzten Vierteljahr 1926 fast 400 Millionen Reichsmark ausmachten, und die durch sie angeregte Nachfrage nach Produktionsmitteln zur Rationalisierung und Modernisierung der Industrie trieben die Konjunktur weiter.

Auslandsanleihen und vorübergehend verfügbare Gelder verursachten eine Überschwemmung des Geldmarktes, sodaß im Dezember 1926 und dann wieder im Januar 1927 nach Überwindung des Jahresultimos der Berliner Privatdiskont niedriger stand als der Londoner, und die Reichsbank ihren Satz von 6 auf 5% ermäßigte. Im monatlichen Durchschnitt kostete im 4. Vierteljahr 1926 und im 1. Vierteljahr 1927 Monatsgeld 6,71 oder 6,49%, tägliches Geld dagegen 5,27 und 4,95%. Auch am Kapitalmarkt hatten die Zinssätze erheblich nachgegeben, wie das Sinken der Rendite 8 und 5% Goldpfandbriefe zeigte; diese stand im Monatsdurchschnitt des 4. Vierteljahres 1926 auf 7,98, bezw. 5,76 und im 1. Vierteljahr 1927 auf 7,77 und 5,36. Obwohl in jedem der beiden Vierteljahre für mehr als eine halbe Milliarde Goldmark Pfandbriefe emittiert worden waren, zogen die Kurse weiter an. In den ersten Wochen 1927 standen 7%, 8% und 10% Pfandbriefe über pari, 6% über 98% und 5% an 94%. Es schien, als wäre die Zeit der hochverzinslichen Pfandbriefe vorbei. Von den zum Handel an der Berliner Börse im Januar 1927 zugelassenen Goldpfandbriefen entfielen nur 2% auf 10%ige und 12% auf 8%ige, dagegen 52% auf 7%ige und 34% auf 6%ige Briefe.[1] Ja, man glaubte vielfach, es möchte in Kürze die Ausgabe 5% Pfandbriefe in den Vordergrund treten.

Am Pfandbriefmarkt gewann jetzt auf der Nachfrageseite das wirkliche Sparerpublikum immer mehr die Oberhand, was schon daraus erhellte, daß in steigendem Maße kleine Stücke von 50—100 RM den Emissionshäusern abverlangt wurden.[2] In einzelnen Teilen Süddeutschlands fing auch die ländliche Bevölkerung wie vor dem Kriege an, ihre Ersparnisse wieder in Pfandbriefen anzulegen. Allerdings erreichte der Absatz in diesen Kreisen bei weitem nicht die Vorkriegszahlen. Die geringen Erträge, die der landwirtschaftliche Betrieb im allgemeinen nur abwarf, bewirkten, daß nur verhältnismäßig wenig Kapital für Anlagen verfügbar war. Ferner war der Sparsinn stark ge-

[1] Nach Mitteilung der Zulassungsstelle an der Berliner Wertpapierbörse.

[2] Geschäftsbericht der Bayerischen Handelsbank 1927, S. 5.

sunken, und zwar besonders in den Gegenden, die verhältnismäßig hohe Erträge aufwiesen, und wo schon vor dem Kriege ein wohlhabender Bauernstand gesessen hatte. Man war dort in den letzten Jahren der Inflation zu einer kostspieligen Lebensweise übergegangen und hatte diese auch nach der Stabilisierung beibehalten. Schließlich aber wirkte sich auch hier die den Pfandbriefkupons anhaftende Kapitalertragssteuer auf den Absatz hindernd aus. Sparkassen, Genossenschaftsbanken und ländliche Spar- und Darlehnskassenvereine suchten die geringen flüssigen Mittel der Bauern durch Anbietung hoher Zinssätze, die dem Nominalzinsfuß der der Pfandbriefe nicht nachstanden, an sich zu ziehen, indem sie darauf hinwiesen, daß bei Depositeneinlagen die Kapitalertragssteuer wegfiele. Dadurch wurde der Pfandbriefabsatz und der landwirtschaftliche Realkredit geschädigt.

Der starke Finanzbedarf der öffentlichen Körper und das im Januar 1927 auf Betreiben der Reichsbank getroffene Abkommen zwischen Reich, Verkehrskredit- und Golddiskontbank, wonach dieser die verzinslichen Depositen der behördlichen Stellen überwiesen werden sollten, hatte die öffentlichen Gelder vom Markt abgezogen, sodaß von dieser Seite die Nachfrage nach großen Pfandbriefposten aufhörte.

Die Fortschritte der Kapitalbildung jedoch machten diesen Ausfall an Nachfrage einigermaßen wett. Für Ausmaß und Tempo der Kapitalansammlung war die Zunahme der Spareinlagen symptomatisch. Im Dezember 1926 wurde die dritte Milliarde und im Juni 1927 die vierte Milliarde Mark überschritten. Zur Ansammlung der dritten Milliarde waren 9 Monate (für die zweite noch 11 Monate) und für die vierte Milliarde sogar nur 6 Monate benötigt worden. Gleichzeitig nahm auch die Tendenz zur längeren Festlegung der Einlagen zu; sie wurden 1926 noch 2,8mal, 1927 dagegen nur noch 1,2mal bewegt.

Die Entwicklung am Kapitalmarkt veranlaßte das Reichsfinanzministerium am 4. Dezember 1926 durch das Wolff'sche Telegraphische Büro bekanntzugeben, daß Auslandsemissionen von der Kapitalertragssteuer gemäß § 115 REStG. bis auf weiteres nicht mehr befreit werden würden. „Diese Aufhebung der Steuerbefreiung bezeichnete den Zeitpunkt, an dem der heimische langfristige Markt zumindest für den Augenblick den Bedürfnissen hinreichend genügte."[1] Die Folge war, daß 1927 im Januar und Februar zusammen nur noch für 43,9 Millionen

---

[1] Bericht des Generalagenten für Reparationszahlungen vom 10. Juni 1927, S. 71.

Reichsmark langfristige Anleihen einströmten gegen 137,9 Millionen Reichsmark im Dezember 1926. Trotzdem wickelte sich der Pfandbriefabsatz so glatt ab, daß es sogar schwierig war, geeignetes Deckungsmaterial zu beschaffen.[1] Auch die Verknappung am Geldmarkt, die durch die schon geschilderte Emission von Solawechseln der Deutschen Golddiskontbank hervorgerufen worden war, tat dem flotten Pfandbriefabsatz keinen Abbruch.

All diese Umstände hatten den Sonderausschuß für Hypothekenbankwesen beim Zentralverband des Deutschen Bank- und Bankiergewerbes veranlaßt, im Dezember 1926 anzuregen, in Zukunft keine höher als 7% verzinslichen Pfandbriefe zu emittieren. Der Verband öffentlich-rechtlicher Kreditanstalten empfahl seinen Mitgliedern das gleiche. Man hoffte dadurch, auch im Falle eines vorübergehenden konjunkturellen Rückschlages den im Interesse des Darlehnnehmers so erwünschten verhältnismäßig niedrigen Zins für erststellige Hypotheken aufrecht erhalten zu können.

Dem gleichen Zweck entsprach eine am 1. Dezember 1926 erfolgte Revision des zu Anfang 1926 geschlossenen Bonifikationsabkommens. Gemäß der Besserung der gesamten Lage am Kapitalmarkt und im Hinblick auf die großen Pfandbriefumsätze, die von den vertreibenden Banken und Bankiers hatten getätigt werden können, erschien eine Herabsetzung der Bonifikation angängig, zumal auch eine umfangreiche Werbearbeit nicht mehr erforderlich war, seitdem sich das Vertrauen zu den festverzinslichen Werten wieder gehoben hatte. Die Bonifikatio sollte nunmehr in der Regel 1½% und nur in Ausnahmefällen 2 bezw. 2½% betragen. Am 15. Januar 1927 erfolgte eine abermalige Herabsetzung auf 1½ (bezw. 1½ und 2%).

Alle Hoffnungen auf eine weitere günstige Entwicklung zerstörte aber die Emission der 5% Reichsanleihe im Februar 1927, die mit ihrem Nennbetrage von 500 Millionen Reichsmark die Aufnahmefähigkeit des Marktes weit überstieg. Im Publikum wurden nur 270 Millionen Reichsmark untergebracht, den verbleibenden Teil mußten öffentliche Kassen, Sparkassen, Versicherungsunternehmen und die Organe der Sozialversicherung übernehmen. Dadurch wurden ganz beträchtliche Summen dem Pfandbriefmarkt entzogen. Die Rückwirkung zeigte sich jedoch erst allmähilch, da die Emissionshäuser die Kurse stützten

[1] Geschäftsbericht der Gemeinschaftsgruppe Deutscher Hypothekenbanken für 1927, S. 10. Geschäftsbericht der Preußischen Central-Boden-kredit-A.-G. für 1927, S. 5.

in der Annahme, daß der durch die Reichsanleihe verursachte Rückschlag nur vorübergehender Art sein würde.

Als außerdem auf Veranlassung der Reichsbank am 12. Mai 1927 die Berliner Großbanken eine Kürzung der Reportgelder ankündigten, um der starken Spekulation in Aktienwerten entgegenzutreten, erhoffte man eine erneute Belebung des Pfandbriefmarktes; man rechnete damit, daß die am Aktienmarkt durch das Sinken der Kurse erlittenen Verluste vor weiteren Engagements in Dividendenpapieren warnen würden. Statt dessen traten auch am Pfandbriefmarkt Kursrückgänge ein, denn auch dort wurden Realisierungen vorgenommen, um mit dem Erlös alte Aktienengagements glatt zu stellen. Die Emissionshäuser brauchten jedoch zunächst nur verhältnismäßig geringe Beträge aufzunehmen — ein Beweis dafür, daß es gelungen war, die bisher emittierten Stücke zum überwiegenden Teil fest zu placieren. — Eine weitere Stützung erfuhr der Pfandbriefmarkt dadurch, daß die Reichsbank erhebliche Posten an festverzinslichen Wertpapieren neu zum Lombardverkehr zuließ. Unter den 4,2 Milliarden Mark Neuzulassungen bestand der größere Teil aus Pfandbriefen der Bodenkreditinstitute.

Trotz alledem wollte sich der Pfandbriefmarkt nicht beleben. Obwohl die Emissionstätigkeit eingeschränkt wurde,[1] fand das Angebot nur zu weichenden Kursen Absatz, und die Emissionshäuser mußten ständig und in sogar wachsendem Umfange am Markt intervenieren. Die Hypothekenbanken mußten vom Sommer 1927 ab etwa 40—45% der seit Jahresbeginn an den Markt gebrachten Emissionen allmählich wieder aufnehmen.

Wenn sich der Pfandbriefmarkt nicht belebte, so hatte das verschiedene Ursachen. Zwar schritt die Kapitalbildung mit fast ungebrochener Kraft weiter fort, angeregt durch den allgemeinen wirtschaftlichen Aufstieg. Der Einlagenüberschuß bei den Sparkassen betrug im 1. Halbjahr 1927 118,2 Millionen Reichsmark im Monatsdurchschnitt gegenüber 128,2 Millionen Reichsmark im Monatsdurchschnitt im letzten Vierteljahr 1926. Aber die sich außerhalb und innerhalb der Unternehmen bildenden Kapitalien wurden bei der weiter ansteigenden Konjunktur jetzt in sehr starkem Maße zur Finanzierung der industriellen Produktion benutzt, gelangten also nicht auf den Rentenmarkt, denn es hatte sich in der Kapitalansammlung eine Strukturwandlung vollzogen, die erst jetzt klar zutage trat; in der Vorkriegszeit war das dem

[1] S. Anlage 4.

Rentenmarkt zuströmende Kapital vornehmlich in den breiten Schichten des Mittelstandes, sowie innerhalb der großen Unternehmen und bei den Versicherungsgesellschaften akkumuliert worden. Diese letzteren traten jetzt zwar auch noch als Käufer auf, dagegen schieden die beiden andern aus. Die Kapitalbildung innerhalb der Unternehmen war nur gering;[1] die Mittel, die sich dort ansammelten, wurden bei der ansteigenden Konjunktur zur Finanzierung der Produktion verwandt. Die kapitalbildende Kraft des Mittelstandes jedoch war noch schwach und entsprach nicht dem gesteigerten Bedarf. Statt dessen traten als Kapitalsammler die Organe der Sozialversicherung auf, deren Mittel aber dem allgemeinen Kapitalmarkt nur in sehr beschränktem Maße zugute kamen.

Die Vorgänge an der Börse im Februar und Mai 1927 erschütterten aber auch das Vertrauen, das sich eben erst gefestigt hatte. Man erinnerte sich wieder der großen Kurseinbrüche, die am Pfandbriefmarkt im Sommer und Herbst 1925 erfolgt waren, und so wanderten bei steigenden Sätzen am Geldmarkt wieder erhebliche Beträge dorthin ab. Monatsgeld notierte im Juni im Monatsdurchschnitt 8,24%, während 8% Pfandbriefe 7,93%, ja, unter Einberechnung der Kapitalertragsteuer sogar nur 7,13% abwarfen. Mancher kleine Sparer wurde durch den „schwarzen Freitag" gezwungen, seine in Pfandbriefen festgelegten Beträge abzurufen. — Diese Umstände erhöhten die schon saisonmäßig bedingte Stille am Pfandbriefmarkt. Wohl waren schon in Vorkriegszeiten die Sommermonate dem Pfandbriefabsatz ungünstig gewesen. Nach der Inflation aber mußten alle Ersparnisse in erheblich stärkerem Maße als Notgroschen oder als für Sonderzwecke bestimmte Rücklagen angesehen werden, und einen solchen Sonderzweck stellt die sommerliche Erholungsreise dar.[2] Sie machte es nötig, daß die sonst für die Anlage in Pfandbriefen vorhandenen Gelder zur Deckung der Reise- und Ferienkosten in bar „im Strumpf" zurückgehalten wurden, oder gar, daß Rücklagen, die des hohen Zinserträgnisses wegen in Pfandbriefen angelegt worden waren, jetzt realisiert wurden.

[1] Sering, Dawesplan, S. 168/169.

[2] Diese Erscheinung macht sich auch in der Höhe des Einlagenüberschusses der Sparkassen bemerkbar; dieser betrug (Mill. RM)

	1926	1927		1926	1927
April	109,6	133,1	Juli	107,1	99,3
Mai	104,2	110,9	August	120,5	123,4
Juni	104,3	82,6			

Also Rückgang in der Reisezeit!

So waren es strukturelle, konjunkturelle und saisonmäßige Ursachen, die die Leistungsfähigkeit des Kapitalmarktes im Sommer 1927 schwächten.

Die Stockung am Markt der festverzinslichen Papiere veranlaßte das Reichsfinanzministerium, vom 3. Juni 1927 ab wieder deutsche Auslandsemissionen von der Kapitalertragssteuer zu befreien.[1] Infolgedessen begannen bereits im Juli ausländische Kapitalien in großem Umfange nach Deutschland einzuströmen. An langfristigen Beträgen kamen für 383,5 Millionen Reichsmark (Juni 33,2 Millionen) herein. Daneben wurden auch kurzfristige Auslandsgelder in erheblichem Ausmaß hierher gelegt, da die Reichsbank am 10. Juni ihren Diskontsatz von 5 auf 6% erhöht hatte. Auf den Pfandbriefmarkt jedoch blieben die Auslandsgelder jetzt ohne nachhaltigen Einfluß, da alle verfügbaren Mittel von der Industrie aufgesogen wurden, deren Wirtschaftslage sich der Hochspannung mehr und mehr näherte. Der bei ansteigender Konjunktur sich entwickelnde Geldbedarf der Industrie führte sogar in erhöhtem Maße zur Abstoßung festverzinslicher Werte. Als nun im August 1927 die Reichsregierung sich zur Heraufkonvertierung der 5% Anleihe auf 6% entschloß — ein Vorgang, wie er in der deutschen Finanzgeschichte noch nicht vorgekommen war — ließ sich das Absinken der 5 und 6% Pfandbriefe nicht mehr aufhalten, und selbst 7% Werte waren immer schwerer unterzubringen.

Einer Nutzbarmachung des ausländischen Kapitals für den deutschen Pfandbriefmarkt stand die deutsche Kapitalertragssteuer trotz der oben angeführten Befreiungsmöglichkeit immer noch entgegen, weil die befreiten Schuldverschreibungen an einer deutschen Börse nicht eingeführt werden durften, und der ausländische Erwerber sie deshalb im Inland kaum abzusetzen vermochte. Dies aber bewirkte, daß der Kurs zum Schaden der Emittenten und damit auch zum Schaden des Hypothekenschuldners um mehrere Prozent gedrückt wurde. Der Zentralverband des deutschen Bank- und Bankiergewerbes trat daher an das Reichsfinanzministerium mit einer Eingabe um Aufhebung der Kapitalertragssteuer heran und fügte hinzu, daß sie auch den Inlandsmarkt schwer schädige, indem sie die in § 9, Ziffer 7 des Körperschaftssteuergesetzes ausgesprochene Steuerbefreiung der gemeinnützigen oder ähnlichen Körperschaften und Vermögensmassen null und nichtig mache. Diese hätten früher in starkem

[1] Pressenotiz durch W. T. B. verbreitet.

Maße Pfandbriefe erstanden, müßten nun aber unter dem Einfluß dieser Sondersteuer davon absehen. — Doch auch dieser Eingabe blieb der Erfolg versagt.

Der Landwirt hatte an dem Wirtschaftsaufschwung nur in geringem Maße teil. Zwar schien auf den Feldern eine gute Ernte zu reifen. Aber die kurzfristigen Personalkredite waren, seit der Pfandbriefabsatz stockte, wieder gestiegen und auch die Warenschulden hatten sich — nach Annahme des Instituts für Konjunkturforschung — vermehrt.[1] Die ungünstige Gestaltung der Schweinepreise hatte ein stärkeres Anwachsen der Verschuldung auch in den klein-bäuerlichen Betrieben, vor allem im Westen, zur Folge.[2] Bis Ende Juni 1927 war die erfaßbare Verschuldung der deutschen Landwirtschaft sei Ende 1926 um rund 960 Millionen Reichsmark gewachsen. Dabei hatte sich der Anteil der Realkredite an der Gesamtverschuldung von 47,9 auf 46,3% vermindert und der der kurzfristigen Personalschulden war von 49,7 auf 51,3% gestiegen. Die stärkere Zunahme der kurzfristigen Verschuldung erklärte sich aber auch daraus, daß ein Teil der Landwirte um die Jahreswende 1926/27 mit der Aufnahme von Realkrediten absichtlich zurückgehalten hatte, da er bei den sinkenden Zinssätzen mit der Möglichkeit rechnete, in Kürze 5% Hypothekarkredite zu erhalten.

Die starke Aufwärtsentwicklung der Pfandbriefe bis zum Februar 1927 ermöglichte es den Hypothekenbanken, auch die Auszahlungen beträchtlich zu erhöhen und damit die Belastung des Darlehnsnehmers zu senken. Es erfolgte die Darlehnsauszahlung auf der Basis

a) 8% Goldpfandbriefe	im Dezember	1926	mit	98—99%,
	im Januar	1927	mit	100%,
b) 7% Goldpfandbriefe	im Dezember	1926	mit	93%,
	im Januar	1927	mit	94%,
	im Februar	1927	mit	98%,
c) 6% Goldpfandbriefe	im Januar	1927	mit	92%,
	im Februar	1927	mit	93—94,%
d) 5% Goldpfandbriefe	im Januar	1927	mit	88—90%.

Der Landwirt hatte einen Hypothekenzins zu entrichten, der um ½—¾% über dem Pfandbriefzins lag; dazu kam noch ½% Tilgung, wodurch die 8 und 7% Darlehen wie bisher in 32, bezw.

[1] Sonderheft 3, S. 30.

[2] Vorbericht des Enquete-Ausschusses über die Verschuldungsverhältnisse der deutschen Landwirtschaft, Berlin 1928, S. 30.

41 Jahren, die 6% in 45 Jahren und die 5% in 50 Jahren getilgt wurden.

Die jährliche Last, die der Schuldner unter diesen Bedingungen auf sich nahm, betrug also

a) bei 8% Goldpfandbriefdarlehn 9,18—9%,
b) bei 7% Goldpfandbriefdarlehn 8,6 —8,2%,
c) bei 6% Goldpfandbriefdarlehn 7,6 —7,4%,
d) bei 5% Goldpfandbriefdarlehn 6,7%.

Das Sinken der Zinsfüße zu Anfang des Jahres ermöglichte es den Hypothekenbanken, einen etwas höheren Prozentsatz des Wehrbeitragswertes als Kapital zu gewähren als bisher. Der preußische Minister für Volkswohlfahrt als Aufsichtsbehörde über die preußischen Hypothekenbanken erklärte sich durch einen Erlaß[1] damit einverstanden, daß die Beleihungshöhe bei Goldmarkdarlehn mit einem Zinsfuß von 7% oder weniger (ausschl. des Verwaltungskostenbeitrages) bis zu 30% des ermittelten Taxwertes betragen könnte; dadurch dürften jedoch 40% des berichtigten Wehrbeitragswertes von 1924 nicht überschritten werden. Die Taxe sollte den nachhaltigen Ertragswert der landwirtschaftlichen Grundstücke zugrundelegen; sie war bei Objekten über 200 ha von zwei zuverlässigen, mit den örtlichen und landwirtschaftlichen Verhältnissen vertrauten vereidigten Sachverständigen vorzunehmen.

Infolge des Bonifikationsabkommens und der inneren Kräftigung der Hypothekenbanken waren die Abzüge, die bei der Barauszahlung vom Kurse der Pfandbriefe vorgenommen wurden, auf die Hälfte des 1925 üblichen Prozentsatzes zurückgegangen. Ebenso hatte man die Verwaltungskostenbeiträge auf die Hälfte (½%) ermäßigt; nur bei kleineren Darlehen — etwa bis 10 000 Goldmark — konnte der Verwaltungskostenbeitrag nicht unter ¾% herabgesetzt werden. Auch dieser Satz deckte in vielen Fällen noch nicht die Unkosten.[2] Während vor dem Kriege bei Amortisationsdarlehen eine Spanne zwischen Hypotheken- und Pfandbriefzins von ½% ausgereicht hatte, genügte dieser Betrag bei den veränderten Verhältnissen jetzt nicht mehr. Neben den erhöhten Gehältern der Angestellten spielte vor allem die steuerliche Belastung eine große Rolle. Die Preußische Central-Bodenkredit-A.-G. gab darüber in ihrem Geschäftsbericht für 1927 einige in-

[1] Minister für Volkswohlfahrt II. 4. Nr. 736 vom 21. Juni 1927.
[2] Geschäftsbericht der Preußischen Central-Bodenkredit-A.-G. für 1927, Seite 7.

teressante und die Lage beleuchtende Zahlen.[1] Das Institut mußte 1927 elf verschiedene Steuern und Abgaben mit einem Gesamtbetrag von 876 000RM entrichten, bei einem Aktienkapital plus offenen Reserven von 25,5 Millionen Reichsmark und einem Umlauf von Schuldverschreibungen von 280 Millionen Reichsmark. Dagegen hatten 1913 Aktienkapital und Reserven 63 Millionen und der Umlauf an Schuldverschreibungen 976 Millionen Mark betragen, an Steuern aber waren nur 509 795 Mark zu entrichten gewesen. Demnach hatten sich die Steuern im Verhältnis zum ausgewiesenen Betriebskapital auf das Vierfache, ja, im Verhältnis zum Umlauf, der durch seinen Überschuß von Einnahmezinsen gegen Ausgabezinsen den dauernden Ertrag der Hypothekenbanken abwirft, auf das Sechsfache erhöht. Eine solche Vermehrung der Steuern und Abgaben mußte naturgemäß verteuernd auf den Realkredit wirken.

Nachdem jedoch im Sommer 1927 der Pfandbriefabsatz zum Stocken gekommen war, mußte zunächst davon abgesehen werden, weitere Darlehen auf der Basis 6 und 5% Goldpfandbriefe zu gewähren. Die 7% Goldpfandbriefhypothek wurde jetzt der Normaltyp. Die baren Auszahlungen gingen naturgemäß mit dem Abbröckeln der Pfandbriefkurse zurück, obschon die Banken regulierend eingriffen. So erhöhte sich die Belastung des Schuldners von 8,2% im Februar auf 9,5% im August. Zu einer vollkommenen Stillegung des Darlehnsgeschäftes, wie das 1925 der Fall gewesen war, kam es diesmal zwar nicht, aber die Hypothekenbanken konnten die Nachfrage nicht annähernd befriedigen, zumal das Kreditbegehren doppelt stark sich regte, als durch die anziehenden Zinsfüße alle Hoffnungen auf billige Hypotheken vernichtet worden waren.

Die L a n d s c h a f t e n hatten ebenso wie die Hypothekenbanken zu Anfang 1927, als die Zinsfüße sanken, ihre Beleihungsgrenze erhöht. Sie gewährten bei 7% Pfandbriefdarlehn 40% und bei 6% Darlehen 42% des landschaftlichen Taxwertes.

Sie benutzten ferner die günstige Entwicklung um die Jahreswende 1926/27 dazu, die den Schuldner sehr drückenden 10% Darlehn abzulösen und sie durch Hypotheken auf 7% Pfandbriefbasis zu ersetzen. Ende 1926 betrug der Bestand 10% Landschaftsdarlehn im Ganzen 225 Millionen Goldmark, von denen entfielen:

auf die ostpreußische Landschaft 86,9 Millionen Goldmark,
auf die sächsische Landschaft 83,3 Millionen Goldmark und

[1] S. 24.

auf die schleswig-holsteinische
Landschaft 54,7 Millionen Goldmark.

Den Umtausch der 10% Pfandbriefe in 7% tätigte ein Konsortium, das sich aus der Reichsbank als Führerin, der Deutschen Golddiskontbank, der Preußischen Staatsbank, den Banken der drei Landschaften und der Zentrallandschaftsbank für die Preußischen Staaten zusammensetzte; dieses Konsortium übernahm die 7% Pfandbriefe zu 99% und bot sie den Inhabern der 10%igen zu 100% an.

Die 10% Pfandbriefe, deren Inhaber sich einem Umtausch widersetzten, wurden, wenn ihre Deckung infolge Ablösung der 10% Hypothek nicht mehr vorhanden war, gekündigt, und zwar seitens der Ostpreußischen Landschaft auf den 1. April 1927 und seitens der Sächsischen und Schleswig-Holsteinischen Landschaft auf den 1. Juli 1927. Soweit nach Ablauf der Konvertierungsfrist die angebotenen 7% Pfandbriefe nicht bezogen worden waren, wurden sie von dem oben erwähnten Konsortium übernommen. Die Landwirte erhielten anstelle der 10% Pfandbriefdarlehn 7%ige bei einer Auszahlung von 98½%. Von der 1½%igen Kursdifferenz erhielt das Bankkonsortium 1% als Provision, und ½% nahmen die Landschaften für sich in Anspruch zur Deckung der mit der Konvertierung verbundenen Unkosten. Diese Kursdifferenz wurde durch Zahlung des Tilgungsbeitrages von ½% innerhalb von drei Jahren abgetragen. Im übrigen hatte der Schuldner für das Darlehn jährlich zu entrichten: 7% Zinsen, ½% Tilgung, ½% Verwaltungskostenbeitrag; es mußten somit jährlich 8,1% des erhaltenen Kapitals aufgebracht werden. Das bedeutete gegenüber den 10% Darlehn eine beträchtliche Erleichterung, die in einzelnen Fällen bis 7% ausmachte. Bis zum 31. März 1927 waren im ganzen 148 Millionen Goldmark zur Konvertierung gelangt, und zwar

46 Millionen Goldmark bei der Ostpreußischen Landschaft,
50 Millionen Goldmark bei der Sächsischen Landschaft,
51,1 Millionen Goldmark bei der Schleswig-Holsteinischen Landschaft.

Am 31. Dezember 1927 liefen von diesen drei Landschaften insgesamt nur noch für 1,7 Millionen Goldmark 10% Pfandbriefe um, und zwar

von der Ostpreußischen Landschaft 0,5 Millionen Goldmark,
von der Schleswig-Holsteinischen
Landschaft 0,2 Millionen Goldmark,
von der Sächsischen Landschaft 1,0 Millionen Goldmark.

Bis zu diesem Zeitpunkt waren also, von diesem kleinen Rest abgesehen, alle 10% Darlehn dieser Landschaften in 7%ige umgewandelt.

Die Ostpreußische Generallandschaftsdirektion griff gleichzeitig auf ihre Pläne vom Sommer 1926 zurück und konvertierte im Februar 1927 auch einen Teil ihrer 8% Pfandbriefdarlehn in 6%ige. Trotz der günstigen Lage am Kapitalmarkt schien die Durchführung dieser Transaktion mit inländischen Mitteln nicht möglich. Die Ostpreußische Generallandschaftsdirektion brachte daher die seit fast einem Jahre gepflogenen Verhandlungen mit der Chase National Bank und Blair & Co. in New York Anfang März 1927 zum Abschluß, woraufhin die Bank der Ostpreußischen Landschaft gegen Verpfändung von 29,4 Millionen Goldmark 6%iger ostpreußischer Goldpfandbriefe ein 6%iges Darlehn von 7 Millionen $ auf drei Jahre erhielt. Die Auszahlung betrug 95$^{3}/_{4}$%.

Die amerikanischen Banken konnten sich allerdings nicht entschließen, einen entsprechenden Betrag in Goldpfandbriefen der Ostpreußischen Landschaft, trotz der Mündelsicherheit dieser Papiere, zu übernehmen, da sie ihren Markt noch nicht reif dafür hielten. Sie bestanden vielmehr auf der Hergabe eines Dollardarlehns, das ebenfalls in Dollars verzinst und zurückgezahlt werden sollte. Die Bank der Ostpreußischen Landschaft gab den Gegenwert des Dollarkredits in Höhe von 29,4 Millionen Reichsmark gegen Verpfändung des gleichen Betrages in 6% Goldpfandbriefen der Landschaft an diese weiter. Diese Stücke wurden als Sicherheit für die Amerikaner bei der Deutschen Bank hinterlegt. Gleichzeitig übergab die Bank der Ostpreußischen Landschaft den Amerikanern auf Namen lautende Schuldscheine, die im Wege der Zession übertragen werden konnten. Auf Grund dieser Schuldscheine stellten die amerikanischen Banken 6%ige dreijährige Dollarnotes aus. Diese wurden in Amerika und Holland durch Blair & Co. zur Zeichnung aufgelegt. Diese Dollarnotes waren nun nicht mehr Teilschuldverschreibungen des deutschen Schuldners, unterlagen also nach dem Wortlaut des Einkommensteuergesetzes (§ 83)[1] nicht mehr dem Steuerabzug vom Kapitalertrage, ebensowenig wie die den Amerikanern übergebenen Schuldscheine. Da diese nicht auf den Inhaber lauteten, bedurften sie auch nicht der staatlichen Genehmigung, wie es sonst § 795 BGB. vorschreibt.

---

[1] RGBl. 1925, I, S. 204.

In Amerika wurde am 8. März 1927 eine Tranche Dollarnotes von 5,75 Millionen Dollar zu 99¼% zur Zeichnung aufgelegt und sofort überzeichnet. Am 16. März wurde in Holland durch die Nederlandsche Handels Matschappij, sowie durch die Bankfirmen Mendelssohn & Co., Piersohn & Co., Mees en Zoon und de Bas & Co. die zweite Tranche in Höhe von 1,25 Millionen Dollar zum Kurse von 99¾% emittiert. Auch diese Tranche wurde in vollem Umfange untergebracht. Mit Hilfe dieser Mittel erhielt der landschaftliche Schuldner für sein 8% Darlehn ein 6%iges bei einer Auszahlung von 93%. Zur Ablösung der 8%igen Hypothek mußte also der Landwirt eine Differenz von 7% aufbringen. Außerdem wurde denjenigen Landwirten, bei denen das Grundbuch hinter der 8% Landschaftshypothek noch frei war, die Möglichkeit gegeben, das 6% Darlehn gegenüber dem 8%igen um ca. 20% zu erhöhen. Wo für eine Höherbeleihung im Grundbuch keine Stelle mehr frei war, erklärte sich die Bank der Ostpreußischen Landschaft bereit, die Kursdifferenz zum Pfandbriefzinssatz vorzuschießen. Dieses Zwischendarlehn sollte unter Zuhilfenahme des ½% Tilgungsbeitrages, der für das Darlehn ohnehin zu entrichten war, vom 1. April 1929 ab in drei Jahresraten abgezahlt werden.

Der Schuldner hatte jährlich 6% Zinsen, ½% Tilgung und ½% Verwaltungskostenbeitrag zu entrichten; er mußte also 7,5% des erhaltenen Kapitals aufbringen. Die Umwandlung der 8%igen Hypothek in ein 6%iges Goldpfandbriefdarlehn konnte im Einzelfalle eine Zinserleichterung von mehr als 5% bringen. Im Inlande wurden die 6% Goldpfandbriefe der Ostpreußischen Landschaft im März 1927 mit 95,5% gehandelt und notiert. Aus einem Inlandskredit konnte demnach ein Darlehnssucher zur gleichen Zeit unter Berücksichtigung von 2% Bonifikation etwa 93—93½% zu sonst gleichen Bedingungen erlösen.

Der Umlauf an 8% Goldpfandbriefen der Ostpreußischen Landschaft betrug am 31. Dezember 1926 57,5 Millionen Goldmark. Es konnten also aus den amerikanischen Mitteln die Hälfte der laufenden 8% Darlehen in 6%ige umgewandelt werden. Auf dem Inlandsmarkt wurden weitere 4,2 Millionen Goldmark 8% Pfandbriefe in 6% konvertiert, sodaß bis zum 30. Juni 1927 der Umlauf an 8% Pfandbriefen sich von 57,5 auf 23,9 Millionen Goldmark, also um 33,6 Millionen Goldmark vermindert hatte.

Um diejenigen ihrer Kreditverbundenen, die seinerzeit ein Darlehn aus der ersten Amerikaanleihe der Deutschen Rentenbank-Kreditanstalt erhalten hatten, die Möglichkeit zu geben, weiteren Kredit zu günstigen Bedingungen zu erhalten, erklärte sich die Bank der Ostpreußischen Landschaft bereit, einen Zusatzkredit in Höhe von 10% des Amerika-Darlehns gegen die Eintragung einer Hypothek an zweiter Stelle zu gewähren. Die Bedingungen waren die gleichen wie bei den 7%igen Pfandbriefdarlehn.[1]

Unter den öffentlich-rechtlichen Kreditanstalten gab die Landesbank der Rheinprovinz Darlehen auf der Basis 6% Goldpfandbriefe, deren Kurs auf 95% stand. Die Auszahlung an den Landwirt betrug 92½; dieser hatte in der ersten Hälfte 1927 6¼% Zinsen, von Ende Juni 1927 ab 7% Zinsen zu entrichten. Dazu kam ein Tilgungsbeitrag von ½%. Den alten Schuldnern, die mehr als 7% Zinsen zu entrichten hatten, gewährte die Bank einen Zinszuschuß in der Weise, daß die Zinsen im ersten Halbjahr 1927 um 1% und im zweiten halben Jahr 1927 im allgemeinen auf 7% ermäßigt wurden.

Die Hannoversche Landes-Kreditanstalt setzte dagegen die Vergebung 8% Darlehen fort. Die Kurse der 8% Obligationen bewegten sich zwischen 104½ und 97%, sodaß die Auszahlung zwischen 101 und 94% schwankte. Dafür hatte der Schuldner 8% Zinsen, ½% Tilgung und ½% Verwaltungskostenbeitrag im Jahre zu entrichten.

Als im Juni 1927 die Darlehnsgewährung des organisierten Realkredites infolge der Verhältnisse am Pfandbriefmarkt ins Stocken geriet, erwachte sowohl in Kreisen der Landwirtschaft wie der Realkreditinstitute das Verlangen nach Aufnahme einer neuen Auslandsanleihe durch die Deutsche Rentenbank-Kreditanstalt. Es war daher sehr willkommen, daß es ihr bereits gelungen war, mit ihren amerikanischen Geschäftsfreunden einen zweiten Anleihevertrag über 25 Millionen $ abzuschließen. Die Auszahlung der Valuta an die Rentenbank-Kreditanstalt erfolgte zu 92%, während das amerikanische Konsortium 6% Schuldverschreibungen der Deutschen Landwirtschaft-

[1] S. hierzu Verhandlungen und Berichte des Unterausschusses für Landwirtschaft, Band 8, 1929, S. 47. Die Rückzahlung des Dollar-Darlehns erfolgte im März 1930 dadurch, daß die Bank der Landschaft bei deutschen Banken kurzfristige Kredite aufnahm, sodaß ein Verkauf der 6% Pfandbriefe zu wenig günstigem Kurse (80—81%) zunächst unterbleiben konnte.

lichen Zentralbank zu 95% mit gutem Erfolge zur Zeichnung auflegte. Schon diese Bedingungen bedeuteten gegenüber der ersten Anleihe einen großen Fortschritt. Der Zinsfuß war um 1% herabgedrückt, und die Provision an die amerikanischen Banken von 5% auf 3% vermindert; das gesamte Disagio hatte sich also von 12 auf 8% verkleinert. Ferner war es in langwierigen Verhandlungen gelungen, gegenüber der ersten Anleihe noch weitere namhafte Verbesserungen zu erzielen. Es fiel zunächst die 10jährige Bindung der landwirtschaftlichen Schuldner fort; die aus der zweiten Anleihe vergebenen Darlehen konnten vielmehr zu jedem Zinstermin zu pari in bar oder in Schuldverschreibungen zurückgezahlt werden. Weiter durften für die Dauer eines Jahres als Deckung seitens der Realkreditinstitute auch Goldpfandbriefe oder aus früheren Beleihungen vorhandene Hypotheken hingegeben werden, wodurch die Abwicklung der Darlehnsgewährung erheblich vereinfacht und beschleunigt wurde. Die Pfandbriefe, die als Zwischendeckung dienen sollten, mußten auf Goldmark lauten; sie wurden, soweit sie mit 6% jährlich oder darüber verzinslich waren, mit ihrem Nennbetrage angerechnet. Bei niedriger verzinslichen Pfandbriefen mußte der Nennbetrag so hoch sein, daß er mindestens eben soviel Zinsen abwarf, wie für das durch die Pfandbriefe zu deckende Darlehn an die Rentenbank-Kreditanstalt zu entrichten waren. So hatten die Bodenkreditinstitute die Möglichkeit, Pfandbriefe, die sich in ihrem Portefeuille befanden, und die wegen der beengten Lage am Kapitalmarkt nicht untergebracht werden konnten, für ihre landwirtschaftlichen Schuldner nutzbar zu machen. Ferner aber brauchten die Hypotheken nur materiell erststellig zu sein, d. h. die Hypotheken wurden dann als erststellig anerkannt, wenn sie innerhalb von 40% des berichtigten Wehrbeitrages standen, und wenn das beleihende Realkreditinstitut gleichzeitig Gläubigerin für die etwa voreingetragenen Hypotheken, Grundschulden oder anderen Kapitalschulden war. Aufwertungshypotheken und Roggenwertreallasten brauchten also nicht abgelöst zu werden, wenn nur die sonstigen Bedingungen erfüllt waren. Ferner gelang es der Deutschen Rentenbank-Kreditanstalt durchzusetzen, daß diejenigen Landwirte, denen bereits ein Hypothekarkredit aus Mitteln der ersten Amerika-Anleihe gegeben worden war, aus der zweiten eine Nachbeleihung bis zur zulässigen Grenze erhalten konnten.

Die Darlehnsgewährung erfolgte bis zu 40% des Wehrbeitragswertes von 1924 oder bis zu 40% des amtlich festgestellten Taxwertes in den Fällen, wo ein berichtigter Wehrbeitragswert nicht festgestellt worden oder nicht feststellbar war, oder wo er infolge einer dauernden Veränderung im Bestand oder im Zustand des Grundstückes nicht mehr dem Werte des Objektes bei Aufnahme des Darlehns entsprach. Damit hatte sich die Beleihungshöhe, die die Rentenbank-Kreditanstalt bewilligte, der der Hypothekenbanken und Landschaften angepaßt, sodaß die Unterschiedlichkeit in der Beleihungsgrenze, wie sie bei der ersten Amerika-Anleihe noch bestanden hatte, nunmehr fortfiel. Die Darlehen waren mit jährlich 6% zu verzinsen; dazu kam ein Tilgungsbeitrag von ½% und ein Verwaltungskostenbeitrag für die Rentenbank-Kreditanstalt von 0,1%. Durch Zahlung der laufenden Amortisationsquote (zuzüglich der durch die fortschreitende Tilgung ersparten Zinsen) wurde das Darlehn in 33 Jahren getilgt. Die Auszahlung an die Realkreditinstitute erfolgte nach Abzug von ½% Pfandbriefstempel, ½% zur Deckung einmaliger Unkosten für Druck der Dollarschuldverschreibungen, Börseneinführung und dergl. zu 91%. Die Realkreditinstitute durften ihrerseits bei Auszahlung an den Darlehnsnehmer eine einmalige Abschlußvergütung von 0,5% (bei Darlehn unter 5000 GM von 1%) einbehalten und außerdem einen laufenden jährlichen Verwaltungskostenbeitrag von 0,4% erheben. Der Landwirt erhielt also eine Barauszahlung von 90½% und hatte zu entrichten 6% Zinsen, ½% Tilgung, ½% Verwaltungskostenbeitrag; das bedeutete also eine Belastung von 7,73%. Die Auszahlung der Darlehen an die Landwirte erfolgte in Reichsmark, die Deckungshypotheken waren auf Goldmark abgestellt; das Valuta-Risiko übernahm wieder die Deutsche Rentenbank-Kreditanstalt. — Hinsichtlich der Verwendung der Darlehen wurde bestimmt, daß sie zur Förderung der landwirtschaftlichen Produktion, vor allem zur wirtschaftlicheren Gestaltung der Betriebe, zur Abdeckung der bei der Rentenbank und Rentenbank-Kreditanstalt laufenden Personalkredite, sowie anderer kurzfristiger Verbindlichkeiten dienen sollten. In besonderem Maße sollte bei der Darlehnsgewährung der bäuerliche Kleinbesitz berücksichtigt werden.

Die Abwicklung der Kredithingabe erfolgte in der gleichen Weise und mit Hilfe desselben Treuhändersystems, wie bei der ersten Anleihe. Damit aber während der Abwicklung des Darlehnsgeschäftes der Deutschen Rentenbank-Kreditanstalt und den landwirtschaftlichen Schuldnern keine Zinsverluste entständen, war der Erlös der Anleihe der Deutschen Golddiskontbank zur vorübergehenden Anlage überlassen worden.

Die Deutsche Rentenbank-Kreditanstalt entschloß sich außerdem, der Lage am deutschen Kapitalmarkt entsprechend, den Verwaltungskostenbeitrag auch für die Darlehen aus ihrer ersten Amerika-Anleihe herabzusetzen. Sie verzichtete auf die Hälfte des ihr zustehenden Anteils, also auf $^1/_8$%, und richtete an die Realkreditinstitute, die an der Vergebung dieser Darlehen beteiligt gewesen waren, die Aufforderung, dementsprechend auch ihrerseits auf $^3/_8$% zu verzichten. Die meisten Institute folgten dieser Anregung, sodaß die Mehrzahl der Schuldner aus der ersten Amerika-Anleihe auch nur in Zukunft einen Verwaltungskostenbeitrag von ½% statt 1% zu entrichten brauchten.

Während die Auslandskredite der Rentenbank-Kreditanstalt eine Erleichterung für den landwirtschaftlichen Schuldner bedeutete, wurde die Lage derjenigen Landwirte, die seinerzeit Roggenschulden aufgenommen hatten, ungünstiger. Die seit Mitte 1926 sehr hohen Roggenpreise hatten nämlich geldmäßig die von den Roggenwertschuldnern zu entrichtenden Jahresleistungen steigen lassen. Der Preis des Zinszentners Roggen hatte im Durchschnitt am 1. Juli 1925 nur 6,80 RM betragen; er war am 1. Juli 1926 bereits auf 8,10 RM und am 1. Juli 1927 sogar auf 11,10 RM gestiegen. Davon wurden vor allem diejenigen Landwirte bedrückt, die seinerzeit ihre Roggenpfandbriefe für 1,80 Mk. den Zentner und oft noch darunter hatten verwerten müssen. Die starken Schwankungen der Roggenpreise bewirkten vor allem, daß der Landwirt keine Übersicht mehr über die Höhe seiner Zinslasten aus der Roggenschuld hatte und dafür leichter finanzielle Fehldispositionen traf. Das Steigen des Roggenpreises bei sinkenden Viehpreisen mußte vor allem den ländlichen Kleinbesitz hart treffen, der sich nach den Feststellungen des Instituts für Konjunkturforschung stärker zu ungünstigen Bedingungen in Roggen verschuldet hatte als der Großgrundbesitz. Ende März 1927 liefen noch 10 294 Roggendarlehen mit 19,247 Millionen Zentnern. Hiervon ruhten 8 221 Darlehen mit 6 687 754 Zentnern auf Grundstücken bis 100 ha.[1] Diejenigen Realkreditinstitute, von denen Roggenwertdarlehen vergeben worden waren, hatten die günstige Lage am Pfandbriefmarkt um die Jahreswende 1926/27 dazu benutzt, die Umwandlung von Roggendarlehen in Goldhypotheken in möglichst großem Umfange durchzuführen. Sie hatten dabei häufig allerlei Schwierigkeiten zu überwinden, da oft die Nachhypothekare ihre Genehmigung ver-

[1] Vierteljahrsheft zur Konjunkturforschung, Sonderheft 3, 1927, Seite 13 ff.

sagten, wenn eine 5%ige Roggenhypothek durch eine 6 oder 7%ige Goldhypothek ersetzt werden sollte, selbst dann, wenn die Zinsleistung aus der höher verzinslichen Goldhypothek geldmäßig niedriger war als die Jahresleistung aus dem Roggendarlehn. Nicht selten aber wiesen auch die landwirtschaftlichen Schuldner selbst vorteilhafte Umwandlungsangebote der Kreditinstitute zurück, da sie mit einem Sinken des Roggenpreises rechneten und glaubten, dann günstiger abzuschneiden. Ein Teil der Roggenschuldner hatte sich überdies zu Roggenschuldnerschutzverbänden zusammengeschlossen, die im Interesse ihrer Mitglieder eine Beihilfe des Staates oder des Reiches bei Ablösung der Roggendarlehen propagierten und in ihren Druckschriften den Anschein erweckten, als stünden ihre oft gänzlich undurchführbaren und wenig durchdachten Forderungen vor der Erfüllung. Daraufhin lehnte ein Teil der Darlehnsnehmer die Umwandlung ihrer Roggenschulden in Goldhypotheken ab und hemmte hierdurch die Umwandlungstätigkeit der Realkreditinstitute.[1]

Dem Eifer der Roggenschuldnerschutzverbände gelang es schließlich, die Regierungen der Länder zur Errichtung von Vermittlungsstellen für Roggenschuldner zu veranlassen. Diese sollten zwischen Schuldnern und Gläubigern vermittelnd eingreifen, wenn ein Roggenschuldner zahlungsunfähig war und seinem Grundstück die Zwangsvollstreckung drohte. Mit irgendwelchen Geldmitteln konnten jedoch diese Stellen nicht ausgestattet werden, sodaß sie durchgreifende Hilfe nicht zu bringen vermochten. Die preußische Justizverwaltung kam ihrerseits der bedrängten Lage der Roggenschuldner insofern entgegen, als sie die Grundbuchämter anwies, bei der Löschung von Roggenwerthypotheken, die durch Goldhypotheken abgelöst werden sollten, auf die Erhebung von Gebühren zu verzichten.

Alles dies war aber nur ein Tropfen auf den heißen Stein. Eine wesentliche Milderung der Lage der Roggenschuldner konnte nur durch die Umwandlungstätigkeit der Realkreditinstitute erreicht werden. Sie trugen der schwierigen Lage der Roggenschuldner dadurch Rechnung, daß sie bei Umwandlung von Roggen- in Golddarlehen von der Erhebung von Provisionen absahen, die Verwaltungskostenbeiträge ermäßigten und auch gelegentlich Roggenpfandbriefe aus ihrem eigenen Bestande zu Vorzugskursen zur Verfügung stellten. Diese Umwandlungstätigkeit erzielte auch beachtenswerte Erfolge: bis zum 31. Juli 1927 hatte sich

---

[1] Geschäftsbericht der Preuß. Pfandbrief-Bank 1927, S. 9.

der Bestand von Roggendarlehen um 4 Millionen Zentner auf 15,8 Millionen Zentner vermindert, und am 31. Dezember 1929 bestanden nur noch für 10,4 Millionen Zentner Roggendarlehen.

Vom nicht organisierten Realkredit spielten die privaten Lebensversicherungsgesellschaften in der Kreditgewährung jetzt nur eine geringe Rolle. Da gerade in der Zeit, als der Pfandbriefmarkt enger zu werden begann, die Deutsche Rentenbank-Kreditanstalt mit ihrer zweiten Amerika-Anleihe in die Bresche sprang, war auch die Nachfrage landwirtschaftlicher Darlehnssucher bei den Versicherungsgesellschaften nur schwach. Die Gesellschaften legten daher wieder einen vermehrten Anteil ihrer verfügbaren Mittel im städtischen Hypothekengeschäft an, zumal die erhöhten Mieten auch die Beleihungsfähigkeit städtischer Wohngebäude gehoben hatten. Die Bedingungen, zu denen landwirtschaftliche Hypothekardarlehen vergeben wurden, schwankten zwischen 97—95% barer Auszahlung und 7—6½% Zinsen; die Darlehen wurden in einzelnen Fällen als Tilgungsdarlehen, meist aber auf 5 Jahre vergeben. Die Belastung des landwirtschaftlichen Schuldners stellte sich darnach auf 7,8—8%.

In größerem Umfange trat die Reichsversicherungsanstalt für Angestellte als Kreditgeber auf, obwohl auch sie erhebliche Beträge in der Form von Gemeindedarlehen dem Wohnungsbau zuwies. Während sie diesem Zweck im Laufe des Jahres 1927 63 Millionen Reichsmark zuwandte, erhielt die Landwirtschaft nur 31,6 Millionen Reichsmark an Hypothekendarlehen. Die Bedingungen schwankten zwischen 94 und 96% barer Auszahlung bei einem Zinsfuß von 7—6%. Bei den nach dem 1. April 1927 abgeschlossenen Darlehen wurde außerdem eine jährliche Tilgung von 1% gefordert. Die Festschreibung erfolgte im allgemeinen auf 5 Jahre. Die jährliche Belastung des Schuldners bewegte sich somit zwischen 8,1 und 7,1%.

Auch bei den Sparkassen wurden die verfügbaren Mittel wieder vorzugsweise dem Wohnungsbau zugeführt. Die landwirtschaftlichen Hypothekendarlehen der deutschen Sparkassen machten Ende 1926 241,3 Millionen Reichsmark aus und wuchsen bis zum 31. Dezember 1927 nur um 225 Millionen Reichsmark auf 466,5 Millionen Reichsmark an. Die städtischen Hypotheken dagegen stiegen im gleichen Zeitraum von 753,5 Millionen Reichsmark auf 1 596,8 Millionen Reichsmark, also um 843,3 Millionen Reichsmark; der Anteil der landwirtschaftlichen Hypothekendarlehen am gesamten Hypothekenbestand ging daher von 25 auf 22% zurück.

Der deutsche Sparkassen- und Giroverband hatte im Verlauf des Jahres 1926 eine Mustersatzung für Sparkassen und Grundsätze für die Beleihungen von Grundstücken ausgearbeitet, die für den Bereich der Preußischen Staatsverwaltung im Juli 1927 die Genehmigung des Innenministers erhielten.[1] Diese Mustersatzung sah vor, daß die seitens der Sparkassen zu vergebenden Hypotheken in der Regel planmäßig getilgt werden sollten. Die Beleihungen landwirtschaftlich genutzter Grundstücke durften, sobald das Darlehn 5 000 Reichsmark überschritt, nur auf Grund einer örtlichen Besichtigung erfolgen. Der Schätzung war der Ertragswert zugrunde zu legen. Als Ertragswert sollte das 25fache des Reinertrages gelten, den das Grundstück jährlich nach seiner wirtschaftlichen Bestimmung bei ordnungsmäßiger und gemeinüblicher Bewirtschaftung unter gewöhnlichen Verhältnissen im Durchschnitt nachhaltig gewähren könnte. Dabei sollten alle Umstände, die auf den Wirtschaftserfolg Einfluß hätten, berücksichtigt werden. Sobald jedoch Grundstücke ähnlicher Art und Lage wie das Beleihungsobjekt in letzter Zeit regelmäßig Kaufpreise erzielt hätten, die hinter dem ermittelten Ertragswert lägen, so sollte für die Beleihung lediglich der Verkaufswert maßgebend sein. Sofern aber der Verkaufswert den Ertragswert überstiege, könnte ersterer bei Vorliegen besonders günstiger Verkehrs- und Absatzverhältnisse ausnahmsweise Berücksichtigung finden.

8% Darlehen durften darnach 35% des Beleihungswertes,
7% Darlehn durften 40% des Beleihungswertes,
6% Darlehen durften 45% des Beleihungswertes erreichen.

Bei Grundstücken unter 100 ha konnten diese Hundertsätze um 10% erhöht werden. Die Auszahlungsbedingungen der Sparkassen waren etwa folgende:

Februar 1927: 7—7½% Zins, 99% Auszahlung, 5 Jahre fest; Belastung des Schuldners 7,2—7,8%. Juli 1927: 7½—9% Zins, Auszahlung 99%, 5 Jahre fest; Belastung des Schuldners 7,6—9,8%.

Private Hypotheken wurden auch jetzt nur in geringem Umfange vergeben. Das Institut für Konjunkturforschung schätzt die Zunahme an privaten Neukrediten (ohne Aufwertungshypotheken) für die Zeit vom 31. Dezember 1926 bis zum 30. Juni 1927 auf 10 Millionen Reichsmark.[2]

[1] Preußischer Minister des Innern IV b Nr. 957 vom 26. Juli 1927.
[2] Erg. Heft 3, S. 19.

Die Aufschwungsperiode 1926/27 ließ deutlich die strukturelle Schwäche des deutschen Kapitalmarktes und die veränderte Struktur der Kapitalbildung erkennen, die die konjunkturelle Verknappung des Kapitalmarktes noch verschärfte. Diese beiden Momente trugen wesentlich zu der starken Steigerung der Pfandbrief- und Hypothekenzinssätze bei. Die Vorherrschaft des Agrarkredites auf dem Kapitalmarkt trat mehr und mehr zurück; Reich, Länder, Kommunen, Industrie und Hausbesitz stellten sich nachfragend als Konkurrenten ein. Es zeigte sich, daß der inländische Kapitalmarkt von sich aus noch nicht die Kraft besaß, einen vermehrten Bedarf, wie er durch Belebung der Wirtschaft entstand, zu befriedigen. Trotz aller währungspolitischen Bedenken mußte der ausländische Kapitalmarkt wieder zu Hilfe gerufen werden. Wenn trotz der Versteifung am inländischen Kreditmarkt die Realkreditgeber sich in ihren Bedingungen immer mehr einander näherten und die glücklich wieder erreichte Arbeitsteilung zwischen ihnen aufrecht erhalten werden konnte, so ist dies auf den Einfluß der ausländischen Kredite, vor allem der der Rentenbank-Kreditanstalt zurückzuführen. Als Ganzes betrachtet, hatte sich aber in dieser Konjunkturphase aus strukturellen und konjunkturellen Gründen die Lage des landwirtschaftlichen Realkredits verschärft.

(γ Die Hochspannung (September bis Dezember 1927).

Die Erweiterung der industriellen Produktion führte im September 1927 zur Hochspannung. Während der Produktionsindex des Instituts für Konjunkturforschung im Durchschnitt des zweiten Vierteljahres 1927 auf 122,5 stand, stieg er im dritten und vierten Verteljahr 1927 auf 123,3 und 126,9. Die Folge war eine starke Anspannung des Kredites, die die Reichsbank veranlaßte, am 4. Oktober ihren Diskont von 6 auf 7% zu erhöhen. Die Sätze für tägliches Geld, die Mitte des Jahres auf 6% gestanden hatten, stiegen im September auf 6,7 und im Oktober auf 7,32%. Monatsgeld stieg von 7,65% im Durchschnitt des zweiten Quartals 1927 auf 8,32 im dritten und auf 8,84% im vierten Vierteljahr. Die Kapitalbildung hatte sich nicht im Ausmaß der Kreditnachfrage vermehrt. Zur Ansammlung der fünften Milliarde Spareinlagen wurden deshalb bis zum Januar 1928 7 statt 6 Monate wie bei der vierten Milliarde benötigt. Es fand daher ein starker Rückgriff auf ausländische lang- und kurzfristige Kredite statt. Der Kapitalbedarf der Hochkonjunktur brachte eine Verminderung der Emissionstätigkeit mit sich; während im zweiten Halbjahr 1926 monatlich durchschnittlich für 107 Millionen Goldmark Pfandbriefe ausgegeben worden waren, gelang im gleichen Zeitraum 1927 nur die Emission von durchschnittlich 100 Millionen Goldmark. Ebenso war die Aktienemission auf monatlich durchschnittlich 93 Millionen Reichsmark im zweiten Halbjahr 1927 gegenüber 113,3 Millionen Reichsmark im gleichen Zeitraum des Vorjahres zurückgegangen.[1] Die Erschwerung des Pfandbriefabsatzes gab Veranlassung zu einer Revision des Bonifikationsabkommens. Am 1. Oktober 1927 wurde der Normalsatz von 1% wieder auf 1½% und 1¾% bezw. 2% für den Ausnahmefall heraufgesetzt. Im Dezember 1927 wurden die Ausnahmesätze einheitlich auf 2% normiert. Aus dem gleichen Grunde erhöhten die Pfandbriefinstitute den Normalzinsfuß ihrer Schuldverschreibungen. Im Herbst ging man vom 7% zum 7½% Pfandbrief und bei Beginn des Winters sogar zum 8%igen Typ über. Die in Zeiten starken Pfandbriefabsatzes unter den Hypothekenbanken getroffene Vereinbarung, keine höher als 7%ig verzinsliche Emissionen neu auszugeben, hatte bei der Verknappung am Kapitalmarkt nicht eingehalten werden können; sie war von einigen Banken und öffentlich-rechtlichen Kreditinstituten durchbrochen worden. Die Folge davon war, daß auch solche Institute, die früher als höchst verzinslichen Typ 7½%ige Pfandbriefe ausgegeben hatten, zum 8%igen Brief übergingen.[2] Das Angebot an Pfandbriefen konnte trotz der Erhöhung des Nominalzinsfußes im Jahre 1927 nur zu sinkenden Kursen untergebracht werden. Während sich der Nominalzinsfuß im Jahre 1927 von 6 auf 8%, also um $^1/_3$ erhöht hatte, war das durchschnittliche Kursniveau der Pfandbriefe von 100,9% im Februar auf 93,1% im November 1927, also um 7,8% gesunken. Ein Vergleich mit dem Jahre 1913, in dem gleichfalls eine wirtschaftliche Hochspannung geherrscht hatte, zeigt, daß damals, obwohl der jährliche Pfandbriefabsatz der Hypothekenbanken statt des durchschnittlichen Betrages von 300 Millionen Mark nur 18 Millionen Mark betragen hatte, das Kursniveau des 4% Pfandbriefes nur um 2½% gesunken war, und daß eine Erhöhung des Nominalzinsfußes von den Hypothekenbanken im allgemeinen nicht vorgenommen wurde; nur einzelne wenige Institute waren zum 4½%igen Pfandbrief übergegangen, hatten also den Nominalzinsfuß um ½% erhöht.[3]

---

[1] S. Anlage 4.

[2] Geschäftsbericht der Bayerischen Handelsbank 1927, S. 6.

[3] Geschäftsbericht der Bayerischen Handelsbank für 1927, S. 6. für 1913, S. 7. Siehe auch Anlage 3.

Vom November 1927 ab begann sich der Pfandbriefmarkt wieder etwas zu erholen. Die Emissionen nahmen zu und das durchschnittliche Kursniveau hob sich von 93,1 auf 93,4%. Die Nachfrage hatten etwa 140 Millionen Reichsmark verstärkt, die gelegentlich der Auslosung eines Teils der Anleiheablösungsschuld des Reiches dem Kapitalmarkt zugeflossen waren. Zur Anlage dieser Mittel aber wurden fast nur 8% Pfandbriefe gesucht; niedriger verzinsliche Typen waren nicht absetzbar.

Der Rückfall in die hochverzinslichen Pfandbriefe hatte naturgemäß ein Absinken der niedrigeren Typen und eine vollkommene Stillegung ihres Marktes zur Folge. Das aber mußte empfindliche Kursverluste für diejenigen mit sich bringen, die zu Beginn des Jahres 10% landschaftliche Pfandbriefe gegen 7%ige auf der Basis des Nennwertes eingetauscht hatten. Während das Kursniveau der 7% Pfandbriefe von 102,72% im Monatsdurchschnitt Februar auf 93,21% im Monatsdurchschnitt Dezember, also um 9,51% gesunken war, hatten die 10% Pfandbriefe nur 1,43% von 105,31 auf 103,88 im gleichen Zeitraum nachgegeben. Dieser Umstand aber mußte gefahrdrohend für die Befestigung des Vertrauens in den niedrig verzinslichen Pfandbrief werden und konnte auch in Zukunft den Absatz und die Kursgestaltung der landschaftlichen Pfandbriefe beeinträchtigen. Da sie praktisch jederzeit kündbar sind, muß der Erwerber mit einer Kündigung rechnen, sobald sie die Parität überschritten haben; die Pfandbriefe der Hypothekenbanken dagegen sind für eine Reihe von Jahren unkündbar, sodaß im Fall einer Notierung über dem Nennwert der Erwerber den Kursgewinn zu seinen Gunsten ausnutzen kann. Die Konvertierungsaktion der Landschaften hat daher trotz der Vorteile, die sie für den Hypothekenschuldner im Augenblick mit sich brachte, den Pfandbriefmarkt stark beunruhigt.

Zu einer Klärung am Markt der festverzinslichen Werte trug dagegen das von der Reichsbank in ihrer Denkschrift vom 1. September 1926 gewünschte Gesetz über die Schuldverschreibungen der öffentlich-rechtlichen Kreditanstalten[1] bei, das im Dezember 1927 vom Reichstag verabschiedet wurde.[2] Nach dem Vorgang des Hypothekenbankgesetzes bestimmte es, daß auch für die Pfandbriefe der öffentlich-rechtlichen Kreditanstalten das Prinzip der kongruenten

[1] S. vorn S. 120.

[2] Entwurf und Begründung Reichstagsdrucksache 3688, III. Wahlperiode 1924/27 — RGBl. 1927, I, S. 492.

Deckung eingeführt werden sollte. Es mußte also der Gesamtbetrag der umlaufenden Pfandbriefe in Höhe des Nennwertes durch Hypotheken von mindestens gleicher Höhe und gleichem Zinsertrage gedeckt sein. Ferner führte das neue Gesetz das Deckungsregister sowie die vorzugsweise Befriedigung der Pfandbriefinhaber aus den Deckungshypotheken für den Fall des Konkurses ein. Schuldverschreibungen öffentlich-rechtlicher Kreditinstitute, die diesen Vorschriften nicht entsprächen, dürften nicht als Pfandbriefe bezeichnet werden. Auf die Rentenbank-Kreditanstalt fand das Gesetz keine Anwendung.

Die Verengung am Pfandbriefmarkt seit dem Sommer 1927 veranlaßte die Schlesische Generallandschaftsdirektion, sich nach dem Vorbild der Ostpreußen an den Auslandsmarkt zu wenden. Die Bank der Schlesischen Landschaft erhielt im November 1927 von einer amerikanischen Bankengruppe unter Führung des Hauses Blair & Co. in New York eine mit 6% verzinsliche Anleihe von 6 Millionen Dollar mit 91,75% ausgezahlt. Sie wurde ohne Abzug als Goldmarkdarlehn an die Schlesische Landschaft weitergegeben; das Valutarisiko übernahm also die Bank der Schlesischen Landschaft. Als Sicherheit für die amerikanischen Geldgeber wurden bei der Deutschen Bank für 25 200 000 GM kapitalertragssteuerpflichtige 7% landschaftliche Goldpfandbriefe hinterlegt, auf Grund deren die amerikanischen Banken kapitalertragssteuerfreie Inhaberschuldverschreibungen der Bank der Schlesischen Landschaft ausgaben, die an den Börsen von New York und Boston eingeführt wurden. Die Laufzeit der Schuldverschreibungen begann am 1. August 1927. Vorbehaltlich des Rechtes der Bank der Schlesischen Landschaft zur außerplanmäßigen Rückzahlung an den halbjährlichen Zinsterminen, war das Darlehn in der Weise zu tilgen, daß in den Jahren

1933—35 je 2%
1936—37 je 4% } des Gesamtdarlehns
1938—42 je 5%

und 1943—47 je 20% des am 1. August 1942 noch ausstehenden Betrages abgedeckt werden mußten. Die zur planmäßigen oder außerplanmäßigen Rückzahlung der Anleihe erforderlichen Mittel sollten durch den Verkauf der als Sicherheit hinterlegten Pfandbriefe beschafft werden, die je nach Gelegenheit im In- oder Ausland abgesetzt werden konnten. Ferner sollten für die Rückzahlung die Tilgungsraten verwandt werden, die die Hypothekenschuldner zu entrichten hatten, denen durch die Landschaft Beträge aus dem Darlehn der Landschaftlichen Bank zugeführt worden waren. Soweit der Unterschied zwischen den Zinsen, die die Landschaft und über diese die Landschaftliche Bank von den Hypothekenschuldnern erhielt, und den Beträgen, die an die amerikanischen Geldgeber abzuführen waren, nicht zur Deckung des Valutarisikos benötigt würde, sollte auch diese Differenz zur Rückzahlung des Darlehns verwandt werden. Etwaige Gewinne sollten den landwirtschaftlichen Schuldnern in geeigneter Form zugeführt werden.

An den landwirtschaftlichen Schuldner gab die Schlesische Landschaft die erhaltenen Auslandsmittel zu 92,5%, also um 0,5% höher weiter, als sie ihr selbst zur Verfügung gestellt worden waren. Der Schuldner hatte dafür 7% Zins und einen Tilgungsbeitrag von ½% zu entrichten. Die Tilgung setzte jedoch erst nach dem Ablauf von drei Jahren ein. Für die ersten beiden Jahre war der Tilgungsbeitrag überhaupt nicht, für das dritte Jahr als Beitrag zum eigentümlichen Fonds der Landschaft zu entrichten. Die ½% Differenz zwischen Auszahlung und Einnahme beabsichtigte die Landschaft aus der sich zu ihren Gunsten ergebenden Zinsspanne von 1% mitzudecken. Sonach stellte sich die Belastung des Schuldners in den ersten beiden Jahren auf 7,56%, und nach Ablauf des zweiten Jahres auf 8,1%.

Aus Inlandsmitteln konnten zur Zeit der Aufnahme des Auslandsdarlehns Hypothekarkredite kaum gewährt werden, da 7% Goldpfandbriefe, auf Grund deren die Schlesische Landschaft damals Kredite gab, fast gar nicht unterzubringen waren. Nach dem Kursstande der 7% Goldpfandbriefe der Schlesischen Landschaft wäre Anfang 1927 eine Barauszahlung von höchstens 90%, und Anfang Dezember eine solche von höchstens 89% zu erzielen gewesen. Demnach hätte der Nettoerlös für den Hypothekenschuldner bei Aufnahme eines Inlandskredites 2,5 bis 3,5% hinter der baren Auszahlung des Auslandsdarlehns zurückgestanden. In Wirklichkeit wäre der Erlös sogar noch niedriger gewesen, da mit einem erheblichen Kursrückgang zu rechnen war. Zudem aber hatte der Landwirt bei Aufnahme eines 7% Goldpfandbriefdarlehns außer den 7% Zinsen und dem ½% Tilgung noch einen Verwaltungskostenbeitrag von ½% zu entrichten, sodaß sich die jährliche Belastung auf 8,9 bis 9% gestellt hätte gegenüber 7,56—8,1% bei Aufnahme des Auslandsdarlehns.

Auch seitens der öffentlich-rechtlichen Kreditanstalten wurde der Auslandsmarkt in Anspruch genommen. Die Hannoversche Landeskreditanstalt nahm im Juli 1927 bei den amerikanischen Bankhäusern Blair & Co. und Chase Securities Corp. in New York ein 6% Dollar-Darlehen in Höhe von 4 Millionen Dollar auf 3½ Jahre auf. Die Hannoversche Landeskreditanstalt gab als Sicherheit 16,8 Millionen Reichsmark ihrer 6% Goldschuldverschreibungen, die von der Kapitalertragsteuer nicht befreit waren. Daraufhin gaben die amerikanischen Bankhäuser 6% Dollarnotes zu 98% aus. Die Landeskreditanstalt erhielt dafür 95%. An die Landwirte wurde der Erlös als Goldmarkdarlehn zu 94% weitergegeben. Der landwirtschaftliche Schuldner hatte dafür 6% Zinsen und ½% Verwaltungskostenbeitrag zu entrichten. Die Darlehen waren nach 3½ Jahren, am 2. Januar 1931, zu 100% zurückzuzahlen. Damit nahm der Schuldner eine jährliche Last von 8,6% auf sich. Diese Darlehen wurden in der Hauptsache zur Umwandlung hochverzinslicher kurzfristiger Kredite verwandt.

Auf dem Inlandsmarkt brachte die Anstalt zu gleicher Zeit 8% Schuldverschreibungen unter, die mit 98—99% notierten. Der Landwirt erhielt in diesem Fall eine Auszahlung von 95% und hatte jährlich 8% Zins, ½% Verwaltungskosten und ½% Tilgung zu entrichten; er mußte demnach rund 9,5% aufbringen, sodaß sich der Auslandskredit wohl um 1% billiger stellte, dafür aber den Nachteil hatte, daß er nach 3½ Jahren fällig war.

Die Deutsche Rentenbank-Kreditanstalt endlich hatte im Oktober 1927 ihre dritte Amerikaanleihe in Höhe von 50 Millionen Dollar zustande gebracht. Die Bonds wurden von dem amerikanischen Bankenkonsortium zu 95½% übernommen, sodaß die Rentenbank-Kreditanstalt, obwohl die Pfandbriefkurse in Deutschland zu gleicher Zeit fielen, eine Auszahlung erzielte, die mit 92½% um ½% höher lag als bei der Juli-Anleihe. Die Auszahlung an den Landwirt erfolgte mit 91%, im übrigen zu den gleichen Bedingungen wie bei der zweiten Amerikaanleihe. Damit ergab sich für den Schuldner eine Jahresleistung von 8,3%. Verglichen mit dem Auslandsdarlehn der Schlesischen Landschaft forderte die dritte Amerikaanleihe vom Schuldner eine etwas höhere Jahresleistung, auch war die Barauszahlung bei der Schlesischen Landschaft um 1,5% höher. Es ist dies eine Folge der scharfen Konkurrenz zwischen den beiden großen amerikanischen Bankhäusern Blair & Co. auf der einen Seite, mit dem die Schlesische Landschaftliche Bank abschloß, und der National City Co. in New York, der Geschäftsfreundin der Rentenbank-Kreditanstalt, auf der anderen Seite. Weiter aber fiel bei der Schlesischen Landschaft die einmalige Abschlußprovision und der Verwaltungskostenbeitrag fort, die der letzte Schuldner der Rentenbank-Kreditanstalt zu entrichten hatte, da ja diese mit den landwirtschaftlichen Schuldnern unmittelbar nicht verkehren durfte.

Von den Hypothekenbanken versuchten die beiden größten Pfandbriefe unmittelbar im Ausland abzusetzen. Die Bayerische Hypotheken- und Wechselbank erwirkte für 21 Millionen Goldmark 6% Pfandbriefe Befreiung von der Kapitalertragsteuer und verkaufte davon im Juli 1927 15 Millionen GM nach England, die von dem Londoner Hause Guinnes, Mahon & Co. übernommen wurden. 6 Millionen GM gingen im August nach Holland an ein unter Führung des Hauses Mendelssohn & Co. stehendes holländisches Bankkonsortium, dem auch schweizerische und schwedische Institute angehörten. Die Bayerische Hypotheken- und Wechselbank erlöste hierbei 93% des Nominalwertes. Gleichzeitig erzielten auf dem deutschen Pfandbriefmarkt 6% Pfandbriefe nach Abzug der Bonifikation von 2% rund 93%, und 7%ige ungefähr 97%; diese Kurse wurden aber nur durch die Intervention der Institute erreicht. Ein Verkauf 6 oder 7%iger Pfandbriefe in dem Umfange, wie dies nach dem Ausland stattfinden konnte, war damals auf dem Inlandsmarkt nicht möglich, wie der Rückgang der Emissionen zeigt, die im Juni 1927 noch 128 Millionen Goldmark betrugen und dann im Juli auf 104 und im August auf 84 Millionen Goldmark herabsanken.

Gegen einen Rückfluß der nach England verkauften Stücke hatte sich das Institut dadurch gesichert, daß die von den Engländern übernommenen Briefe auf die Dauer von 31 Jahren nicht in den Verkehr gelangen durften. In den Verkehr wurden nur Zertifikate gebracht, die das übernehmende englische Haus auf Grund der Pfandbriefe ausgab.

Die Weitergabe des Erlöses an den landwirtschaftlichen Schuldner erfolgte zu 91%; an Jahresleistungen waren zu entrichten 7% Zins und ein Tilgungsbeitrag von ½%; die Belastung des Schuldners stellte sich also auf 8¼%. Zur Zeit, als die Pfandbriefe nach dem Auslande verkauft wurden, konnten zunächst noch Darlehen aus Mitteln des Inlandsmarktes in vereinzelten Fällen auf der Basis 7%iger Pfandbriefe gewährt werden. Die Auszahlung dieser Darlehen stellte sich auf etwa 93%, wofür 7½% Zinsen und ein Tilgungsbeitrag von ½% entrichtet werden mußten, sodaß der Schuldner eine jährliche Belastung von 8,6% auf sich nahm. Der Inlandskredit war also um 0,35% schlechter als das ausländische Kapital und stand überhaupt nur in ganz beschränktem Umfange zur Verfügung. Aber die Bedingungen des Inlandsmarktes verschlechterten sich zusehends weiter. Selbst im Dezember, als sich aus den bereits dargestellten Gründen der Pfandbriefmarkt wieder belebte, konnten, bei einem Kursniveau der 8% Pfandbriefe von 98,50%, Darlehen nur zu etwa 94% ausgezahlt werden, wofür 8½% Zinsen und ½% Tilgungsbeitrag zu entrichten waren. Das bedeutete eine Belastung des Schuldners mit etwa 9,56% gegen 8,25% des Auslandskredites.

Die Preußische Central-Bodenkredit-A.-G. brachte ihrerseits für 10 Millionen Goldmark 6½% kapitalertragsteuerfreie Goldpfandbriefe im Ausland unter, und zwar im Juli 1927 in Holland für 5 Millionen Goldmark und im Oktober in Schweden nochmals den gleichen Betrag. Die Preußische Central-Bodenkredit-A.-G. erzielte dabei 93¼%. Der landwirtschaftliche Schuldner bekam aus dem Erlös ein Amortisationsdarlehn, bei dem die Kündigung auf fünf Jahre ausgeschlossen war. Die Auszahlung erfolgte zu 91% bei 7% Zinsen. Erst vom Januar 1932 ab trat ein Tilgungsbeitrag von ¾% hinzu. Der Schuldner hatte demnach für die ersten fünf Jahre 7,7% aufzubringen; würde das Darlehn am 1. Januar 1932 zurückgezahlt, so stellte sich die Belastung einschließlich des Disagios auf 9,5%.

Die Hypothekenbanken wandten angesichts der klar zutage tretenden Kapitalarmut auf dem Inlandsmarkt ihre Aufmerksamkeit auch den ländlichen Aufwertungshypotheken zu, die nach den gesetzlichen Bestimmungen 1932 rückzahlbar waren. Es erschien ihnen fraglich, ob die Landwirte dann in der Lage sein würden, ihrer Rückzahlungsverpflichtung nachzukommen. Deshalb nahmen mehrere Banken ihre landwirtschaftlichen Aufwertungshypotheken aus der Teilungsmasse heraus und übernahmen sie, soweit sie als Deckungshypotheken für Liquidationspfandbriefe in Betracht kamen, wieder als eigene, dauernd unkündbare Darlehen, wodurch der Schuldner der Sorge wegen der Rückzahlung enthoben wurde. Dem Landwirt stand es jedoch frei, die Aufwertungshypothek jederzeit in bar oder in Liquidationspfandbriefen zurückzuzahlen.

Der nicht organisierte Realkredit erfreute sich zwar einer gewissen Unabhängigkeit vom Pfandbriefmarkt. Dennoch machte sich bei den Sparkassen die Versteifung des Kapitalmarktes in der Weise bemerkbar, daß die Kommunen in starkem Maße ihre Hilfe in Anspruch nahmen. Vom 31. August 1927 bis 31. Dezember 1927 erfolgte eine Vermehrung der Kommunaldarlehen um 91,8 Millionen Reichsmark. Auch der Bestand an städtischen Hypotheken wuchs weiter; sie stiegen auf 1,568 Milliarden Mark an, also um 285,9 Millionen Reichsmark. Der Wohnungsneubau in den Städten nahm also wieder den Hauptteil der zu langfristiger Anlage verfügbaren Sparkassenmittel in Anspruch. So nahmen die landwirtschaftlichen Hypotheken vom 31. August bis 31. Dezember 1927 nur um rund 70 Millionen Reichsmark zu; dadurch hatte sich im Reichsdurchschnitt der Anteil der landwirtschaftlichen Hypotheken am Gesamthypothekenbestand von 23,7 auf 22,9% vermindert. Allerdings lagen die Dinge in den einzelnen Teilen des Reiches verschieden. In Preußen entfielen Ende 1927 von der gesamten Hypothekenanlage der Sparkassen 21,3% auf landwirtschaftliche Darlehen, wozu 8,2% der Spareinlagen verwandt worden waren,[1] 21,7% der Spareinlagen waren in Wertpapieren, 13,7% in Kommunaldarlehen und 26% kurzfristig angelegt. Dagegen hatten die bayerischen Sparkassen 14,3%, die württembergischen 20,9%, die Badener 23,7% und die Schaumburg-Lippischen 33,3% der Spareinlagen zum Erwerb landwirtschaftlicher Hypotheken verwandt. Die Anlage in Wertpapieren blieb bei diesen Sparkassen erheblich hinter der der preußischen zurück. Das Kommunaldarlehnsgeschäft wurde von den erwähnten Ländern nur in Württemberg stärker als in Preußen gepflegt. Unter den Wertpapierbeständen der Preußischen Sparkassen befanden sich erhebliche Posten von Schuldverschreibungen des Reiches und der anderen öffentlichen Körper. Daneben waren kleinere Posten von Obligationen der Landschaften und öffentlich-rechtlichen Kreditanstalten vorhanden, Hypothekenpfandbriefe dagegen kaum, da für die preußischen Sparkassen das Sparkassenanlagegesetz[2] ihren Erwerb nicht zuläßt. So stellten die Sparkassen von den ihnen zu langfristiger Anlage überlassenen Mitteln doch nur verhältnismäßig kleine Beträge dem landwirtschaftlichen Realkredit zur Verfügung. Denn die Politik der Sparkassen ging und geht auch heute noch darauf hinaus, das langfristige landwirtschaftliche Kreditgeschäft nach Möglichkeit auf die Gewährung von Hypotheken zu beschränken, dafür aber durch Ankauf von Wertpapieren den langfristigen Kommunalkredit zu fördern. Die starke Beteiligung der Sparkassen am städtischen Realkredit war überdies daraus zu erklären, daß bei den städtischen Sparkassen die Spareinlagen sich schneller und stärker vermehrten als bei den ländlichen, weil die

---

[1] Deutsche Sparkassenzeitung 74 vom 30. Juni 1928.
[2] GS. 1913, S. 3.

Kapitalbildung auf dem Lande naturgemäß durch die ungünstige Lage der Landwirtschaft zurückblieb.

Im Gegensatz zu den Sparkassen beteiligten sich die Versicherungsunternehmen noch mit erheblichen Beträgen nachfragend am Pfandbriefmarkt. Sie trugen auf diese Weise dazu bei, den Rückgang der Kurse aufzuhalten.

Aber auf die Kreditlage der Landwirtschaft hatten in diesen Monaten die ausländischen Kredite den nachhaltigsten Einfluß. Sie trugen dazu bei, die sich wieder verschärfende Lage der Landwirtschaft zu mildern. Die Ernte 1927 war mengenmäßig zwar besser ausgefallen als die von 1926, aber infolge der in der Erntezeit einsetzenden Unwetterperiode hatte die Qualität des Erntegutes so gelitten, daß sich die deutschen Produktenbörsen entschließen mußten, das normale Hektolitergewicht für Roggen und Weizen herabzusetzen. Trotzdem blieb ein großer Teil der Brotgetreideernte unverkäuflich und mußte als Viehfutter verwandt werden. Dazu kam ein starkes Sinken der Schweinepreise, die besonders in den bäuerlichen Betrieben des Westens große Einbußen hervorriefen. Das Institut für Konjunkturforschung schätzt den auf diese Weise entstandenen Verlust auf 250 Millionen Reichsmark.[1] So ist es zu erklären, wenn in den westlichen Schweineproduktionsgebieten jetzt die Verschuldung verhältnismäßig stärker zunahm, als im Osten. Nach den Ermittlungen des Instituts für Konjunkturforschung[2] hatte im Laufe des Jahres 1927 die Realverschuldung der Landwirtschaft in Oldenburg um 141%, in Westfalen um 108%, in Hessen um 99%, im Freistaat Sachsen um 96%, in Hannover um 79%, dagegen im wirtschaftlich stark benachteiligten Ostpreußen nur um 48% zugenommen. Infolge der strukturellen und konjunkturmäßigen Beengung des Kapitalmarktes konnten der Landwirtschaft in der Zeit vom 30. Juni 1927 bis 31. Dezember 1927 nur 303,2 Millionen Reichsmark an langfristigen Realkrediten zugeführt werden gegen 583,4 Millionen Reichsmark im gleichen Zeitraum des Vorjahres. Von den 303,2 Millionen entfielen schätzungsweise rund 250 Millionen Goldmark auf Auslandsmittel, die Beteiligung des deutschen Kapitalmarktes war also nur sehr gering. Ohne die Aufnahme von Auslandsdarlehen wäre es daher der Landwirtschaft kaum gelungen, die 372 Millionen Reichsmark an Wechselschulden,[3] die nach der Ernte

[1] Vierteljahrshefte zur Konjunkturforschung, 3. Jahrgang, 1927, Heft 4, S. 46.

[2] a. a. O., Jahrgang 1928, Heft 1, Teil B, S. 8.

[3] Wochenbericht des Instituts für Konjunkturforschung, 1. Jahrgang, Nr. 21 vom 22. August 1928.

bis zum Jahresschluß fällig waren, abzudecken oder in langfristige Realkredite umzuwandeln. Nur die Auslandsanleihen ermöglichten es, daß der Anteil der kurzfristigen Kredite an der erfaßbaren Gesamtverschuldung der Landwirtschaft von 51,3% Ende Juni 1927 auf 45,2%[1] Ende Dezember 1927 zurückging. Die Auslandskredite haben also die Schärfe der Verknappung gemildert. In der Hochspannung wurde es klar, daß der Kapitalmarkt noch weit weniger als in der Vorkriegszeit den Kreditbedarf von Industrie und Landwirtschaft gleichzeitig befriedigen konnte. Während aber vor 1914 der Landwirt günstige Zeiten für die Realkreditaufnahme abwarten konnte, war er 1927 beim Fehlen jeglicher Barreserven und beim Vorhandensein einer hohen kurzfristigen Verschuldung dazu nicht in der Lage. Ohne Auslandskredite wäre der Landbau im Herbst 1927 in eine schwere Krise hineingeraten.

δ) Die Depression vom Januar 1928 ab.

(Abgeschlossen Ende 1929.)

Anfang 1928 machten sich gewisse Spannungen in der deutschen Wirtschaft bemerkbar.[2] Ende Februar 1928 hatte die wirtschaftliche Aktivität das Maximum überschritten, und es setzte eine Depression ein, die ohne in die Krisis einzumünden, das ganze Jahr 1928 und 1929 hindurch anhielt.

Die Sätze für tägliches Geld gaben im Januar 1928 etwas nach, zogen im März wieder an, zeigten dann aber von April ab unter starken Schwankungen sinkende Tendenz;[3] im August 1928 wurden für tägliches Geld etwa 6% gezahlt gegen 7% im Februar 1928. — Monatsgeld dagegen lag erheblich fester bei 8%. Die beiden Sätze schwankten im weiteren Verlauf der Depression um 7 und 8% herum.

Die Wirtschaftskredite bei den Notenbanken nahmen ab.[4] Das Tempo der Kapitalbildung, soweit es in der Zunahme der Spareinlagen erfaßbar ist, hat sich in der Depression nicht

---

[1] Anlage 1.

[2] Vierteljahrshefte zur Konjunkturforschung, 2. Jahrgang 1927, Heft 4, S. 7 und 3. Jahrgang 1928, Heft 1, Teil A, S. 5.

[3] S. Anlage 4.

[4] Wirtschaftskredite der Notenbanken (Millionen Reichsmark)

30. 9. 27	3325	30. 6. 29	3361
31. 12. 27	3395	30. 9. 29	3006
30. 6. 28	2808	31. 12. 29	3274
31. 12. 28	3042		

beschleunigt. Die Spareinlagen vermehrten sich ständig in sechs Monaten um je 1 Milliarde Reichsmark. Es war im Juli 1928 die sechste Milliarde erreicht, nach weiteren sechs Monaten, im Januar 1929, wurde die siebente Milliarde überschritten und Ende Juni 1929 waren über acht Milliarden Mark Spareinlagen vorhanden, und die neunte Milliarde wurde wieder nach sechs Monaten im Dezember 1929 erreicht. Neben einer zweifellos beträchtlichen Ansammlung von Neukapitalien fand infolge der Aufwertung eine Kapitalverschiebung statt. Diese wird man im Jahre 1928 auf 95 Millionen Reichsmark = 4% des Einlagenüberschusses der Sparkassen und im Jahre 1929 auf 195 Millionen Reichsmark = 9,5% des Einlagenüberschusses annehmen können.[1] Die Neubildung von langfristig verfügbarem Geldkapital hat 1928 und 1929 trotz abflauender Konjunktur, aber gestiegenen Reparationszahlungen den Bedarf der Wirtschaft nicht zu decken vermocht. Daran ändert die Tatsache auch nichts, daß sich auf dem Kapitalmarkt, vor allem im Januar 1928, ein stärkeres Auftreten des Renten- und Dividendeneinkommens bemerkbar machte. Nach den Berechnungen des Instituts für Konjunkturforschung belief sich das Zins- und Dividendenaufkommen Ende 1927 und 1928 auf etwa je 2 Milliarden Reichsmark.[2] Aber diese 2 Milliarden Reichsmark sind noch nicht ein Drittel des Renteneinkommens der Vorkriegszeit, das Wagemann auf 7,3 Milliarden Mark schätzt.[3] Wieviel von diesem Einkommen aus Dividenden und Zinsen am Kapitalmarkt nachfragend aufgetreten ist, läßt sich schwer feststellen. — Die gleiche Erscheinung wie im Januar 1928 zeigte sich auch an den übrigen Quartalsterminen dieses Jahres sowie im Jahre 1929, an denen Zinsen und Dividenden zur Ausschüttung gelangten. Aber diese Verstärkung der Nachfrage genügte nicht, um eine Senkung des Nominalzinsfußes oder eine erhebliche Steigerung der Kurse herbeizuführen. Abgesetzt und neu emittiert wurden fast ausschließlich 8%ige Stücke.

Die Neuausgaben konnten nur zu weichenden Kursen Absatz finden, wobei die der 5—7% Pfandbriefe stärker nachgaben, als die zu 8% und höher verzinslichen Typen. Vom Januar bis Juli 1928 sanken die niedriger verzinslichen Papiere um durch-

---

[1] Wirtschaft und Statistik 10. Jahrgang 1930. S. 299.

[2] Vierteljahrshefte zur Konjunkturforschung, 3. Jahrgang, 1928, Heft 1, Teil A. S. 13, 4. Jahrg. 1929, Heft 2, Teil A, S. 18.

[3] E. Wagemann, Konjunkturlehre, Berlin 1928, S. 31.

schnittlich 3—4%, während 8 und 10% Pfandbriefe nur etwa 1% verloren.[1] Es war jetzt die meist auf ein Jahr festgesetzte Sperrfrist der um die Jahreswende 1926/27 in großem Umfang abgesetzten 5—7% Goldpfandbriefe abgelaufen. So trat am Markte ein verstärktes Angebot in diesen Papieren auf und drückte die Kurse. Nach den bösen Erfahrungen, die die Pfandbriefkäufer mit den niedrig verzinslichen Typen im vergangenen Jahre gemacht hatten, wollten sie jetzt nur Pfandbriefe mit einer hohen Nominalverzinsung erwerben; denn diese waren auch geringeren Kursschwankungen ausgesetzt, da sich ihr Nominalzins am meisten der tatsächlichen Lage am Kapitalmarkte angepaßt hatte. — Wenn trotzdem im Sommer 1928 der Pfandbriefabsatz nicht zum Stocken kam, so war das vor allem auf starke Käufe des europäischen Auslandes zurückzuführen. Dadurch kam es, daß der Pfandbriefabsatz im Jahre 1928 mit 1,1 Milliarden Reichsmark nur um 0,1 Milliarde Reichsmark hinter dem von 1927 zurückblieb. 1929 sank er allerdings auf 0,5 Milliarden Reichsmark.[2]

Neben den schon geschilderten Verhältnissen machte sich 1928 noch nachteilig geltend, daß der Markt festverzinslicher Werte durch eine starke Nachfrage der Kommunen nach langfristigen Mitteln beengt wurde. „Durch das Ausmaß und die Art der kommunalen Anleihen drohte der Inlandsmarkt zerstört zu werden."[3] Ein Teil der Gemeinden hatte nämlich, nachdem der überreichliche Strom an Steuereinnahmen, der ihnen in den ersten Jahren nach der Stabilisierung zugeflossen, erheblich abgeflaut war, versäumt, „eine Neuordnung ihrer Ausgabenpolitik vorzunehmen"[4] und war daher gezwungen, zur Deckung von Fehlbeträgen Anleihen aufzunehmen. Nach den Ermittlungen des Generalagenten für Reparationszahlungen hatten die Gemeinden allein in den ersten vier Monaten des Jahres 1928 den inländischen Kapitalmarkt unmittelbar oder durch Vermittlung von Kreditanstalten in einer Gesamthöhe von 365 Millionen Reichsmark beansprucht.[5] Unter den obwaltenden Umständen konnten diese Beträge aber nur zu ständig sich verschlechternden Bedingungen untergebracht werden. Um die Konkurrenz der Pfandbriefe aus

[1] Siehe Anlage 3 und 4.

[2] Vierteljahrshefte zur Konjunkturforschung, 4. Jahrg., 1930, Heft 4, S. 18.

[3] Äußerung des Reichsministers der Finanzen, zitiert im Bericht des Generalagenten für Reparationszahlungen vom 7. Juni 1928, S. 84.

[4] a. a. O., S. 84.

[5] a. a. O., S. 83.

dem Felde zu schlagen, mußten sich die Kommunen bereit finden, für ihre Schuldverschreibungen erhöhte Bonifikationen und niedrigere Kurse zu bewilligen, als sie die gleich hoch verzinslichen Pfandbriefe aufwiesen. Eine Inanspruchnahme des ausländischen Kapitalmarktes war den Kommunen in dieser Zeit nicht möglich. Das Reichsfinanzministerium hatte nämlich auf Grund des Schriftwechsels zwischen dem Generalagenten für Reparationszahlungen und dem Reichsfinanzminister vom Oktober/November 1927, in dem die starke Auslandsverschuldung der öffentlichen Körper zur Sprache kam, eine eingehende Untersuchung über die Kreditbedürfnisse der Gemeinden angestellt, deren Ergebnis erst im Januar 1928 vorlag. Die Beratungsstelle für Auslandsanleihen hielt in der Zwischenzeit keine Sitzungen ab und trat erst Ende März wieder zusammen, um sich über die einzuschlagende Politik schlüssig zu werden. Es konnten daher Anträge von Gemeinden auf Aufnahme von Auslandsanleihen nicht erledigt werden. Die Folge war, daß der inländische Kapitalmarkt um so heftiger von den Kommunen bedrängt wurde. Die Gefahr seiner Überbürdung veranlaßte den Reichsfinanzminister im April 1928, die Länderregierungen in einem Runderlaß darauf hinzuweisen, daß die Beratungsstelle für Auslandsanleihen bei Zuteilung der Beträge, die vom ausländischen Kapitalmarkt aufgenommen werden dürften, die vorherige Inanspruchnahme des Inlandsmarktes überprüfen würde.[1] Anfang Mai waren die Arbeiten der Beratungsstelle soweit gediehen, daß sie für 165 Millionen neue Auslandskommunalanleihen freigab; und das bedeutete eine gewisse Entlastung des inländischen Kapitalmarktes. Im Jahre 1929 jedoch fand das amerikanische Kapital im eigenen Lande lohnendere Anlage. Dieser Umstand und die Ungewißheit über den Ausgang der Verhandlungen über die künftige Gestaltung der Reparationszahlungen hielt das amerikanische und ausländische Kapital vom deutschen Markte fern. So mußte der inländische Kapitalmarkt allein den Kapitalbedarf befriedigen, und mit dem landwirtschaftlichen Realkredit konkurrierten dort städtischer Grundkredit, die Industrie und die öffentlichen Körper. Der gefährlichste Konkurrent war die steuerlich privilegierte 7% Reichsanleihe im Betrage von 183 Millionen Reichsmark.[2]

Diese Entwicklung am deutschen Kapitalmarkt im Sommer 1927 veranlaßte die Hypothekenbanken, wieder an den Auslandsmarkt heranzutreten. Die Preußische Pfandbrief-

---

[1] R. M. d. F. Nr. I c, 3803 vom 16. April 1928.

[2] S. Anl. 4.

Bank, die seit dem 1. Oktober 1927 die Roggenrentenbank im Wege der Fusion in sich aufgenommen hatte, und jetzt ebenfalls in starkem Maße ländliche Beleihungen gewährte, setzte um die Jahreswende 1927/28 10 Millionen Goldmark 7% kapitalertragssteuerfreie Goldpfandbriefe im Ausland ab, und zwar 6 Millionen Goldmark an englische Banken, die sie an Versicherungsunternehmen weitergaben, und 4 Millionen Goldmark an holländische Banken. Diese stellten daraufhin Zertifikate aus, die im Publikum placiert wurden. Die Preußische Pfandbrief-Bank erlöste dabei 93½%, während zur gleichen Zeit am deutschen Inlandsmarkt 7% Goldpfandbriefe mit etwa 93,25% notierten, allerdings aber kaum unterzubringen waren. Dieser Erlös wurde an landwirtschaftliche Hypothekenschuldner, vor allem zur Umwandlung von Roggendarlehen in Goldhypotheken zu 91% weitergeleitet; der Landwirt hatte 7½% Zins sowie ½% Tilgungsbeitrag zu entrichten, nahm also eine jährliche Last von 8,8% auf sich.

Die Deutsche Rentenbank-Kreditanstalt nahm wieder mit der National City Co. in New York Verhandlungen auf und schloß im April 1928 eine vierte Anleihe in Höhe von 25 Millionen $ ab. Es wurden in den Vereinigten Staaten 6% $-Schuldverschreibungen mit zehnjähriger Laufzeit zu 95% aufgelegt. Die Deutsche Rentenbank-Kreditanstalt erhielt 92½% bar ausgezahlt. Es war ihr also trotz der Verschlechterung der Lage am deutschen Kapitalmarkt, abermals gelungen, die Auszahlung um ½% zu erhöhen, allerdings nur unter der Bedingung, daß die Schuldverschreibungen schon nach zehn Jahren fällig sein sollten. Die eingehenden Beträge gelangten mit 91,7% an die vermittelnden Realkreditgeber zur Auszahlung; diese durften bei der Weitergabe an den Landwirt ½% als Abschlußvergütung einbehalten, sodaß der Schuldner 91,25% bar ausgezahlt erhielt. Es sind 6% Zinsen sowie ein Verwaltungskostenbeitrag von 0,6% zu bezahlen, von dem 0,5% dem vermittelnden Realkreditgeber und 0,1% der Deutschen Rentenbank-Kreditanstalt zufallen. Bis zum 15. Oktober 1937 kommt noch eine jährliche Tilgungsquote von 1,5% hinzu. Somit hat der Schuldner jährlich 8,1% des Nominalkapitals aufzubringen. Der nach dem 15. Oktober 1937 noch ausstehende Restkapitalbetrag des Darlehns wird am 15. April 1938 in voller Höhe zur Rückzahlung fällig. Da bis zu diesem Termin erst 19% des Nominaldarlehns getilgt sein können, ist diese Bestimmung nicht ohne Gefahr für den landwirtschaftlichen Schuldner, der dann 81% des Nominalbetrages entweder aus eigenen Mitteln oder durch Aufnahme eines anderen Realkredits aufbringen muß. Mit einer Prolongierung der noch nicht getilgten Beträge kann kaum gerechnet werden, da die in Amerika ausgestellten Schuldverschreibungen der Rentenbank-Kreditanstalt 1938 ebenfalls fällig werden und eingelöst werden müssen. Der Schuldner ist jedoch berechtigt, schon vorher das Darlehn ganz oder in Teilbeträgen zu einem Zinsfälligkeitstermin unter Einhaltung einer Kündigungsfrist von fünf Monaten zurückzuzahlen. Die Rückzahlung kann nach Wahl des Darlehnsnehmers zu pari in bar oder in Schuldverschreibungen der Deutschen Rentenbank-Kreditanstalt erfolgen.

Die Beleihung durfte wie bisher bis zu 40% des Wehrbeitragswertes von 1924 gehen; ebenso fanden die Bestimmungen der zweiten und dritten Amerikaanleihe wegen der Vorbelastungen und der Zwischendeckung Anwendung. Dagegen hatte die Deutsche Rentenbank-Kreditanstalt dieses Mal die Verwendung der gewährten Darlehen schärfer umrissen; sie sollten zur wirtschaftlicheren Gestaltung der Betriebe und vor allem zur Abdeckung kurzfristiger, drückender Verbindlichkeiten aus zurückliegenden Wirtschaftsjahren dienen. Die vergebenden Realkreditgeber sollten in jedem Falle prüfen, ob im Hinblick auf die Wirtschaftsführung und die Gesamtverschuldung die Erreichung des mit der Kreditaufnahme verfolgten Zieles gesichert erschiene. Wo dieses nicht zuträfe, müßte der Darlehnsantrag, selbst wenn die notwendigen dinglichen Sicherheiten vorhanden wären, abgelehnt werden.

Um dem mit der wachsenden Beengung des Kapitalmarktes sich wieder bemerkbar machenden Vermittlerunwesen im Interesse der landwirtschaftlichen Schuldner zu steuern, wurde seitens der Rentenbank-Kreditanstalt den Realkreditinstituten auferlegt, Darlehnsanträge nur von solchen Vermittlern entgegenzunehmen, die in festem Geschäftsverkehr mit den Instituten ständen, und ihnen für ihre Tätigkeit keine höhere Vergütung als ½% zufließen zu lassen.

Ein dritter Strom ausländischen langfristigen Kapitals wurde der Landwirtschaft auf Grund des sogenannten „Notprogramms der Reichsregierung“ durch Vermittlung der verschiedenen Landesbanken zugeleitet.[1] Die in der Deutschen Landesbankenzentrale A.-G. vereinigten Landesbanken hatten

[1] RGBl. 1928, II, S. 209. Das Notprogramm mit Ausführungsbestimmungen ist abgedruckt in Heft 11 der Veröffentlichungen des Deutschen Landwirtschaftsrates, Berlin 1928.

durch Vermittlung des Bankhauses Lee, Higginson & Co. im Juni 1928 eine Anleihe von 25 Millionen Dollar aufgenommen. Es sollte dies ein Teilbetrag der auf 200 Millionen Reichsmark bemessenen Umschuldungskredite sein. Diese 25 Millionen Dollar wurden von Lee, Higginson & Co. in 6½% Dollar-Goldschuldverschreibungen mit einer Laufzeit von 30 Jahren zu 97½% gleichzeitig in den Vereinigten Staaten, in England, Holland, Schweden und in der Schweiz zur Zeichnung aufgelegt und mit 94,22% an die Landesbanken weitergegeben. Diese erhoben ½% zur Deckung des Pfandbriefstempels und den gleichen Betrag für den Druck der Schuldverschreibungen und für die Börseneinführung. Da nun bei Umwandlung des Dollars in Mark noch ein Verlust von 0,42% entstand, bekam der Landwirt statt 93,22% nur 92,80%. Er hatte dafür 6½% Zinsen, 1,17% Tilgung sowie 0,75% Verwaltungskostenbeitrag zu entrichten. Diese Last (9,1%) war in zwei gleichen halbjährlichen Raten abzuführen. Durch Zahlung des Tilgungsbeitrages zuzüglich der ersparten Zinsen wurde das Darlehn in 30 Jahren amortisiert. Der Schuldner hatte das Recht, den Kredit zu jedem Zinstermin unter Einhaltung einer sechsmonatigen Kündigungsfrist durch Einreichung von Schuldverschreibungen ganz oder in Teilbeträgen zurückzuzahlen. Vom 1. Juni 1933 ab konnte unter den gleichen Bedingungen eine Rückzahlung auch in bar zu pari erfolgen. Für die Darlehnsgeberin ist das Darlehn unkündbar.

Die mit dieser Anleihe zu vergebenden Kredite sollten ausschließlich dazu dienen, drückende schwebende Schulden (Händler- und Handwerkerschulden, Wechselverbindlichkeiten, rückständige Löhne und Abgaben) in langfristigen Realkredit und zugleich auch Roggenwertdarlehen in Goldhypotheken umzuwandeln. Voraussetzung war, daß durch die Hingabe des Darlehns die rationelle Fortführung des schuldnerischen Betriebes gewährleistet wurde. Auf die Erststelligkeit im Grundbuch durfte verzichtet werden. Bedingung war aber, daß das Dahrlehn einschließlich aller im Range vorgehenden Belastungen mit etwa 50 bis 60% des Grundstückswertes abschneiden, und daß es an sich in der Regel nicht mehr als 20% des Grundstückswertes betragen sollte. Zur Ermittlung des Grundstückswertes waren im allgemeinen die Taxen der öffentlich-rechtlichen oder der unter Staatsaufsicht stehenden Realkreditinstitute zugrundezulegen.

Zweck und Art der Kredite machten es erforderlich, daß die das Darlehn vergebende Landesbank außer der hypothekarischen Haftung des beliehenen Grundstücks sich noch seitens des Reiches, der Länder und der Provinzen eine Garantie für Kapital und Zinsen geben ließ. Eine unmittelbare, selbstschuldnerische Bürgschaft des Reiches und der Länder war allerdings nicht möglich, da ja Art. 248 des Versailler Vertrages und die Auslegung seiner Bestimmungen, die durch den Generalagenten für Reparationszahlungen in seinem Schreiben an die Reichsregierung vom September 1926 erfolgt war, verlangen, daß Reich und Länder mit ihrem Besitz erststellig für die Reparationen haften. Aus diesem Grunde wurde sowohl im Gesetz über die Feststellung des Reichshaushaltsplans für das Rechnungsjahr 1928,[1] in dem das Notprogramm enthalten war, als auch in den vom Reichsernährungsminister erlassenen Richtlinien für die Umschuldungskredite und in den preußischen Ausführungsbestimmungen[2] die Errichtung von Treuhandstellen in jeder Provinz in der Form einer G. m. b. H. vorgesehen. Gesellschafter sollten zu je $^1/_3$ das Reich, Preußen und die jeweilig interessierte Provinz sein. Das Gesellschaftskapital betrug 21 000 RM. Diese Treuhandstellen übernahmen die selbstschuldnerische Bürgschaft für Kapital und Zinsen aus der Umschuldungsanleihe; sollte ein beliehenes Grundstück zur Zwangsversteigerung kommen, so konnte die Treuhandstelle nötigenfalls die Ausbietungsgarantie übernehmen. Reich, Länder und Kommunalverbände verpflichteten sich, den Treuhandstellen die zur Durchführung ihrer Aufgaben erforderlichen Mittel im Bedarfsfalle mit je $^1/_3$ zur Verfügung zu stellen.

Die Gesellschafter der Treuhandstelle verlangten aber als Gegenleistung für ihre Bereitwilligkeit, daß ihnen ein gewisser Einfluß auf die Verteilung der Kredite und die Abwicklung des Darlehnsverfahrens eingeräumt würde. Deswegen sollten zunächst von der Landesregierung oder von einer durch sie zu bestimmenden Stelle Kreditausschüsse gebildet werden, die bis zu 14 Mitglieder stark sein konnten. Diese Ausschüsse sollten die Grundsätze für die Gewährung des Umschuldungskredits und für die Bemessung der Kredithöhe festsetzen. Sie bestanden aus je einem Vertreter des Reichs, des Landes, der Provinz und der den Kredit gewährenden Institute sowie aus Vertretern der Landwirtschaftskammer, der für die Landwirtschaft tätigen Kreditinstitute sowie der Handels- und Handwerkskammern. Außerdem konnten örtliche Unterausschüsse eingesetzt werden, wie das vor allem in den preußischen Ausführungsbestimmungen für jeden selbständigen Verwaltungsbezirk empfohlen wurde.

---

[1] RGBl. 1928, II, S. 209.

[2] Ministerium für Landwirtschaft, Domänen u. Forsten I. 32029/28.

Die Umschuldung ging nun folgendermaßen vor sich: Der landwirtschaftliche Schuldner stellte den Antrag auf Gewährung einer Umschuldungshypothek an sein Personalkreditinstitut, das daraufhin die wirtschaftliche Lage des Darlehnssuchers überprüfte; es verhandelte, wo es nötig war, mit denjenigen Gläubigern, die aus der Umschuldungsanleihe nicht würden befriedigt werden können, suchte eine Stundungsvereinbarung mit ihnen zu treffen oder sie zur Ermäßigung ihrer Forderung zu veranlassen. Wo es noch möglich war, leitete es die Beschaffung eines erststelligen Hypothekarkredits ein. Die so vorbereiteten Anträge wurden alsdann von dem Kreditausschuß des Umschuldungsinstituts auf das in ihnen liegende Risiko hin geprüft. Das Darlehn konnte nur dann gewährt werden, wenn die Vertreter des Reiches, des Landes oder der an der Treuhandstelle beteiligten Kommunalverbände sowie des Umschuldungskreditinstituts selbst keinen Widerspruch aus Gründen der Sicherheit erhoben.

Von dem Gesamtbetrag der Anleihe entfielen:

auf die Landesbank der Provinz Ostpreußen	29 %
auf die Hannoversche Landeskreditanstalt	14,5%
auf die Provinzialbank Pommern	10 %
auf die Landesbank der Provinz Schleswig-Holstein	8 %
auf die Provinzialhilfskasse f. die Provinz Niederschlesien	7 %
auf die Brandenburgische Provinzialbank	7 %
auf die Sächsische Provinzialbank	5,5%
auf die Provinzialbank Oberschlesien	4 %
auf die Landesbank der Rheinprovinz	3 %
auf den Badischen Sparkassen- und Giroverband	3 %
auf die Landesbank der Provinz Westfalen	3 %
auf die Württembergische Girozentrale	2 %
auf die Provinzialbank für Grenzmark P. W.	2 %
auf die Nassauische Landesbank, Wiesbaden	2 %

Nach Sachsen, Bayern, Oldenburg, Braunschweig, Hessen und Lippe, wo keine Landesbanken vorhanden waren, wurden 6,5 Millionen Reichsmark durch die Deutsche Rentenbank-Kreditanstalt zum gleichen Zwecke und zu den gleichen Bedingungen gegeben.

Die Organisation der Umschuldung ging offenbar zurück auf die Vorschläge des Enquete-Ausschusses, die er in seinem Vorbericht über die Verschuldungsverhältnisse in der deutschen Landwirtschaft niedergelegt hatte. Er beabsichtigte allerdings eine kaufmännischere Durchführung der Sanierung, während de facto der bürokratische Weg eingeschlagen wurde.[1]

Die Organisation ist dadurch recht kompliziert geworden und die Vielköpfigkeit des Ausschusses war einer schnellen und sachgemäßen Verteilung der Umschuldungsanleihe wenig dienlich. Ihre Auszahlung zögerte sich bis in den Sommer 1929 hin.

Für die Sanierung der sehr bedrängten ostpreußischen Landwirtschaft[2] hatten Preußen und das Reich bereits im Frühjahr 1928 vor Zustandekommen der Landesbankenanleihe erhebliche Beträge zur Verfügung gestellt. Zur Gewährung erststelliger 6%iger Pfandbriefbeleihungen durch die Ostpreußische Landschaft gab das Reich für Darlehen im Gesamtbetrage von 60 Millionen Reichsmark einen Disagiozuschuß bis zu 12%, unter der Voraussetzung, daß hierdurch der dem Kreditnehmer in Rechnung zu stellende Verkaufskurs der Pfandbriefe auf 95% gebracht würde. Die so verbilligten Kredite durften nur zur Abdeckung von Personalschulden sowie zu rationeller Gestaltung der Betriebe verwandt werden.

Für zweitstellige Hypothekenkredite gewährten Reich und Preußen der Landesbank der Provinz Ostpreußen 18 Millionen Reichsmark, die in derselben Weise und nach denselben Grundsätzen wie die amerikanische Anleihe der Landesbanken zu Umschuldungszwecken verwandt werden sollte. Neben diesen 18 Millionen wurden weitere 6 Millionen Reichsmark zur Verbilligung von Umschuldungskrediten für ostpreußische kleinbäuerliche Betriebe überwiesen.

Weiter bildete man aus Mitteln des Reichs einen „Betriebserhaltungsfonds“ von 10 Millionen Reichsmark. Aus diesem wurden Beihilfen an landwirtschaftliche Betriebe zur Abdeckung fälliger Personalschulden gegeben. Dabei sollten nur solche Betriebe berücksichtigt werden, wo die Aufnahme erst- und zweitstelliger Hypotheken zur Abdeckung der kurzfristigen Verbindlichkeiten nicht ausreichen würde. Voraussetzung war weiter, daß der betreffende Besitzer bei der Aufnahme von Realkrediten besonders große Verluste erlitten hatte, wie das seinerzeit bei der Inanspruchnahme von Roggenwerthypotheken und 10% Goldpfandbriefdarlehen der Fall gewesen war. Beihilfen aus diesem Fonds konnten natürlich nur solchen Landwirten gegeben wer-

---

[1] Vorbericht über die Verschuldungsverhältnisse der deutschen Landwirtschaft, Berlin 1928, S. 14.

[2] S. Verhandlungen und Berichte des Unterausschusses für Landwirtschaft, Bd. 8, Berlin 1929, S. 66; 108—123.

den, die nach Abstoßung der Personalschulden in der Lage waren, ihre Betriebe rationell fortzuführen. Sanierungsunfähige Betriebe waren also von der Unterstützung ausgeschlossen. Die Bewilligung der Beihilfe erfolgte durch die bereits oben erwähnten Kreditausschüsse.

Im Jahre 1929 konnten wegen der Verschlechterung der Lage an den internationalen Kapitalmärkten langfristige Auslandskredite für die Landwirtschaft nicht aufgenommen werden.

Was nun die Verhältnisse auf dem inländischen Kapitalmarkt anbetraf, so konnten die Pfandbriefinstitute in den Jahren 1928 und 1929 im allgemeinen nur Darlehen auf der Basis 8% Goldpfandbriefe gewähren, die zu etwa 90—93% ausgezahlt wurden und bei 8% Zinsen, ½% Tilgung und ½% Verwaltungskostenbeitrag eine Annuität von etwa 10—9,7% bedingten. Die Abzüge, die seitens der Kreditintitute vom Börsenkurs[1] gemacht wurden, bewegten sich zwischen 4 und 5%; sie bestanden aus 2% Bonifikation und 2—3% Abschlußprovision. Ihre Höhe war wieder beeinflußt durch die Höhe des Pfandbriefrückflusses, der immer noch zwischen 40 und 45% der Jahresemission schwankte.

Im Laufe des Jahres 1928 genehmigte der Preußische Minister für Volkswohlfahrt als Aufsichtsbehörde über die preußischen Hypothekenbanken[2] im Einvernehmen mit dem Preußischen Landwirtschaftsminister, daß diejenigen preußischen Hypothekenbanken, die über langjährige Erfahrungen im landwirtschaftlichen Beleihungsgeschäft verfügten und für die Durchführung landwirtschaftlicher Beleihungen eine besondere Organisation innerhalb ihres Betriebes besäßen, ihre Beleihungen lediglich nach dem von ihnen festgesetzten Bonitierungstaxwert ohne Rücksicht auf den berichtigten Wehrbeitragswert durchführen könnten. Darnach dürften die Darlehen betragen:

bei Gewährung 8% Goldpfandbriefe bis zu 33⅓% des Bonitierungstaxwertes,

bei Gewährung 7% Goldpfandbriefe bis zu 36% des Bonitierungstaxwertes,

bei Gewährung 6% Goldpfandbriefe bis zu 40% des Bonitierungstaxwertes.

[1] Siehe Anlage 3.

[2] Minister für Volkswohlfahrt II. 4. Nr. 400 vom 23. April 1928.

Daraufhin haben sich einige Institute entschlossen, ihre Grundsätze für die Wertermittlung bei ländlichen Beleihungen zu ändern. Man richtet jetzt, in Zeiten sinkender Landgüterpreise, zunächst das Hauptaugenmerk darauf, den Verkaufswert zur Zeit der Schätzung zu ermitteln. Dazu ist der Boden als landwirtschaftlich oder als forstwirtschaftlich genutzte Fläche oder als Fischgewässer zu bonitieren und in verschiedene Gutsklassen einzuordnen. Einem über das Normalmaß hinausgehenden Inventar- und Gebäudekapital wird durch entsprechende Zuschläge Rechnung getragen, falls dadurch ein höherer Wert oder eine höhere Rente des Betriebes nachhaltig gesichert erscheint. Genügen Inventar und Gebäude in Güte und Ausmaß den üblichen Anforderungen nicht oder sind die Gebäude nicht zum vollen Wert versichert, so treten entsprechende Abzüge ein. Sind technische Nebengewerbe vorhanden, die mit dem landwirtschaftlichen Betrieb in inniger Wechselbeziehung stehen, so können weitere Zuschläge zu dem ermittelten Taxwert gemacht werden. Für die zu gewährende Beleihungshöhe ist jedoch in allen Fällen maßgebend, ob die Sicherheit des Darlehns auch bei einer Devastierung des Gutes gewährleistet und ob die sich aus der Beleihung ergebende Zinsenlast für den Betrieb tragbar erscheint. Demnach darf der Beleihung nicht der volle Verkaufswert sondern nur der Sicherheitswert des Objektes zugrunde gelegt werden.

Von den öffentlich-rechtlichen Kreditinstituten nahm die Hannoversche Landeskreditanstalt zum 1. Januar 1928 die Konvertierung ihrer 10% Darlehn in 8% vor. Es bestanden im ganzen für 1929 471 200 GM 10% Hypotheken, die sämtlich in 8% umgewandelt wurden. Den Inhabern der 10% Schuldverschreibungen wurde durch ein Bankenkonsortium der gleiche Nennbetrag in 8% Obligationen mit einer Konvertierungsprämie von 1% angeboten. Das Bankenkonsortium selbst erhielt eine Provision von 0,9% und übernahm die 8% Schuldverschreibungen zu pari. Die Nettoauszahlung an die Landwirte betrug 97%. Von dem Disagio von 3% blieben somit 1,1% für die Hannoversche Landeskreditanstalt übrig, ein Satz, der die mit der Konvertierung verbundenen Unkosten nicht voll deckte. Um den Landwirten die Aufbringung des Disagios zu erleichtern, wurde ihnen dieses mit der Maßgabe gestundet, daß es in acht gleichen Raten mit den halbjährlich zu zahlenden Leistungen aus der Hypothek zurückzuerstatten wäre. An Jahresleistungen hatte der Schuldner 8% Zins, ½% Verwaltungskosten und ½% Tilgung zu entrichten. Es mußten also vom Landwirt ohne Einberechnung des gestundeten Disagios 9,3% jährlich aufgebracht werden; unter Berücksichtigung des Disagiokredits waren es für die ersten vier Jahre 10,03%.

Die Landesbank der Rheinprovinz war auch 1928 und 1929 dank ihres engen Zusammenarbeitens mit den rheinischen Sparkassen in der Lage, trotz der Verschlechterung am Kapitalmarkt Tilgungsdarlehen zu günstigeren Bedingungen zu geben als die anderen Realkreditgeber. Denjenigen Schuldnern, die aus alten Darlehen mehr als 8% Zinsen zu entrichten hatten, wurden wieder aus den Mitteln der Landesbank ein Zinszuschuß von 1% gewährt.

Der nichtorganisierte Anstaltskredit hatte infolge des Anziehens der Zinsfüße seine Bedingungen ebenfalls verschärfen müssen. Sparkassenhypotheken wurden im allgemeinen mit 99% bei einem Zinsfuß von 9½—10% ausgezahlt. Der Anteil der Amortisationshypotheken, der schon 1927 unter dem Einfluß der neuen Mustersatzungen wieder zugenommen hatte, stieg weiter und machte Ende 1928 45% der ausgegebenen landwirtschaftlichen Hypotheken aus.

Die privaten Lebensversicherungsgesellschaften hielten mit neuen Realkreditgewährungen an die Landwirtschaft zurück. Bei der zunehmenden Verschuldung und der dauernd weiter hinschleichenden agrarischen Depression scheute man das Risiko, das mit einer Vermehrung des landwirtschaftlichen Darlehnsbestandes verbunden war. Die Bedingungen blieben 1928 und 1929 die gleichen wie Ende 1927; Auszahlung etwa 95%, 7% Zins, auf 5 Jahre fest.

Die erfaßbare Verschuldung der Landwirtschaft[1] erhöhte sich von Ende 1927 bis Ende 1928 von 5,7 Milliarden Reichsmark auf 6,8 Milliarden Reichsmark. Dabei nahmen die Realkredite und die Kredite mittlerer Laufzeit von 3,1 Milliarden Reichsmark auf 3,9 Milliarden Reichsmark zu, während die kurzfristigen Kredite nur von 2,6 auf 2,9 Milliarden Reichsmark anstiegen, sodaß also auch die Umwandlung kurzfristiger Kredite in langfristige weiter fortschritt. Die Realkredite und Kredite mittlerer Laufzeit machten von der erfaßbaren Gesamtverschuldung Ende 1927 54,8% und Ende 1928 57,7% aus. Diese geringe Verbesserung in der Struktur der Verschuldung war aber nur durch den Rückgriff auf den ausländischen Kapitalmarkt möglich. Diese

[1] S. Anlage 1.

Strukturverbesserung der erfaßbaren landwirtschaftlichen Verschuldung setzte sich auch im Jahre 1929 fort, da die kurzfristigen Kredite nur in geringerem Maße zunahmen, als die Realkredite und die Kredite mittlerer Laufzeit, deren Anteil an der erfaßbaren Gesamtverschuldung Ende 1929 60,2% betrug.

Wenn der inländische Kapitalmarkt trotz des Abklingens der industriellen Hochkonjunktur, trotz fortschreitender Kapitalbildung im Innern, trotz des starken Zustromes ausländischer Kredite im Jahre 1928 nicht leistungsfähiger geworden ist, sondern sich die Bedingungen mehr und mehr verschlechterten, so wird man die Ursache dafür einmal in der starken Inanspruchnahme des Marktes durch die Kommunen im Jahre 1928, vor allem aber, mit Sering, in der wachsenden Belastung der Wirtschaft durch die Reparationszahlungen sehen müssen.[1] 1929 war das Jahr, in dem die deutsche Wirtschaft beim Vorherrschen einer industriellen Depression fast ausschließlich auf den inländischen Kapitalmarkt angewiesen war. Die Pfandbriefemissionen verringerten sich verglichen mit 1928 um 38%, die Aktienemissionen um 26%, die der öffentlich-rechtlichen Körperschaften um etwa 15%.[2] Wieder ist es der Kapitalbedarf der öffentlichen Hand, dieses Mal der des Reiches, der auf den Markt drückt. Und dazu macht sich in immer stärkerem Maße eine beträchtliche Kapitalflucht ins Ausland bemerkbar, verursacht durch die finanzielle Mißwirtschaft des Reiches, die unsichere inner- und außenpolitische Lage und eine die Kapitalbildung beeinträchtigende Besteuerung; alles letzten Endes Ausflüsse der untragbaren Reparationslasten.

Betrachtet man nunmehr die gesamte, bisher in ihren Einzelheiten geschilderte Entwicklung zusammenfassend, so ist der erste Konjunkturabschnitt durch die ständige Vermehrung des Geldumlaufes charakterisiert und das Kennzeichen des zweiten ist der Einfluß, der von den stark einströmenden ausländischen Krediten auf die deutsche Wirtschaft ausgeht. Die ausländischen Kredite verstärkten auch die konjunkturellen Erscheinungen, die auf die Beendigung einer Krise zu folgen pflegten, sodaß im Jahre 1926 der Eindruck erweckt wurde, die Zeiten seien nicht mehr fern, in denen der Zinsfuß wieder auf das Vorkriegsniveau sinken würde.

So schien im Jahre 1926 die antikonjunkturelle Finanzierung

---

[1] Sering, Deutschland unter dem Dawesplan; Berlin 1928, S. 150.

[2] S. Anl. 4.

der Landwirtschaft wieder einzusetzen, und die durchschnittlichen Nettokosten für einen Pfandbriefkredit sanken von 15% zu Anfang des Jahres auf 9,25% gegen Ende 1926.[1] Aber als die industrielle Hochkonjunktur Ende 1927 beendet war und wieder im rhythmischen Kreislauf der Konjunkturen auf die industrielle Hochspannung eine Depression folgte, als ferner im Laufe des Jahres 1928 der Strom der Auslandskredite zu versiegen begann, da blieb die konjunkturell-übliche Belebung des Pfandbriefmarktes aus, und es zeigte sich, ebenso wie vier Jahre vorher, daß in erster Linie die Veränderung eines ökonomischen Strukturelements, nämlich des Kreditwesens, 1926 Erscheinungen hervorgezaubert hatte, die zwar den Vorkriegsverhältnissen glichen, aber die Kapitalknappheit Deutschlands nicht behoben hatten. Sie war vielmehr durch die steigenden Reparationslasten verschärft worden.

Wenn die Stagnation am Kapitalmarkt im Jahre 1928 und 1929 nur zu verhältnismäßig geringer Steigerung des Zinsfußes geführt hatte,[2] so zeigte sich darin der Erfolg derjenigen Maßnahmen, die Reichsbank und Pfandbriefinstitute nach der Krise von 1925 zur Reinigung des Geld- und Kapitalmarktes ergriffen hatten. Damals war in gemeinsamer Zusammenarbeit vor allem von Reichsbank und Rentenbank-Kreditanstalt eine gewisse Konsolidierung des landwirtschaftlichen Realkredites gelungen. Die sogenannte Golddiskontbankaktion hatte dazu in starkem Maße beigetragen. Ihre Bedeutung für den Realkredit lag darin, daß sie Kredit zu einem Zinsfuß gewähren konnte, der an der untersten Grenze des damals herrschenden Niveaus lag. So war wieder ein Kreditgeber vorhanden, der, wie die Landschaften vor dem Kriege auf eine Senkung des Hypothekenzinsfußes hinarbeitete. Der Erfolg blieb nicht aus. Unter dem Einfluß der Konjunktur sanken die Zinssätze[3] schnell und die Rentenbank-Kreditanstalt wirkte sowohl durch die Golddiskontaktion, wie durch ihre Auslandsanleihe auf eine Herabsetzung der bankmäßigen Spesen.

Mit Hilfe ausländischen Kapitals waren auch die Landesbanken im Sommer 1928 an die Organisation der zweiten Hypothek herangegangen, die notwendig war, um die Landwirtschaft von den sie drückenden eingefrorenen Personalschulden zu befreien, und um die genossenschaftliche Kreditorganisation liquider

[1] S. Anl. 4.
[2] Von 7,5% im Februar 1927 auf 10,40% Ende 1929 (s. Anl. 4).
[3] S. Anl. 4.

zu gestalten. Auch hier gelang es, Zins und Risikoprämie niedrig zu halten. Aber dieses war nur möglich durch Einschaltung treuhänderischer Organisationen, an denen Reich, Länder und Kommunalverbände beteiligt waren.

Die Risikoprämie hatte vor dem Kriege im landwirtschaftlichen erststelligen Realkredit kaum eine Rolle gespielt. Ihre Bedeutung war jetzt erheblich größer. Die vorsichtigen Taxprinzipien hatten Landschaften, Landesbanken und Hypothekenbanken beibehalten, aber es fehlte den Taxatoren die feste Bewertungsgrundlage. Wie sollte man den Sicherheitswert eines Landgutes ermitteln, wenn die Güterpreise, je nach der Lage am Kapitalmarkt und nach der Gestaltung der Preise für landwirtschaftliche Erzeugnisse in kurzen Zeiträumen außerordentlich stark schwankten?[1] Vor allem im Osten begann der Gütermarkt, je mehr die Verschuldung zunahm, und je drohender die Gefahr schwerer wirtschaftlicher Zusammenbrüche überschuldeter Großbetriebe wurde, mehr und mehr zu stocken. Aber gerade in den Gebieten, wo die Lage der Landwirtschaft am wenigsten günstig war, wo die Preise der Landgüter ständig sanken, in Ostpreußen, in Ostpommern, der Grenzmark und in einzelnen Teilen Schlesiens und Brandenburgs, lagen die Geschäftsgebiete der größten und ältesten Landschaften. So war es kein Wunder, wenn die landschaftlichen Pfandbriefe jetzt niedriger notierten, als die der Hypothekenbanken, die die Möglichkeit hatten, das Risiko sowohl durch die regionale Verteilung ihrer ländlichen Beleihungsobjekte, als auch durch stärkere Berücksichtigung des städtischen Grundkredites zu mildern. Dazu kam die weniger sorgfältige Kurspflege, die die Landschaften ihren Pfandbriefen angedeihen ließen, wenn sie auch nach den Erfahrungen vom Jahre 1925 ihr Emissionssystem geändert hatten. Dann aber lief der Erwerber der landschaftlichen Papiere die Gefahr jederzeitiger Kündbarkeit. Dieses Moment hatte im ersten Konjunkturabschnitt, als die Spekulation am Pfandbriefmarkt überwog, keine Bedeutung gehabt, wohl aber wurde es wichtig, als im Laufe des zweiten Konjunkturabschnitts wieder das echte Sparkapital in Gestalt der großen Versicherungsunternehmen und der kleinen Kapitalisten auf dem Markt die Vorherrschaft erhielt. Diesen Käufern lag es daran, gut gesicherte, hochverzinsliche Papiere zu langfristiger Anlage zu erwerben, und gerade dann von der hohen Rente einen Vorteil zu haben, wenn das allgemeine Zinsniveau sank. Diese Aus-

[1] Frhr. v. Bissing, Archiv für innere Kolonisation. Bd. XIX. 1927.

sicht aber raubte dem Pfandbriefkäufer die jederzeitige Kündbarkeit der landschaftlichen Papiere. Daß diese Bedingung nicht nur auf dem Papier stand, zeigte die Konvertierung der 10% landschaftlichen Pfandbriefe im Frühjahr 1927. Kündbarkeit und Konvertierung lagen ohne Zweifel im Interesse der landschaftlichen Hypothekenschuldner, bewogen aber den Pfandbrieferwerber, die Hypothekenbankbriefe, bei denen die Kündigung meist auf 5 Jahre ausgeschlossen war, höher zu bewerten. Da auch die Landschaften nach dem Verlust ihrer eigentümlichen Fonds nun Reserven ansammeln mußten, konnten sie nicht durch die Niedrighaltung von Quittungsgroschen und Verwaltungskostenbeitrag den schlechten Kursstand ihrer Briefe zugunsten des Hypothekenschuldners ausgleichen. Dies hatte zur Folge, daß im Gegensatz zur Vorkriegszeit, die landschaftlichen Darlehen nicht billiger waren, als die der anderen Realkreditgeber.

Diese Tatsache wurde für die Landwirtschaft insofern von zunehmend größerer Bedeutung, als der billige Kredit der Hypothekenbanken und Versicherungsunternehmen in steigendem Maße im städtischen Grundkreditgeschäft Anlage fand, wo das Geschäft weniger risikoreich war, und die Verwaltung der Darlehen geringere Unkosten verursachte. Man näherte sich damit äußerlich wieder dem Vorkriegszustand: die Hauptgeldgeber für landwirtschaftlichen Realkredit wurden die Landschaften und Sparkassen.[1]

So setzte, etwa seit 1925, zwischen dem städtischen und ländlichen Hypothekensucher wie vor 1914 ein Wettlauf um den in der deutschen Wirtschaft vorhandenen knappen Kapitalvorrat ein. Während der Wohnungsbau durch Hauszinssteuerhypotheken begünstigt war, erwuchs der Landwirtschaft aber eine dritter Konkurrent in den öffentlichen Körpern. Diese Konkurrenz wurde umso empfindlicher, als 1928 die ausländischen Anleihen zu versiegen begannen, und die öffentlichen Körperschaften durch Niedrighalten des Emissionskurses ihrer Anleihen unter den Kursen der Pfandbriefe das knappe Inlandskapital an sich zu locken suchten. Sie wirkten dadurch der von der Rentenbank-Kreditanstalt und den anderen Realkreditgebern der Landwirtschaft planmäßig betriebenen Politik der Zinssenkung entgegen.

Diese Politik der Zinssenkung hatte vor allem eine Herabsetzung der Provisionen und Bonifikationen zum Ziel. Sie setzte sich desto mehr durch, je mehr sich die Realkreditinstitute wieder

[1] Zahlenmäßige Angaben siehe Anlage 2.

mit flüssigen Betriebskapitalien angereichert hatten. Während zu Beginn 1924 bei den Pfandbriefinstituten die Auszahlung für die Hypothek durchschnittlich etwa 8—10% unter dem Pfandbriefkurs lag, betrug diese Differenz Ende 1929 nur noch 4—5%. Diese Kapitalanreicherung der Kreditinstitute war allerdings auf Kosten der Schuldner erfolgt, und hatte auf dem Wege über die hypothekarische Belastung des Grundbesitzes nicht unbeträchtliche Kapitalmengen aus der an sich schon kapitalentblößten Landwirtschaft herausgezogen und in die Städte überführt.

Ein ähnlicher Prozeß ging dann vor sich, wenn Erbgelder von den Berechtigten gekündigt und durch Aufnahme von Realkredit mobilisiert werden mußten, ein Fall, der im Gegensatz zur Vorkriegszeit seit 1924 öfter vorzukommen pflegte.[1]

Damit hatten aber die Erbgelder ihren ungefährlichen Charakter verloren. Auch hierfür war eine strukturelle Wandlung ökonomischen Charakters innerhalb der deutschen Wirtschaft die Ursache: der Verlust aller Geldvermögen durch die Inflation, die bei geschlossener Vererbung landwirtschaftlicher Anwesen die vom Hof weichenden Erben zwingt, auf die geldmäßige Realisierung ihrer Erbforderungen zu dringen.

So sind bisher die Strukturwandlungen für die Entwicklung des landwirtschaftlichen Realkreditwesens entscheidend gewesen. Ihre Bedeutung zwingt zu einer Untersuchung, inwieweit mit ihrer Dauer zu rechnen ist, inwieweit sie nur vorübergehender Art sind, inwieweit konjunkturelle oder saisonmäßige Bewegungen sie abschwächen oder verstärken können, und inwieweit sich die Möglichkeit bietet, mit Hilfe einer Kreditpolitik, die die treibenden Kräfte richtig erkannt hat, die Hauptmängel des heutigen Realkreditwesens, nämlich hohe Zinsen und hohe Unkosten, zu beseitigen oder wenigstens zu mildern.

[1] S. Schriften des Vereines für Sozialpolitik, Bd. 178, I, 1930.

III.

Systematische Darstellung der Strukturwandlungen sowie der konjunkturellen und saisonmäßigen Einflüsse.

1. Die Strukturwandlungen.

Die hervorstechendste Erscheinung unter den Strukturwandlungen ist der Schwund aller Geldvermögen durch Krieg und Inflation. Er führte zu einer Entblößung der landwirtschaftlichen Betriebe von flüssigen Betriebskapitalien und Reserven. Zwar hatten manche Landwirte versucht, die günstigen Kreditverhältnisse der Inflation zur Anreicherung ihrer Betriebe mit Sachkapital auszunutzen,[1] aber die Erhaltung eines gewissen schnell realisierbaren Betriebskapitals, das nach Beendigung der Inflation flüssig gemacht werden konnte, war nur einer kleinen Zahl von Landwirten gelungen. So kam es nicht selten vor, daß viele landwirtschaftliche Betriebe gegen Ende der Inflation über einen reichlichen Maschinenpark und ausgedehnte elektrische Anlagen verfügten, daß aber der Pfennig fehlte, der, in Betriebsstoff und Arbeitskraft umgesetzt, erst die in den Maschinen ruhende Produktionskraft zum Wirken bringen konnte. Als nun der Spätsommer 1923 der Landwirtschaft Goldpreise für ihre Produktionsmittel brachte, da die Industrie zur Goldwertrechnung übergegangen war, als den Landwirten gleichzeitig mitten in der Ernte eine scharfe Besteuerung nach Goldwert auferlegt wurde, da mußte man, vor allem in den Großbetrieben des Ostens, fast die Hälfte der Ernte gegen die sich ständig mit ungeheurer Schnelligkeit weiter entwertende Papiermark veräußern. Dieser Vorgang kam einer Entkapitalisierung gleich und traf besonders hart alle die Betriebe, die den Ernteerlös als flüssiges Betriebskapital für die Entlohnung fremder Arbeitskräfte und für die Fortführung des Betriebes benötigten. Das waren in erster Linie die ostelbischen Großbetriebe. Als nun die Frühjahrsbestellung von 1924 nahte, mußten zu ihrer Finanzierung von diesen Betrieben entweder die noch vorhandenen Vorräte aus der 1923er Ernte zu schlechten Preisen verkauft werden, oder aber man war gezwungen, das fehlende Betriebskapital durch sehr teures Fremdkapital zu ersetzen.

Die Verschuldung zu hohen Zinsen wäre aber nur dann tragbar gewesen, wenn dem teuren Preis des Kapitals ein billiger für die

---

[1] Beckmann, Die Kapitalbildung der deutschen Landwirtschaft während der Inflation. Schmollers Jahrbuch, 48. Jahrg., 1924, S. 120.

Arbeitskraft gegenüber geständen hätte, und wenn ferner die Erlöse aus den landwirtschaftlichen Produkten so hoch gewesen wären, daß auf diese Weise ein Gleichgewicht zwischen Einnahmen und Aufwendungen hätte hergestellt werden können. Das aber trat nicht ein, denn sogleich nach der Stabilisierung wurde die deutsche Landwirtschaft von den letzten Ausläufern der großen Weltagrarkrise betroffen.[1] Als man im Herbst 1925 als Abwehr Schutzzölle einführte, entwickelte sich trotzdem in den folgenden Jahren das Verhältnis zwischen Betriebsaufwand und den Preisen für die Erzeugnisse[2] aus welt- und binnenwirtschaftlichen Gründen so ungünstig, daß ein erheblicher Teil der landwirtschaftlichen Betriebe keinen Betriebsüberschuß und keinen Reinertrag erzielte. Wo dieses aber doch der Fall war, reichte der Gewinn oft nicht aus, um daraus Schuldzinsen, persönliche Steuern sowie den Lebensunterhalt für den Betriebsleiter und dessen Familie zu bestreiten. Da von der ungünstigen Preisgestaltung für agrarische Erzeugnisse das Getreide am härtesten betroffen wurde, ist es erklärlich, wenn auch die Lage der vorwiegend Getreide bauenden Großgrundbesitzer in den östlichen Provinzen sich schlechter gestaltete, als die des überwiegend bäuerlichen Westens, und daß in erster Linie der ostelbische Großbetrieb gezwungen wurde, die im Betrieb entstandenen Fehlbeträge durch die Aufnahme teuren Kredits zu decken. Da man nicht mit Unrecht die schlechten Betriebsergebnisse noch auf den während des Krieges getriebenen Raubbau und die dadurch gesunkene Produktivität des Bodens und auf die zu geringe Verwendung arbeitskräftesparender Maschinen zurückführte, so ging ein Teil der Landwirte oft auf Anregung von Behörden und Berufsvertretern daran, in die Betriebe Kapital zu investieren, um intensiver zu wirtschaften, und um den Tiefstand der Preise durch Steigerung der Erträge auszugleichen.

---

[1] Sering, Interationale Preisbewegung und Lage der Landwirtschaft, Berlin 1929. Berichte über Landw., Sond.-Heft 11, (Arbeiten des deutschen Forschungsinstitutes für Agrar- und Siedlungswesen.) und Sering, Die internationale Agrarkrise in Weltwirtschaft, XVIII. Jahrgang, 1930, Heft 1, S. 5.

[2] Gewogene Preisindices der Erzeugnisse und der Betriebsaufwendungen in der Landwirtschaft 1924—28.

	1912/14	24/25	25/26	26/27	27/28
Erzeugnisse	100	121	114	132	132
Betriebsaufw.	100	136	143	146	152
Betriebsaufw. = 100	100	89	80	84	87

s. Verhandlungen und Berichte des Unterausschusses für Landwirtschaft, Bd. 12, 1930, S. 89 und die dort befindliche Anmerkung.

Während noch für die Jahre unmittelbar vor dem Kriege die Angabe Conrads zutreffen dürfte, daß der überwiegende Teil der landwirtschaftlichen Verschuldung Restkaufgeldern und Erbabfindungen entstammte,[1] trifft das für die Zeit nach Stabilisierung der deutschen Währung nicht zu. Restkauf- und Erbgelder dürften vielmehr in ihrem Anteil an der Verschuldung stark zurücktreten. Der weit überwiegende Teil der Schulden ist aufgenommen worden, um das verlorene Betriebskapital zu ersetzen, um den Betrieb zu intensivieren, vor allem aber, um Fehlbeträge im Wirtschaftserfolg auszugleichen.

Wenn nun nach 1924 außerordentlich teures Femdkapital zum Ersatz für das entwertete flüssige Betriebskapital und zu Zwecken der Investierung herangezogen wurde, so war die Möglichkeit seiner rentablen Verwendung von vorneherein zweifelhaft. Vor dem Kriege bedingten erste Hypotheken eine Jahresleistung von etwa 4½%. Da die Beleihungen mit etwa 45% des Verkehrswertes ausliefen, mußte der Schuldner etwa 2,1% des Landgutkapitals für seine Schuld als Zins einschließlich der Tilgung aufbringen. Dem gegenüber betrug der durchschnittliche Reinertrag bei landwirtschaftlichen Betrieben in Prozenten des Landgutkapitals im Jahre 1909/10 4,92%, 1910/11 4,72%, 1911/12 3,92%.[2] Diese Rente überstieg also die Lasten aus der Hypothek beträchtlich. Wenn man dem die Verhältnisse von 1924/25 gegenüberstellt, so bedang eine erste Hypothek einschließlich der Tilgung bestenfalls eine Jahresleistung von etwa 15%. Bei voller Inanspruchnahme der Beleihungsfähigkeit lief die erste Hypothek mit etwa 25% des Verkehrswertes aus. Demnach beanspruchten Verzinsung und Amortisation der ersten Hypothek etwa 3½% des Landgutkapitals, ein Satz, der sicher selbst die unter günstigsten Verhältnissen erzielbare Rente weit überstiegen hat. Während vor dem Kriege die Darlehen, welche man zur Anreicherung des Betriebes aufgenommen hatte, bei dem damaligen Zinssatz und der Gesamtlage der deutschen Landwirtschaft durchaus tragbar waren,[3] traf das nach der Währungsstabilisierung nicht mehr zu. Hochverzinsliche Kredite konnten nur dann mit einer gewissen Aussicht auf Rentabilität aufgenommen werden, wenn sie zu

[1] Grundriß zum Studium der politischen Ökonomie, IV. Teil. Statistik, 2. Teil, 1. Hälfte. Jena 1904, S. 133.

[2] Arbeiten der deutschen Landwirtschaftsgesellschaft, Heft 255, S. 67. Es handelt sich hierbei fast durchweg um ostdeutsche Großbetriebe.

[3] Beckmann, Kreditlage und Kreditpolitik der deutschen Landwirtschaft, Berichte über Landwirtschaft, N. F., Bd. IV, 1926, S. 79.

sogenannten „letzten Aufwendungen“ dienten, d. h. wenn sie den Teil der Kosten darstellten, der als letzter hinzutritt, um das Optimum an Reinertrag aus dem Betriebe herauszuholen.[1]

Aber selbst, wenn dieses geschah, so trat damit das hochverzinsliche Fremdkapital im Betriebe stark in den Vordergrund. Der Eigentümer mußte sich jetzt darüber klar sein, daß es nicht wie vor dem Kriege galt, aus dem Betriebe nur einen Gewinn zu erzielen, der den Lebensunterhalt für den Betriebsleiter und seine Familie deckte und die allmähliche Ansammlung von Rücklagen zur Ausstattung der Kinder gestattete. Jetzt stand vielmehr gebieterisch im Vordergrund die Zinsforderung des Gläubigers, die vor allem herausgewirtschaftet werden mußte. Während vor dem Kriege das Kapitalverhältnis in der Landwirtschaft im allgemeinen nur über den Pächter Gewalt gewonnen hatte, unterlag ihm jetzt auch der große und kleine Landwirt, sobald er seinen Betrieb mit Schulden belastet hatte. In allen wirtschaftlichen Erwägungen mußte dann das Verhältnis zwischen aufgenommenem Fremdkapital, Zinsleistung und Betriebsergebnis die entscheidende Rolle spielen. So mußte die strukturell bedingte Verteuerung des Realkredites die Wandlung eines kulturellen Strukturelements, nämlich der Wirtschaftsgesinnung, in einem großen Teil des deutschen Landbaues zur Folge haben. Der verschuldete Landwirt darf heute eben nicht mehr traditionalistisch, sondern er muß kapitalistisch denken.[2] Die Erwerbsidee muß über das Streben zur Erzielung des standesgemäßen Unterhalts, der Rationalismus über die Betriebsführung nach dem Grundsatz „Es bleibt so, denn es ist immer so gewesen“ den Sieg davon tragen.

Diese Wandlung der Dinge ist aber einem großen Teil der landwirtschaftlichen Betriebsleiter nicht klar geworden. Sie kam dazu auch zu plötzlich, fast über Nacht, als der Spuk der Inflation beendet und die deutsche Währung wieder gefestigt war.

Aber die organische, auf biologischen Gesetzen beruhende Produktionsweise der Landwirtschaft gestattet nur in beschränktem Maße die Durchführung kapitalistischer Wirtschaftsmethoden. Niedrig verzinslicher Realkredit bleibt daher immer eine Notwendigkeit, zumal für die Landwirtschaft eines engräumigen Landes, wo die vom Bevölkerungszuwachs erzwungene Ausdehnung der Produktion nicht durch Erweiterung der Anbauflächen, sondern nur durch vermehrte Aufwendung von

---

[1] Beckmann, a. a. O., S. 90/91.

[2] Über den Begriff s. W. Sombart, Prinzipielle Eigenart des modernen Kapitalismus. Grundriß der Sozialökonomie, Abt. IV, S. 1 ff., 1925.

Kapital und Arbeit erfolgen kann. Einer Senkung des Zinsfußes aber steht die Kapitalverarmung Deutschlands und die im Verhältnis zum Bedarf ungenügende Kapitalneubildung entgegen.

Der dadurch entstehende Kapitalmangel aber ist eine unmittelbare Folge der dem deutschen Volke auferlegten Tribute. Eine Analyse von Handels- und Zahlungsbilanz[1] gibt die Erklärung. Im Ganzen gesehen, deckte im Durchschnitt der Jahre 1925/29 der Ausfuhrüberschuß der Industrieerzeugnisse den Einfuhrüberschuß an Rohstoffen und Halbfabrikaten, sowie von der durchschnittlich 3,6 Milliarden Reichsmark betragenden Lebensmitteleinfuhr 1,6 Milliarden Reichsmark. Die verbleibenden 2 Milliarden Reichsmark blieben ungedeckt; ungedeckt blieben vor allem die Verpflichtungen Deutschlands aus den Reparationsabmachungen. So mußten die Tribute und zum Teil die Lebensmitteleinfuhr mit ausländischen Krediten bezahlt werden.[2] Wenn ihr Zufluß aber von Mitte 1928 ab stark abnahm,[3] so mußte zur Begleichung dieser Posten, da nach der Liquidierung des größten Teils der deutschen Auslandsvermögen und bei der Passivität der deutschen Handelsbilanz keine anderen Mittel zur Verfügung standen, das Vermögen der deutschen Wirtschaft selbst teilweise flüssig gemacht werden. Dieses fand vor allem auf dem Wege über die Beteiligung ausländischen Kapitals an deutschen Unternehmen statt. Das Institut für Konjunkturforschung nimmt auf Grund der bekannt gewordenen Nachrichten an, daß im Jahre 1929 bei 60 Unternehmen mit einem Nominalkapital von rund 570 Millionen Reichsmark etwa 230 Millionen Reichsmark durch das Ausland erworben worden sind.[4] Nicht bekannt und festzustellen sind aber die Fälle, in denen das Ausland im Verlauf der Börsendepression von 1928 und 1929 Aktien deutscher Unternehmen zu außerordentlich niedrigen Kursen erworben hat. So glaubt das Institut, daß der Erwerb von Beteiligungen nicht hinter der Summe der 1929 zugeströmten langfristigen Auslandskredite zurücksteht. (350 Millionen Reichsmark.)

Zu diesem Kapitalentzug, der seine entscheidende Ursache

---

[1] Wirtschaft und Statistik, 10. Jahrg., 1930, S. 458.

[2] S. dazu eingehende Berechnungen bei Sering, Deutschland unter dem Dawes-Plan, Berlin, 1928, Teil II, Kap. 4.

[3] Aufnahme von Auslandsanleihen 1928, 1,5 Millionen Reichsmark, 1929 350 Millionen Reichsmark.

[4] Wochenbericht des Institutes für Konjunkturforschung, 2. Jahrg., 1930, S. 166.

in den der deutschen Wirtschaft auferlegten Tributen hat, kommt noch eine ausgedehnte Kapitalflucht hinzu, ein Vorgang, der sich naturgemäß jeder, auch nur annähernden, zahlenmäßigen Feststellung entzieht.

So kam es, daß die in den Jahren 1926 und 1927 stark einströmenden Auslandsanleihen den Zinsfuß nicht nachhaltig zu senken vermochten und so kam es auch, daß in der industriellen Depression von 1928 und 1929 sich eine Belebung am Pfandbriefmarkt nicht einstellen wollte. Die Reparationslast hat daher in Deutschland den infolge des Kapitalmangels an sich schon hohen Zinsfuß noch über die Sätze hinaufgetrieben, die in den Kolonialgebieten der Erde herausgewirtschaftet werden können.[1]

Der Mangel an Kapital, vor allem in der für die Landwirtschaft geeigneten langfristig verfügbaren und geringverzinslichen Form ist es auch gewesen, der beim Landwirt den Wunsch nach Auslandskrediten wachgerufen hat. Ihre Aufnahme bedeutet eine weitere Strukturwandlung. Man hoffte nämlich, daß das durch die ausländischen Kredite verstärkte Kapitalangebot die Zinsfüße herunterdrücken würde. Man bedachte aber nicht, daß „die amerikanischen Höchstsätze für sichere Anleihen die untere Grenze für Ausleihungen von gleicher Sicherheit nach Europa bilden."[1] Dieser Satz, der zwar niedriger ist als das Zinsniveau in Deutschland, liegt aber über dem, was die Landwirtschaft bei gesunkener Boden- und Arbeitsproduktivität, dafür aber stark vermehrten Lasten an Zinsen aufzubringen vermag. Den geschickten Verhandlungen der deutschen Realkreditinstitute, vor allem der Deutschen Rentenbank-Kreditanstalt, ist es zwar 1927 und 1928 gelungen, die Konkurrenz zwischen den verschiedenen ausländischen Geldgebern zugunsten einer ständigen Verbesserung der Zins- und Rückzahlungsbedingungen auszunutzen. Dennoch lagen die Zinssätze für erststellige Hypothekarkredite aus ausländischen Mitteln erheblich über dem, was man in der Vorkriegszeit für die Landwirtschaft als tragbar angesehen hat.

Bei der Aufnahme der ausländischen Kredite hat sich aber noch ein zweiter Rechenfehler eingeschlichen. Die unproduktive Kreditaufnahme, die durch Fehlbeträge in der Wirtschaft veranlaßt worden ist, kann auch durch Zufuhr ausländischer Kredite nicht geheilt werden. Diese vermögen nur die Zinsenlast zu mildern, nicht aber die Betriebe anzureichern.

Es hat daher auch nicht an Bedenken gegen die Zufuhr aus-

---

[1] Sering, a. a. O., S. 165, 192, 196.

ländischen Kapitals an die Landwirtschaft gefehlt, zumal die Überschwemmung des einheimischen Marktes mit ausländischen Krediten ohnehin schon Gefahren allgemein wirtschaftspolitischer Art mit sich bringen kann. So hat Lansburgh[1] den Satz aufgestellt, der ländliche Realkredit dürfe nur aus Mitteln des einheimischen Kapitalmarktes befriedigt werden; denn der ländliche Realkredit werde im Gegensatz zum industriellen Personalkredit nicht als Importkredit zur Bezahlung von Rohstoffen oder notwendigen Lebensmitteln verwandt, sondern in nationale Währung umgewandelt. Er könne dadurch leicht zu einer übermäßigen Geldvermehrung führen. Würde aber diese Geldvermehrung durch entgegenwirkende Maßnahmen der Reichsbank verhindert, so müßte eine, dem einfließenden ausländischen Realkredit entsprechende Geldmenge aus dem Verkehr gezogen, und dadurch der inländische industrielle Personalkredit entsprechend eingeschränkt werden.

Beckmann[2] begründet seine Gegnerschaft gegen ausländische Kredite mit dem Hinweis, daß die Aufnahme von Auslandskredit durch den Landbau eine einmalige Masseneinfuhr bedeutet, mit dem Zweck, dauernde Einfuhr durch die mit Hilfe des Auslandskredites erzielten Mehrerträge des eigenen Bodens zu ersparen. Aber gerade diese Ersparnisse, meint Beckmann, könnten nicht aus der heimischen Scholle herausgeholt werden, weil eben „die einmalige Masseneinfuhr mehr an Zinsen kostet, als der eigene Boden aufbringen kann". So würde die Volkswirtschaft mit den Kosten der einmaligen Masseneinfuhr belastet, ohne von den Kosten der laufenden Einfuhren entlastet zu werden. Es wäre daher besser, die Passivität des Handelsverkehrs ruhig hinzunehmen und abzuwarten, bis sich infolge der jährlich anwachsenden Roherträge die Einfuhr allmählich einschränken ließe.

Auf landwirtschaftlicher Seite[3] endlich steht man zum Teil der Hereinnahme von ausländischem Realkredit deswegen ablehnend gegenüber, weil dadurch die Einfuhr agrarischer Erzeugnisse gefördert werde und der eigenen Landwirtschaft eine preisdrückende Konkurrenz entstehen könnte.

Was nun dieses letzte Argument gegen die ausländischen Kredite anbetrifft, so muß man ihm entgegenhalten, daß die starke Einfuhr von Agrarerzeugnissen nach Deutschland in den letzten

[1] „Die Bank", Jahrg. 1925, S. 609.
[2] Berichte über Landwirtschaft, N. F., Bd. IV, 1926, S. 99.
[3] v. Sybel, Deutsche Tageszeitung Nr. 250 vom 30. Mai 1927.

Jahren deswegen erfolgt ist, weil 1924, 1926 und 1927 die knappe Ernte nicht zur Ernährung des deutschen Volkes ausgereicht hat. 1925 ist die Ernte zwar gut gewesen, aber eine ungeschickte Zollpolitik hat die Einfuhr dennoch stark anschwellen lassen. Nach dem Einströmen der ersten Amerika-Anleihe der Deutschen Rentenbank-Kreditanstalt ist zum Beispiel die Lebensmitteleinfuhr nicht angewachsen, sondern vielmehr ständig gesunken. Sie stieg erst wieder im Juli und August 1926, als der schlechte Ernteausfall offenbar wurde, blieb aber auch da noch hinter den gleichen Ziffern des Vorjahres zurück.[1] Es dürfte daher zu weit gehen, einen Kausalzusammenhang zwischen der Hereinnahme ausländischer Landwirtschaftskredite und der Einfuhr ausländischer Agrarerzeugnisse herzustellen. Es ist keineswegs gesagt, daß die aus diesen Auslandsanleihen der Rentenbank-Kreditanstalt aufkommenden Devisen zur Getreide- oder Fleischeinfuhr benutzt werden. Sie können ebenso gut der Finanzierung von anderen Rohstoff- oder Fertigwaren-Importen dienen. Sobald sich die deutsche Ernte nach Menge und Qualität über den Durchschnitt erhebt, läßt auch die Einfuhr von Brotgetreide von selbst nach, wie dieses auch in den Jahren 1928 und 1929 geschehen ist.

Der Auffassung von Beckmann wird man grundsätzlich zustimmen können, soweit es sich darum handelt, dem Landbau abzuraten, mit Hilfe ausländischer Kredite solche Intensivierungen der Betriebe vorzunehmen, die nicht „letzte Aufwendungen" darstellen oder nicht die Wahrscheinlichkeit bieten, daß die verhältnismäßig hohen Zinsen herausgewirtschaftet werden können. Diesem Gesichtspunkt hat auch die Rentenbank-Kreditanstalt bei Abfassung ihrer Darlehnsbedingungen Rechnung getragen. Es wäre aber falsch, gestützt auf die hier wiedergegebenen Ausführungen Beckmanns, die Aufnahme ausländischer Realkredite für den Landbau schlechtweg abzulehnen. Die Auslandsanleihen der Rentenbank-Kreditanstalt und ebenso die der anderen Kreditinstitute haben ohne Zweifel dazu beigetragen, die Lage der Landwirtschaft zu erleichtern. Sie haben viele Betriebe, die durch hohe kurzfristige Verschuldung belastet und im Herbst 1927 infolge des schlechten Ernteausfalles schwer gefährdet waren, vor dem Zusammenbruch gerettet. Sie haben weiter die schnelle Abdeckung der Rentenbankwechsel, die durch das Dawesabkommen der Landwirtschaft auferlegt worden war, sehr erleichtert, wenn nicht sogar erst ermöglicht. Ohne die Aus-

[1] S. Wirtschaft und Statistik, Jahrg. 5 und 6, 1925 u. 1926.

landskredite wäre im Verlaufe des Aufschwunges und der Hochkonjunktur von 1927 die Realkreditgewährung an die Landwirtschaft nur in bescheidenem Umfang möglich gewesen, wie aus der folgenden Tabelle hervorgeht:

Zunahme der landwirtschaftlichen Anstaltshypotheken[1] und Anteil der Auslandskredite daran. (Millionen Reichsmark.)

	1925	1926	1927	1928	1929
Zunahme insgesamt	552,0	977,0	691,2	740,6	439,1
davon Auslandskredite	68,0	52,0	432,1	218,0	—
Auslands-Kredite in % der Gesamtzunahme	12,3	5,3	62,5	29,4	—

Im ganzen gesehen, haben also die Auslandsdarlehen einer beträchtlichen Anzahl illiquider, aber sonst gesunder Betriebe das Weiterleben ermöglicht. Dem Landmann ist dadurch freilich keinesfalls alle Sorge genommen, aber ihm ist eine Galgenfrist gewährt, bei deren sachgemäßer Ausnützung es ihm vielleicht gelingen mag, seinen Betrieb allmählich wieder zu kräftigen Immerhin ist für den Augenblick erreicht, daß sich die landwirtschaftliche Produktion nicht vermindert hat, was beim Zusammenbruch einer größeren Anzahl von Betrieben unausbleiblich gewesen wäre. So stellen die Auslandskredite ein Übel dar, das bei der stark bedrängten Gesamtlage der Landwirtschaft unvermeidbar ist.

Ohne Zweifel wird man auch L a n s b u r g h grundsätzlich zustimmen können, daß nur d e r Auslandskredit aufnehmen soll, der durch Verstärkung des Exportes die Devisen zur Tilgung und Verzinsung s c h a f f t. Aus diesem Grunde wird eine Verschuldung der Landwirtschaft an das Ausland nur in beschränktem Rahmen zulässig sein. Inflationistische Erscheinungen aber, wie sie L a n s b u r g h als Folgen der Auslandskredite befürchtet, wird das zentrale Noteninstitut durch seine Diskont- und Kreditpolitik verhindern können; dieses hat die Reichsbank auch in den letzten Jahren schon bewiesen. Eine solche Politik braucht keineswegs zu einer derartigen Einengung des der Industrie zur Verfügung stehenden Kreditvolumens zu führen, daß sie die Produktionstätigkeit der Industrie dadurch schädigt. Wie stark sich die Beeinträchtigung auswirkt, wird ganz vom Stande der Konjunktur und davon abhängen, ob die Industrie in der Lage

[1] Hypotheken der Bodenkreditinstitute, Sparkassen und Versicherungsunternehmen ohne Aufwertungshypotheken; s. Vierteljahrshebte zur Konjunkturforschung, 4. Jahrg., Heft 3, Teil A, 1929, S. 17 und 5. Jahrg., Heft 1, Teil A, 1930, S. 18.

ist, auf dem Wege der „Selbstfinanzierung" sich die erforderlichen Mittel zu beschaffen.

Auch die Reichsbank hat sich offenbar nicht der Einsicht verschließen können, daß die Aufnahme von Auslandsdarlehen durch die Landwirtschaft im Interesse der Gesamtwirtschaft lag. Als sie nämlich vom Juli 1927 ab aus kredit- und währungspolitischen Gründen es ablehnte, Devisen, die aus Auslandsanleihen aufkamen, anzukaufen, machte sie bei der zweiten und dritten Amerikaanleihe der Deutschen Rentenbank-Kreditanstalt in Anbetracht ihrer volkswirtschaftlichen Wichtigkeit eine Ausnahme.

Wenn auch unter den heute gegebenen Verhältnissen eine Auslandsverschuldung der Landwirtschaft sich nicht vermeiden läßt, so wird doch die Form, in der diese Verschuldung erfolgt ist, nicht immer der Kritik standhalten können. Das Zweckmäßigste ist es entschieden, wenn das kapitalkräftige Ausland auf Goldmark oder Reichsmark lautende Schuldverschreibungen der deutschen Realkreditinstitute erwirbt. Dieses aber haben die ausländischen Kapitalisten so lange abgelehnt, als sie durch die deutsche Kapitalertragsteuer belastet wurden, und so lange sie noch nicht genügend Vertrauen zur Entwicklung der deutschen Wirtschaft hatten. Die Wiedergewinnung dieses Vertrauens wurde durch die Aufwertungsgesetzgebung erschwert, die den öffentlichen Glauben des Grundbuches — das Fundament jeder Realkreditgewährung — angetastet hatte. Erst als die endgültige Regelung der Aufwertung erfolgt war, gelang die feste Placierung größerer Posten von Goldmarkpfandbriefen in England, Holland und Schweden. Amerika dagegen verschloß sich ihnen nach wie vor. So blieb der Rentenbank-Kreditanstalt nichts anderes übrig, als Dollarverpflichtungen auf sich zu nehmen. Daß die Rentenbankanleihen nicht als Dollaranleihen an die Landwirtschaft, die ja keine Devisen verdient, weitergegeben worden sind, widerspricht zwar der banktechnischen Regel, wodurch Schuld und Forderung auf gleiche Währung lauten sollen. Doch die große Kapitalstärke der Rentenbank-Kreditanstalt in erster Linie und dann der im Reichsbankgesetz verankerte Schutz der deutschen Währung, der in Zukunft ein dauerndes Sinken des Markkurses unter den Goldausfuhrpunkt verhindern wird, schränken das Valutarisiko erheblich ein. Solange daher Valutaschuld und Zinsen nicht in einem Mißverhältnis zum Kapital, zu den Reserven und flüssigen Mitteln der Anstalt stehen, haben die Kreditgeber nichts zu befürchten.

Auch in Zukunft wird man nicht ganz auf Auslandskredite für die Landwirtschaft verzichten können. Man muß sich aber darüber klar sein, daß sie nicht imstande sind, die Folgen der vorangegangenen Strukturwandlungen zu beseitigen; sie können sie nur durch Herabsetzung der Zinsenlast mildern, und den einzelnen Betrieben eine Atempause gewähren, um sich auf die veränderten Verhältnisse umzustellen. Sie sind reine Sanierungskredite, die nur in den seltensten Fällen zu einer Anreicherung der Betriebe führen. Nur dort werden sie infolge ihrer relativen Billigkeit eine Stärkung des Produktionsapparates bewirken können, wo bisher Realkredite noch nicht aufgenommen worden sind.

Es sind also drei Strukturwandlungen, die bisher behandelt worden sind: die Vernichtung der Geldkapitalien durch die Inflation; diese erweckte einen gesteigerten Kapitalbedarf, dessen Befriedigung nur in geringem Umfang zu hohen Zinsen möglich war, infolge der durch die Reparationszahlungen gehemmten und verlangsamten Kapitalneubildung, die wiederum die Heranziehung von Auslandskapital, vornehmlich zu Sanierungszwecken, notwendig machte. Den Kern aller dieser Erscheinungen bilden also die Reparationszahlungen, deren Beseitigung oder Herabsetzung auf ein für die deutsche Wirtschaft tragbares Maß heute in nicht absehbarer Zukunft zu liegen scheint.

Daraus ergibt sich, daß diese Strukturwandlungen als dauernd betrachtet werden müssen, deren nachhaltige Beseitigung außerhalb der Macht der Wirtschaftspolitik liegt.

Im Gegensatze zu diesen dauernden Strukturwandlungen stehen die vorübergehenden. Sie sind ebenso wie die dauernden in den Veränderungen begründet, die Währungsreform und Nachkriegsverhältnisse am Gebilde der deutschen Wirtschaft vorgenommen haben.

Die Inflation hatte eine Anhäufung von Sachwerten in den Betrieben verursacht und in dieser Form Kapitalien auf die Sachwertbesitzer zum Nachteil der Rentner und Festbesoldeten übertragen. Die Aufwertungsgesetzgebung verursachte nun eine rückläufige Bewegung dieses Vorganges und führte den in der Inflation verarmten Schichten einen Teil ihrer verlorenen Kapitalien erst schneller, dann langsamer wieder zu. Auf dem Gebiet des landwirtschaftlichen Realkreditwesens ging dieser Vorgang derart vor sich, daß die Landwirte bei der Kreditaufnahme die erststelligen Aufwertungsrechte ablösten und den Berechtigten die entsprechenden Reichsmarkbeträge aushändigten. Diese Summen erschienen dann wieder in den Einlagen der Sparkassen und trugen mit zu deren schnellem Anwachsen in den Jahren 1925 und 1926 bei. Diese Kapitalverschiebung trug mit dazu bei, den Eindruck zu erwecken, als ginge eine überaus starke Kapitalneubildung vor sich. Dieser Eindruck wurde dadurch noch verstärkt, die Industrie sich im ersten Halbjahr 1925 in aufschwungähnlicher Konjunktur befand. Diese Undurchsichtigkeit der Lage veranlaßte einen Teil der Pfandbriefinstitute zu einer Emissionspolitik, die nicht mit dem wahren Zustand des Kapitalmarktes in Einklang stand. Die Folge war die schwere Krise am Pfandbriefmarkt im Herbst 1925. Diese durch die Aufwertung bedingte Kapitalverschiebung wird auch noch in den nächsten Jahren anhalten.

Aus den vorzeitig zurückgezahlten Aufwertungsbeträgen stammen zu einem großen Teil die privaten Hypotheken, die seit Mitte 1925 der Landwirtschaft außerhalb der Restkauf- und Erbgelder in ganz bescheidenem Umfang wieder zugeführt werden. Dieser geringe Privatkredit vermochte jedoch das Monopol des organiserten Realkredits, das dieser seit der Einführung des „wertbeständigen" Realkredits besaß, nicht zu brechen. Der Monopolist kann infolge seiner ökonomischen Machtstellung für sich „Kapital auf dem Preise" bilden. Das geschieht naturgemäß zu Lasten des Schwächsten, der dem ökonomischen Druck nicht auszuweichen vermag. Der Wiederaufbau der Kapitalien des organisierten Realkredits vollzog sich somit ebenfalls auf dem Wege der Kapitalverschiebung vom landwirtschaftlichen Darlehnssucher zum Kreditgeber.

Diese Monopolstellung des organisierten Realkredits wurde erst gebrochen, als die Deutsche Rentenbank-Kreditanstalt bei Vergebung der Golddiskontbankanleihe systematisch auf Herabsetzung der Provisionen und Verwaltungskostenbeiträge hinwirkte. Sie stellte die konkurrenzmäßige Verbindung zwischen den einzelnen Realkreditgebern her, die vor dem Kriege der private Kredit gewesen war. Die schon vorn erwähnte Denkschrift der Pfandbriefinstitute bezeichnet die Golddiskontbankaktion als „die denkbar empfindlichste Konkurrenz für die Realkreditinstitute". Die Rentenbank-Kreditanstalt war also Veranlassung zu einer Strukturwandlung innerhalb des Realkredits. — Diese Wandlung wurde in ihren Auswirkungen verschärft, als nach der Krise des Winters 1925/26 der langfristige Kapitalmarkt die konjunkturmäßige Flüssigkeit zeigte, und als das Kapitalangebot durch die vorübergehend verfügbaren Erlöse aus den zahlreich einströmenden Auslandsanleihen noch verstärkt wurde. Im Jahre 1926 begannen die bisher weit auseinanderklaffenden Zinssätze der verschiedenen Realkreditgeber sich einander zu nähern. Sie spielten sich immer mehr auf die billigeren Auslandsdarlehen der Rentenbank-Kreditanstalt ein. Wollte man der starken Pfandbriefnachfrage entsprechen, so mußte man Hypotheken beschaffen. So begann ein Wettlauf um die Gunst des Schuldners, der in Anbetracht der sinkenden Zinssätze mit der Kreditaufnahme noch zurückhielt. Zwar versteifte sich vom April 1927 ab der langfristige Kapitalmarkt; der organisierte Realkredit aber vermochte nicht, seine Monopolstellung zurückzuerlangen. Es strömten jetzt die ausländischen Darlehen der Rentenbank-Kreditanstalt ein. Vornehmlich mit ihrer Hilfe wurden die brennendsten Schulden, nämlich die im November 1927 fällig gewesenen Rentenbankwechsel abgedeckt, soweit nicht die Rentenbank-Kreditanstalt selbst mit ihren Reserven einsprang. Die Abzahlung der Rentenbankwechsel, das Eingreifen der Rentenbank-Kreditanstalt und die Einleitung der Umschuldungsaktion durch die Landesbanken im Herbst 1928 milderten den Druck, der durch fällige kurzfristige Verbindlichkeiten auf den Landwirten gelastet und sie zur Aufnahme von Realkredit, ohne Rücksicht auf die an die Kredithingabe geknüpften Bedingungen gezwungen hatte.

Die Veränderungen in der staatsfinanziellen Organisation, wie sie die Erzbergersche Finanzreform mit sich gebracht hatte, wirkten ebenfalls strukturwandelnd auf das Gefüge des Kapitalmarktes. Die Rolle, welche die öffentlichen Gelder am Pfandbriefmarkt gespielt haben, ist bereits vorn eingehend geschildert. Sie ließen Kreditnehmer und -geber nicht zur Erkenntnis der tatsächlichen Kapitalverarmung kommen und ermöglichten auch der Spekulation das Eingreifen am Pfandbriefmarkt. Hier lag eine weitere Ursache für die falsche Emissionspolitik einiger Hypothekenbanken und Landschaften, die die Käufe der Spekulation für feste Anlage hielten. Erst allmählich gelang es der Reichsbank, die öffentlichen Gelder einzufangen und damit auch eine gewisse Beruhigung auf dem Pfandbriefmarkt zu schaffen.

Aber der Überfluß in den öffentlichen Kassen in den ersten Jahren nach der Stabilisierung hatte noch andere Folgen. „Es begann in Reich, Ländern und Gemeinden eine finanzielle Expansionspolitik, die sich nicht vor Augen hielt, daß dieser unerschöpflich scheinende Einnahmsstrom auch einmal versiegen könnte".[1] Als nun aber dieser Strom doch versiegte, mußten die öffentlichen Körper ihre Zuflucht zum Kapitalmarkt nehmen und schmälerten dort durch ihre Nachfrage den Kapitalvorrat erheblich, der sonst dem Landbau zur Verfügung gestanden hätte. Während bis Ende 1925 der Markt der festverzinslichen Werte fast allein vom Pfandbrief beherrscht worden war,[2] erschienen nunmehr die Schuldverschreibungen der öffentlichen Körper als gefährliche Konkurrenten, die umso empfindlicher waren, als seitens der Emittenten die Zeichnungsbedingungen der Realkreditinstitute unterboten wurden.

Die nachstehende Übersicht zeigt, in welchem Ausmaße die Zeichnungskurse öffentlicher Anleihen hinter den Verkaufsangeboten von Pfandbriefen zurückstanden.

Monatliche Durchschnittskurse in %	Januar	Febr.	März	Oktob.	Nov.	Dez.
			1926			
8% Central-Boden-Pf.-Br.	85,20	91,10	96,50			
7% " " " "				95,—	95,60	99,—
8% öffentliche Anleihen	—	86.—	88.50			
7% " "				92,10	93,90	93,25
			1927			
6% Central-Boden-Pf.-Br.	98,50	99,30	98,75			
6% öffentliche Anleihen	96,65	96,10	97,75			
			1928			
	Januar	Februar	März	April	Mai	Juni
8% Hypothekenbankpfbr.	97,91	97,91	97,96	97,72	97,50	97,60
8% öffentliche Anleihen	—	—	93,83	94,—	93,75	93,—

Oktober 1928

Pfandbriefe

Nom. Zins %	Emittent	Em.-Kurs %
8%	Süddeutsche Bodenkreditbank	98
8%	Deutsche Hypothekenbank	97½
8%	Preußische Pfandbrief-Bank	97½
8%	Braunschweigische Staatsbank	97½
8%	Norddeutsche Grundkreditbank	97½
8%	Rhein.-Westf. Bodenkreditbank	97½
8%	Nassauische Landesbank	97

[1] Sering a. a. O., S. 158; vgl. auch M. J. Bonn, Befreiungs- oder Beleihungspolitik, Berlin 1928, S. 40.

[2] Ausgabe von festverzinslichen Wertpapieren 1925 insges. 994 Millionen Reichsmark, davon Pfandbriefe 840 Millionen Reichsmark, 1926 insges. 3,4 Milliarden Reichsmark, davon Pfandbriefe 1,6 Milliarden Reichsmark, s. auch Anlage 4.

Staats- und Kommunalanleihen

Nom. Zins %	Emittent	Em.-Kurs %
8%	Staatsanleihe Lübeck	93 1/4
8%	Provinz Hannover	93 1/2
8%	Stadt Breslau	93 1/2
8%	Stadt Elberfeld	93 1/4
8%	Stadt Coblenz	93

In der Vorkriegszeit pflegten die Emissions- und Börsenkurse der Anleihen von Reich, Bundesstaaten, Provinzen und großen Städten über denen der Hypothekenbankpfandbriefe zu liegen.[1] Das war selbst dann der Fall, wenn aus konjunkturellen Gründen der Absatz festverzinslicher Werte beengt war, wie z. B. 1913. So notierten im Februar 1913 4% Hypothekenbankpfandbriefe mit durchschnittlich 97%, während die Emission erstklassiger Großstadtanleihen zur gleichen Zeit zu durchschnittlich 97,75% erfolgte. Die Gründe für die Umkehrung dieses Kursverhältnisses lagen einmal in der übermäßigen Emission öffentlicher Anleihen und in der ungenügenden Pflege ihres Marktes. Dazu kam, daß die Bonifikation, die im Pfandbriefgeschäft 2% nicht übersteigen durfte, hier aber in ihrer Höhe unbegrenzt blieb. Schließlich hatte die Aufwertung der öffentlichen Anleihen eine ungünstigere Regelung erfahren als bei den Pfandbriefen, sodaß sich das Vertrauen der Käufer von Rentenwerten mehr den Pfandbriefen zuwandte.

Diese Unterbietungstaktik der öffentlichen Körper auf dem Kapitalmarkt hemmte den Pfandbriefabsatz umso mehr, als die großen Kapitalansammler, wie Versicherungsunternehmen, Post und Sparkassen, die an sich schon gesetzlich gezwungen sind, Anleihen öffentlicher Körper zu erwerben, dadurch in verstärktem Maße auf diese Anlagemöglichkeit hingedrängt wurden. Der von den öffentlichen Anleihen auf dem Kapitalmarkt ausgeübte Druck machte sich besonders im Jahre 1928 bemerkbar. — Dieser Strukturwandlung auf dem Markt der festverzinslichen Werte wird eine künftige Kapital- und Kreditpolitik Rechnung tragen müssen.

Daneben aber haben Änderungen in der Steuergesetzgebung die Struktur des Kapitalmarktes stark beeinflußt. Hierher gehört vor allem die Kapitalertragssteuer. Schon in den vorigen Kapiteln ist darauf hingewiesen worden, wie sie, die nach dem Wil-

[1] Kurszusammenstellung in den Geschäftsberichten der Preuß. Central-Bodenkredit-A.-G. für 1913 und der Bayerischen Handelsbank f. 1913.

len des Gesetzgebers vom Inhaber der Schuldverschreibungen getragen werden soll, auf den Realkreditnehmer abgewälzt wird. Eine Gegenüberstellung der Kurse kapitalertragssteuerpflichtiger Goldpfandbriefe und solcher, die von der Kapitalertragssteuer gemäß § 115 REStG. befreit sind und an der Amsterdamer Börse notiert werden, läßt deutlich eine dem Steuerabzug entsprechende Kursdifferenz erkennen:

Kurse und Realverzinsung steuerfreier und steuerpflichtiger Goldpfandbriefe am 11./9. 1928.

	Amsterdam	Realverz. %	Berlin	Realverz. %	Realverz. % abz. Steuer
7% Bayer. Ver.-Bank	96¼	7,30	91	7,70	7,00
7% Pr. Centralboden	94⅜	7,49	87¼	8.13	7,44
7% Pr. Pfand-Br. Bank	95	7,40	87	8,05	7,35
7% Rh.-Westf. Bod.-Kred.	96½	7,25	86	8,10	7,40
7% Sächs. Bodenkred.	96	7,29	90	7,77	7,07

Klarer als in Deutschland tritt dieser Vorgang in Österreich zutage, wo die Pfandbriefinstitute im Interesse des Absatzes ihrer Schuldverschreibungen die der deutschen Kapitalertragssteuer entsprechende Rentensteuer zwar selber tragen, dafür aber dem landwirtschaftlichen Schuldner einen Zuschlag zum Verwaltungskostenbeitrag in Höhe der Rentensteuer in Rechnung stellen.[1] Die Kapitalertragssteuer bewirkt, daß Versicherungsunternehmen, Stiftungen und öffentliche Fonds, die vor dem Kriege zu den beliebtesten Pfandbriefkäufern gehörten, den Pfandbrief als Anlage meiden, um die Kapitalertragssteuer zu sparen, sobald sie als gemeinnützig anerkannt und von der Körperschaftssteuer befreit sind. Diese Institute legen deshalb ihre verfügbaren Mittel unmittelbar in Hypotheken an, und zwar vornehmlich in solchen auf städtischen Grundstücken, wo die Durchführung der Beleihung sich einfacher gestaltet. Auch private Gelder, die unter anderen Umständen dem Pfandbriefmarkt wohl zugeflossen wären, suchen jetzt in oft wenig gesicherten zweiten Hypotheken auf städtischen Grundstücken Zuflucht. So bewirkt die Kapitalertragssteuer, daß das zu langfristiger Anlage verfügbare Kapital sich mehr und mehr vom landwirtschaftlichen Realkredit abwendet.[2]

[1] Verband öffentlich-rechtlicher Kreditanstalten, Verhandlungen der Hauptversammlung in Danzig am 18. und 19. Juni 1928, Berlin, 1928, S. 103.

[2] Ihre Beseitigung ist Ende 1930 zu erwarten.

Schließlich muß hier noch eines Überbleibsels aus der Inflationszeit gedacht werden, das ebenfalls die Struktur des Realkredits vorübergehend stark beeinflußt hat und auch heute noch nicht ganz verschwunden ist. Es sind dies die noch laufenden Roggendarlehen und Roggenpfandbriefe. Die Schwankungen des Roggenpreises machen die Zinslast variabel, wodurch die Kalkulation im landwirtschaftlichen Betriebe sehr erschwert wird. Bei steigendem Roggenpreis kann die Gefahr der Überlastung entstehen, wenn die Beleihung nicht innerhalb der gebotenen Sicherheitsgrenze liegt. Die Einhaltung der Sicherheitsgrenze ist dort noch am ehesten gewährleistet, wo die Höhe der Beleihung in unmittelbarem Zusammenhang mit dem Ertrag des beliehenen Grundstücks gebracht ist. Sobald allerdings für die Höhe der Roggenlast der Taxwert der Vorkriegszeit und ein Umrechnungsroggenpreis von 8,— M für den Zentner zugrunde gelegt worden ist, kann diese niedrige Bewertung des Roggens bewirken, daß die Darlehen bei einem Stand des Roggenpreises über 8,— M die Grenze der wirtschaftlichen Tragbarkeit überschreiten. — Ein weiteres Gefahrenmoment entsteht bei steigendem Roggenpreise dann, wenn infolge einer Mißernte die verkäufliche Roggenmenge nur gering ist, und gleichzeitig die Preise für andere Getreidearten und Vieh sinken, die dieses Minus ausgleichen könnten; denn dann müssen gleichzeitig mehrere Einheiten dieser Erzeugnisse veräußert werden, um den gleichen Gelderlös zu erzielen wie eine Einheit Roggen. Diese ungünstigen Verhältnisse lagen z. B. 1927 und 1928 vor. 1926 dagegen war trotz steigender Roggenpreise diese Gefahr nicht vorhanden, da eine bessere Relation des Preises für andere Getreidearten und für Vieh und dem des Roggens bestand. Die Umwandlungstätigkeit der Realkreditinstitute wird dafür zu sorgen haben, daß eine baldige Ersetzung der Roggenbeleihungen durch Goldhypotheken erfolgt. Inwieweit durch die neue Zollpolitik des Winters 1929/30, die bestrebt ist, einen jährlichen Surchschnittspreis von 230 RM für die Tonne Roggen zu schaffen, eine größere Stabilität für den Roggenpreis und damit auch für den Wert der Roggenschulden erzielt wird, bleibt abzuwarten.

Die vorübergehenden Strukturwandlungen und ihre nachteiligen Wirkungen werden also entweder durch die wirtschaftliche Entwicklung selbst, oder durch Eingriffe der staatlichen Wirtschaftspolitik oder durch beide Momente behoben. Die in der gesamten wirtschaftlichen Entwicklung liegende Tendenz zur

Zinssenkung und zur Verbilligung des landwirtschaftlichen Realkredits wird die staatliche Wirtschaftspolitik durch geeignete Maßnahmen entscheidend fördern können.

Davon wird an späterer Stelle zu sprechen sein, wenn auch die konjunkturellen und saisonmäßigen Bewegungen behandelt worden sind.

2. Die konjunkturellen Bewegungen.

Von konjunkturellen Bewegungen im eigentlichen Sinne kann man in dem als ersten Konjunkturabschnitt bezeichneten Zeitraum noch nicht sprechen. Der Ablauf der Entwicklung bis zum Herbst 1925 erklärt sich, wie vorn dargelegt, doch nicht aus der Eigendynamik der Wirtschaft, sondern aus der ständigen, anfangs schnelleren, nachher langsameren Vermehrung des Geldumlaufes, die vorgenommen wurde, um die deutsche Wirtschaft wieder mit den den Umsätzen entsprechenden Zahlungsmitteln zu versehen.

Anders liegen die Dinge im zweiten Konjunkturabschnitt vom Beginn 1926 ab. Zwar werden auch hier 1926 und 1927 die konjunkturellen Bewegungen stark durch den Einstrom der ausländischen Kredite beeinflußt; aber vom Sommer 1928 ab und vollends im Jahre 1929 tritt die Bedeutung der ausländischen Kredite in den Hintergrund. Diese bewirkten zusammen mit den im Verlaufe der Depression nicht benötigten Mitteln die starke Zinssenkung am Hypothekenmarkt vom Januar 1926 bis April 1927. Man hielt diese konjunkturell-strukturell gemischte Erscheinung für einen reinen Strukturwandel und glaubte deshalb, die inländische Kapitalbildung sei wieder in der Lage, auch das landwirtschaftliche Realkreditbedürfnis zu tragbaren Zinssätzen zu befriedigen. Die stark konjunkturmäßige Bedingtheit der Zinssenkung wurde bei der Konvertierung der 10%igen und eines Teils der 8%igen landschaftlichen Pfandbriefe verkannt. Ohne Zweifel hat diese Umwandlung für den landwirtschaftlichen Schuldner eine sehr beträchtliche Erleichterung gebracht, aber es fragt sich, ob das nicht auf Kosten der künftigen Kreditversorgung geschehen ist. Es besteht nämlich die Gefahr, daß infolge der Konvertierung der Absatz der landschaftlichen Pfandbriefe in Zukunft leiden wird.

Aber auch andere Pfandbriefinstitute haben das mehr Konjunkturelle dieser Bewegung nicht klar erkannt. Man ist in der Erweiterung der Emissionstätigkeit hier und da wohl zu weit gegangen, wie der starke Rückfluß 7%iger Emissionen aus dem

Jahre 1927 bald nach Ablauf der Sperrfrist im Jahre 1928 beweist. Die Kapitalbildung war eben nicht stark genug, um die sich rasch vermehrenden Emissionen wirklich fest zu placieren. Von einer gänzlichen Verkennung der konjunkturellen Bewegung aber zeugt die Emission der 5% Reichsanleihe Anfang 1927, die sogleich eine vollkommene Stockung am Rentenmarkt hervorrief.

Die Realkreditaufnahme der Landwirtschaft hatte, wie vorn erwähnt, in der Vorkriegszeit vornehmlich in Zeiten der Depression stattgefunden. Diese antikonjunkturelle Finanzierung hob im Laufe 1926 wieder an. Die Realkreditverschuldung wuchs

im 2. Halbjahr 1926 um 983,7 Millionen Reichsmark,
im 1. Halbjahr 1927 um 378,0 Millionen Reichsmark,
im 2. Halbjahr 1927 um 387,9 Millionen Reichsmark,
im 1. Halbjahr 1928 um 443,2 Millionen Reichsmark,
im 2. Halbjahr 1928 um 365,2 Millionen Reichsmark,
im 1. Halbjahr 1929 um 267,5 Millionen Reichsmark,
im 2. Halbjahr 1929 um 212,8 Millionen Reichsmark.

Die landwirtschaftliche Kreditnachfrage konnte sich 1926 wieder mehr als in den ersten beiden Jahren nach der Stabilisierung den konjunkturellen Verhältnissen auf dem Kapitalmarkt anpassen, weil die Kapitalkraft der Personalkreditinstitute wieder stärker geworden war; Ende 1927 betrugen die Spareinlagen bei den landwirtschaftlichen Genossenschaften bereits 691 Millionen Reichsmark; sie stiegen bis Ende Juni 1929 auf 1,2 Milliarden Reichsmark = 59% des Bestandes von 1913. Beruhigend auf die Kreditnachfrage aber wirkte die Tatsache, daß seit November 1927 der Druck der fälligen Rentenbankwechsel von der Landwirtschaft genommen war. Die Steigerung der Realkredite während der industriellen Depression im ersten Halbjahr 1928 lag aber nicht in der Konjunktur, sondern in der Hereinnahme der vierten Amerikaanleihe der Deutschen Rentenbank-Kreditanstalt begründet. Trotz der Anfang 1928 einsetzenden krisenlosen Abschwächung der Konjunktur und ihres Übergangs in eine Depression erfolgte 1928 und 1929 keine nachhaltige Belebung am Realkreditmarkt; die Ausleihungen gingen vielmehr zurück. Die gleichzeitig einsetzende steigende Konjunktur auf dem Weltmarkt verschaffte nämlich zunächst der deutschen Industrie Exportmöglichkeiten, so daß die Nachfrage des Auslandes bis zu einem gewissen Grade die Zurückhaltung des Binnenmarktes ausglich. Dadurch ging der Geld- und Kapitalbedarf der Industrie nur langsam und in geringerem Maße zurück, als es sonst wohl der Fall gewesen wäre. Aber um die Jahreswende 1928/29 war diese Exportkonjunktur beendet.

Trotzdem wurde das Kapitalangebot aus den schon wiederholt erwähnten strukturellen Gründen nicht größer.

Die strukturellen Einflüsse, vor allem das verringerte Kapitalpolster der deutschen Wirtschaft, bewirken, daß die konjunkturellen Bewegungen schärfer ausgeprägt sind, daß sie auch in sehr viel kürzeren Zeiträumen aufeinanderfolgen als in der Vorkriegszeit. Auf dem Pfandbriefmarkt macht sich dies vor allem darin bemerkbar, daß die Kursrückgänge, die aus konjunkturellen Gründen in Zeiten industriellen Aufschwungs stattfinden, erheblich größer sind als in den Jahren vor dem Kriege. Im Krisenjahr 1907 beispielsweise, machten die Kurseinbußen bei 3½%igen Hypothekenbankpfandbriefen in neun Monaten etwa 4% aus,[1] 1927 dagegen betrugen sie je nach der Nominalverzinsung 6—14%; ja, sie wären wahrscheinlich noch größer gewesen, hätte nicht die Rentenbank-Kreditanstalt für die 2. und 3. Amerikaanleihe Pfandbriefe als Zwischendeckung angenommen, und wären nicht erhebliche Lombardmöglichkeiten bei der Reichsbank vorhanden gewesen. — Dieses starke Einwirken der Konjunkturwechsel auf die Pfandbriefkurse wird erst nachlassen, wenn sich die Wirtschaft innerlich gestärkt hat, und wenn die Emissionshäuser auch in Zeiten flotten Pfandbriefabsatzes sich darüber klar bleiben, daß sie es mit einem geschwächten Markt und einer noch nicht gefestigten Wirtschaft zu tun haben, die unter dauernder Blutabzapfung durch die Reparationstribute zu leiden hat.

Während die Pfandbriefinstitute unter den konjunkturellen Einflüssen stark leiden, werden die Sparkassen von ihnen weit weniger berührt. Im Gegensatz zur Vorkriegszeit hat die Zunahme ihrer gesamten hypothekarischen Ausleihungen während der Hochspannung von 1927 den höchsten Stand erreicht.[2] Eine solche Steigerung der Hypothekenbegebung ist den Sparkassen nur durch Rückgriff auf die Girozentralen möglich gewesen. Die Errichtung der Girozentralen und der Anschluß der Sparkassen an diese, die in der Kriegs- und Inflationszeit sich in großem Umfange vollzogen hatten, werden somit in Zukunft auch für den nicht organisierten landwirtschaftlichen Realkredit von Bedeutung bleiben, wenn es gelingt, die dadurch auch in Zeiten der Anspannung des Kapitalmarktes verfügbaren Mittel der Landwirtschaft tatsächlich zuzuführen. In den beiden Depressionsjahren 1928 und 1929 hielt

[1] H. Ludewig, Geldmarkt und Hypothekenbankobligationen, Berlin 1915, S. 128.

[2] Wochenberichte des Institutes für Konjunkturforschung, 1. Jahrg., 1928, S. 92.

sich die Zunahme der landwirtschaftlichen Realkredite fast auf gleicher Höhe wie 1927. Relativ gesehen, bedeutete dies jedoch eine Abnahme.[1]

Die konjunkturellen Bewegungen auf dem Pfandbriefmarkt der Nachkriegszeit zeigen, wie die Unternehmertätigkeit in der Landwirtschaft und in den Pfandbriefinstituten nur zu leicht geneigt ist, „die Menge der Sparmittel, die zur Übernahme des produzierten Realkapitals zur Verfügung stehen", zu überschätzen. Eine Abschwächung der konjunkturellen Bewegungen am Pfandbriefmarkt ist umso erwünschter, als die strukturellen Wandlungen die Tendenz haben, das konjunkturelle Bild nach oben und unten zu verschärfen. Die Wirtschaftspolitik wird also hier vor die Aufgabe gestellt, den Markt zu beeinflußen, ohne jedoch dadurch die Unternehmertätigkeit zu lähmen.

3. Die saisonmäßigen Erscheinungen.

In der Vorkriegszeit war allgemein die erste Jahreshälfte am günstigsten für den Pfandbriefabsatz. In der zweiten Hälfte pflegte der Vertrieb schleppender vor sich zu gehen. Innerhalb dieser Bewegung wiesen die Quartalsanfänge Spitzen auf, da dann Zinsen und Dividenden zur Ausschüttung gelangten. — Das Depressionsjahr 1926 zeigte aber ein etwas anderes Bild. Wohl nahmen im Januar die Emissionen plötzlich zu, da Tantiemen und ausgeschüttete Dividenden nach Anlage suchten. Trotzdem aber war die Pfandbriefausgabe im zweiten Halbjahr größer, ja fast doppelt so hoch, als im ersten Halbjahr (1030 Millionen Reichsmark gegen 597 Millionen Reichsmark). Konjunkturbewegung und Auslandskredite überschatteten hier die Saisonschwankungen. Deutlicher zeichneten sich die Saisonschwankungen, 1927 und 1928 ab, als die industrielle konjunktur den Pfandbriefmarkt ungünstig zu beeinflussen begann. Jetzt wurde wieder der überwiegende Teil der Emissionen in der ersten Jahreshälfte vorgenommen. Im ersten Halbjahr 1927 wurden für 991 Millionen Reichsmark Pfandbriefe ausgegeben; Spitzen fielen in den Januar und März. In der Zeit von Juni bis Dezember 1927 wurden dagegen für nur 606 Millionen Reichsmark Pfandbriefe emittiert, und die Spitzen an den Quartalsterminen fehlten. Auch 1928 ist der Emissionsbetrag im ersten Halbjahr höher als im zweiten (1174 Millionen Reichsmark : 774 Millionen Reichsmark); Spitzen sind im Januar, Mai, Juli und Oktober vorhanden. 1929 wurden von einem Gesamt-

[1] Siehe Anlage 2.

emissionsbetrag von 899 Millionen Reichsmark im ersten halben Jahr 561 Millionen ausgegeben, davon 174 Millionen Reichsmark im Januar und 115 Millionen im April. Beträchtlich kleinere Spitzen entfielen auf Juli, Oktober und Dezember. In allen Jahren seit Stabilisierung der Mark, auch während der industriellen Depression von 1926, ging der Pfandbriefabsatz in den Reisemonaten des Sommers stark zurück. In dieser Zeit mußten auch die Hypothekenbanken vermehrt am Markt intervenieren.[1]

Je mehr aber das Renteneinkommen zunimmt, und je mehr durch planmäßige Tilgung von Amortisationshypotheken Kapitalbeträge an den Quartalsterminen wieder zur Anlage zur Verfügung stehen, desto deutlicher hebt sich die vermehrte Emissionstätigkeit zu diesen Terminen ab. — Das Saisonmäßige dieser Erscheinung würde noch stärker hervortreten, wenn die Staats- und Reichsbeamten wieder, wie in der Vorkriegszeit, ihre Gehälter zum Vierteljahresanfang ausbezahlt erhielten.

Fassen wir jetzt die Aufgaben zusammen, vor die eine zielbewußte agrarische Kreditpolitik durch das Ergebnis unserer Untersuchungen gestellt wird. Eine grundlegende Beseitigung der entscheidenden dauernden Strukturwandlungen und ihrer Folgen erschien mit Mitteln der Wirtschaftspolitik nicht möglich. Wohl aber sind die vorübergehenden Strukturwandlungen und ihre Auswirkungen einer Beeinflussung zugänglich; so vor allem die Senkung der bankmäßigen Kreditkosten, so die Konkurrenz zwischen Wohnungsbau, öffentlichen Körpern und Landwirtschaft um den knappen Kapitalvorrat, so die Regelung der Roggenschulden und der Aufwertung. Ebensowenig wie die vorübergehenden Strukturwandlungen entziehen sich die konjunkturellen Bewegungen einer Beeinflussung durch die Wirtschaftspolitik. Das Ziel ist hier einmal die dauernde Beobachtung der wirtschaftlichen Entwicklung, um die Art ihrer Ursache zu erkennen, und dann die Einordnung der Unternehmertätigkeit auf Seiten der Landwirtschaft und der Realkreditinstitute in den veränderten Charakter der konjunkturellen Bewegungen und saisonmäßigen Schwankungen.

---

[1] Siehe vorn S. 144.

IV.

Schlußfolgerungen.

Die vorangehenden Kapitel haben aufgezeigt, daß die starke landwirtschaftliche Kreditvermehrung, die in wenigen Jahren seit Stabilisierung der Mark eingetreten[1] ist, ganz anderen Ursachen entspringt, als die Verschuldung der Vorkriegszeit. Daran liegt es auch, daß dieser Kreditvermehrung nicht wie damals eine Steigerung, sondern vielmehr eine Senkung der Güterpreise gefolgt ist. Aus Mangel an kaufkräftigem Kapital liegt nämlich der landwirtschaftliche Immobilienmarkt darnieder; die kapitalstarken Schultern fehlen, die die schwer belasteten Betriebe durch die Zeit der Not hindurch tragen können. Eine außerordentliche Kreditvermehrung, die die illiquiden Betriebe wieder flott machen könnte, kann heute ebenfalls aus Mangel an Kapital nicht eintreten. Sie würde zudem die Lage nicht bessern, sondern nur verschärfen. Das scheint auf den ersten Blick paradox zu sein. Doch heute gilt es, so wenig neuen Kredit als möglich in die Landwirtschaft hineinzupumpen; denn je mehr Kredit der Landwirt heute erhält, desto mehr wird das an sich schon übermäßige Gewicht des Produktionsfaktors Kapital im landwirtschaftlichen Betriebe vergrößert. Der wenige Kredit aber, dessen Aufnahme — sei es zu Umschuldungszwecken, sei es zu „letzten Aufwendungen" — unumgänglich nötig ist, muß der Landwirtschaft so billig wie irgend möglich zugeleitet werden und die rentabelste und rationellste Verwendung finden.

Nun stehen aber einer nachdrücklichen Senkung des Zinses auf ein für die Landwirtschaft tragbares Maß vor allem die dauernden Strukturwandlungen entgegen. Die zinssteigernden Tendenzen, die dagegen von den vorübergehenden Strukturwandlungen, von den konjunkturellen und saisonmäßigen Schwankungen ausgehen, lassen sich jedoch durch wirtschaftspolitische Eingriffe zum wenigsten sehr mindern. Da aber, von den dauernden Strukturwandlungen hervorgerufen, die entscheidenden Tatsachen der Mangel an Kapital und eine ungenügende Kapitalneubildung sind, so ergeben sich für die Wirtschaftspolitik auf dem Gebiete des landwirtschaftlichen Realkreditwesens drei Hauptforderungen:

1. Die spärlich verfügbaren Kapitalien müssen zusammengefaßt werden, damit sie auf dem Kapitalmarkt zur Wirkung gelan-

[1] Verhandlungen und Berichte des Unterausschusses für Landwirtschaft, Bd. 12, 1930, S. 34 und Anlage 1.

gen und dadurch den Zinsfuß, vor allem für erste Hypotheken, senken.

2. Der Zusammenfassung der Kapitalien muß eine Konzentration der Kapitalverteiler entsprechen, um die bankmäßigen Unkosten zu ermäßigen.

3. Rationellere Ausnutzung und Verwendung des verfügbaren Kapitals muß angestrebt werden.

1. Die Zusammenfassung der Kapitalien.

Die Zusammenfassung verfügbarer Kapitalien ist am besten dort möglich, wo diese sich mittelbar oder unmittelbar in Verwaltung der öffentlichen Hand befinden. Es sind dies die Vermögen der Organe der Sozialversicherung, sowie der öffentlichrechtlichen Lebensversicherungsanstalten. Die Erweiterung der sozialen Versicherungspflicht hat bewirkt, daß sich bei den Anstalten der Sozialversicherung erhebliche Kapitalien angesammelt haben. Wenn auch die Kapitalansammlung bei den Trägern der sozialen Versicherung sich in den nächsten Jahren infolge ihrer zunehmenden Beanspruchung verlangsamen wird, so werden von ihnen doch stets Rücklagen gemacht werden müssen, die eine sichere und langfristige Anlage gestatten.

Vermögensanlagen[1] der Träger der Sozialversicherung in Millionen RM.

Versicherungszweig	Ende 1926	Ende 1927	Ende 1928
Krankenversicherung	84,4	108,9	139,8
Unfallversicherung[2]	48,1	55,5	—
Invalidenversicherung	346,9	583,0	953,7
Angestelltenversicherung	500,5	696,3	953,8
Knappschaftspensionsversich.	31,6	37,1	37,5

Der Landwirtschaft aber sind von diesen Kapitalien bisher nur geringe Summen zugute gekommen. Soweit langfristige Hypothekarkredite überhaupt vergeben worden sind, hat man sie vorwiegend zum Bau sozialer Einrichtungen und zur Errichtung von Kleinwohnungen verwandt. Daneben sind die Überschüsse

[1] Hypothekendarlehn und Wertpapiere. Quellen Stat. Jahrb. für das Deutsche Reich, 1929. Wirtschaft und Statistik, 10. Jahrg., 1930, S. 218, 9. Jahrg., 1929, S. 940.

[2] Gesamte Rücklagen.

vor allem von den Krankenkassen in Beteiligungen an industriellen Unternehmen angelegt worden.

Hier taucht nun die Frage auf, ob diese Kapitalanlage, vom Standpunkt der Gesamtwirtschaft aus gesehen, zweckmäßig gewesen ist. In der Vorkriegszeit hat diese Art der Vermögensanlage ohne Zweifel ihre Berechtigung gehabt, heute aber liegen die Verhältnisse ganz anders. Heute ist das Fundament unserer Wirtschaft, der Landbau, „Deutschlands größte Industrie“, in schwerer Not. Soll das Gebäude der deutschen Wirtschaft nicht zusammenbrechen, so müssen die wankenden Grundmauern gestützt werden. Die Not des deutschen Landbaues muß aber nicht nur um seiner selbst willen behoben werden, sondern auch um der deutschen Zahlungsbilanz willen, da bei darniederliegender Landwirtschaft die Lebensmitteleinfuhr zu wachsender Verschuldung an das Ausland zwingt.[1] Mehr und mehr ringt sich daher die Erkenntnis durch, daß einer nachhaltigen und dauernden Kräftigung der deutschen Wirtschaft die Gesundung der deutschen Landwirtschaft vorausgehen muß. Wesentlich dafür aber ist die planmäßige Senkung des Zinses der langfristigen Realkredite. Freilich wird ein Absinken auf die Vorkriegssätze nicht erreichbar sein; ein solcher Versuch muß an dem starken Mißverhältnis zwischen Kapitalnachfrage und Kapitalangebot scheitern. Aber man wird erreichen können, daß die vorhandenen Kapitalien dadurch, daß sie auch wirklich auf den Markt kommen, sich zinssenkend auswirken. Die bisherige Entwicklung hat gezeigt, daß alle Bestrebungen zur Verbilligung des Kredits gerade deshalb gescheitert sind, weil auf dem Kapitalmarkt heute die Konkurrenz des privaten Grundkredites und ein stetiges Angebot fehlt. Beides ist in schwachem Umfang ersetzt worden durch das Eingreifen der Rentenbank-Kreditanstalt. Auf den damit gemachten Erfahrungen wird man weiter aufbauen müssen; die Mittel zu vermehrtem Eingreifen aber können dadurch beschafft werden, daß die Anstalten der Sozialversicherung einen bestimmten Prozentsatz ihrer Rücklagen der landwirtschaftlichen Zentralbank zuleiten.

Eine weitere zwangsmäßige Kapitalakkumulation in der öffentlichen Hand bilden die Teile der Hauszinssteuer, welche zur Förderung der Bautätigkeit bestimmt sind. Nach der Statistik über die Finanzgebarung[2] des Reiches, der Länder und Gemeinden für

[1] Sering, Deutschland unter dem Dawesplan, S. 176, 180, 190.

[2] Wirtschaft und Statistik, Jahrg. 8, 1928, S. 495, 10. Jahrg., 1930, S. 126.

die Rechnungsjahre 1925/26—1927/28 betrugen die Einnahmen aus der Hauszinssteuer

im Rechnungsjahr 1925/26	1257,2	Millionen Reichsmark
im Rechnungsjahr 1926/27	1522,6	Millionen Reichsmark
im Rechnungsjahr 1927/28	1673,8	Millionen Reichsmark

Davon wurden verwandt (Mill. RM)	1925/26	1926/27	1927/28
zur Deckung des allg. Finanzbedarfs	662,9	794,3	823,5
zur Förderung des Wohnungsbaus	595,3	728,3	850,3

Auch hier muß man sich wieder fragen, ob nicht durch eine fast ausschließliche Anlage der Hanszinssteuerdarlehen im städtischen Wohnungsbau zwar das Dach des Wirtschaftsgebäudes ausgebaut und verstärkt wird, aber das Fundament im Sumpf der Not versinkt, weil es den überlasteten Oberbau nicht mehr zu tragen vermag. Die Wohnungsnot in den Städten soll nicht verkannt werden; aber ohne Zweifel könnten erhebliche Summen der zur Förderung des Wohnungsbaues abgezweigten Hauszinssteuerteile wirtschaftlich und auch bevölkerungspolitisch zweckmäßiger im Landbau angelegt werden, ohne sie damit ihrer eigentlichen Bestimmung zu entziehen. Denn gelingt es, mit Hilfe dieser Mittel die Lage des Landmannes zu bessern, so wird auch die Landflucht abflauen, und die übervölkerten Städte werden entlastet. Schließlich liegt es im Interesse der Gesamtwirtschaft, wenn dank dieser Gelder die Hereinnahme von Auslandskrediten für die Landwirtschaft vermieden werden und dadurch einer weiteren Verschlechterung unserer ohnehin schon angespannten Zahlungsbilanz vorgebeugt werden könnte.

Die private Kapitalneubildung entzieht sich naturgemäß dem Zugriff einer planmäßig verteilenden Hand. Es wäre nicht ratsam, die wirtschaftliche Freiheit des Einzelnen, sein Kapital dort anzulegen, wo es ihm zweckmäßig und günstig erscheint, einzuschränken. Aber schon in der Vorkriegszeit hat die Gesetzgebung für die Anlage der Prämienreserven der Lebensversicherungsgesellschaften bestimmte Richtlinien gegeben. Nach diesem Vorbild wird man versuchen müssen, die dort sich ansammelnden Kapitalien mehr als bisher auf dem Kapitalmarkt zur Geltung zu bringen. Es handelt sich auch hier um bedeutende Summen, die, wenn sie nur geschlossen eingesetzt würden, einen Druck auf den Hypothekenzins ausüben könnten. Es betrugen die Anlagen der privaten Lebensversicherungsgesellschaften[1]

[1] Fußnote s. folgende Seite.

am	in Darlehen an öffentl. Körperschaften	in Wertpapieren	in Hypothenen	im Ganzen Mill. RM.
31./12. 26	13,3	84,9	244,2	342,4
31./12. 27	33,3	136,3	433,8	603,4
31./12. 28	62,8	193,4	634,5	890,7
31./12. 29	109,2	228,7	898,3	1236,2

Die öffentlich-rechtlichen Lebensversicherungsanstalten hatten in diesen Posten angelegt am 31. Dezember 1928 106,1 Millionen Reichsmark und am 31. Dezember 1929 146,9 Millionen Reichsmark.[1]

Die angeführten Zahlen lassen erkennen, welche beträchtlichen Kapitalien der Landwirtschaft zugeführt werden könnten, wenn die Sozialversicherung $^1/_3$ ihrer Vermögensanlagen, wenn die privaten und öffentlich-rechtlichen Lebensversicherungsunternehmen ebenfalls $^1/_3$ der Beträge, die bisher in Darlehen an öffentlich-rechtliche Körperschaften, in Hypotheken und Wertpapieren Anlage gefunden haben, zur Realkreditgewährung an die Landwirtschaft zur Verfügung stellten, und wenn zum gleichen Zweck noch $^1/_3$ der bisher zum Wohnungsbau verwandten Hauszinssteuer freigemacht würde.

Es soll nicht geleugnet werden, daß dieser Vorschlag einen tiefen Eingriff in die Anlagefreiheit der öffentlichen Hand und eines Teils der privaten Wirtschaft darstellt. Es steht auch zu befürchten, daß im Verlauf einer solchen Politik die Landwirtschaft, zum Nachteil anderer Wirtschaftszweige, am Ende zuviel Kredit erhält, eine Folge, die nicht einmal im Interesse des Landbaues selbst liegen würde. Es wäre deshalb zu empfehlen, diese Maßnahmen zeitlich zu begrenzen. Da im Jahre 1932, nach dem gegenwärtigen Stande der Gesetzgebung, die bis dahin noch nicht zurückgezahlten Aufwertungsforderungen fällig gemacht werden können, ist es notwendig, dieses Jahr und noch einen geeigneten Zeitraum danach in die festzusetzende Frist miteinzubeziehen, um eine geregelte und ruhige Abwicklung der Aufwertung zu gewährleisten. Dann aber — etwa von 1935 ab — sollte man den in Frage kommenden Unternehmen der sozialen und privaten Versicherung die freie Verwendung über die sich bei ihnen ansammelnden Kapitalien in den Grenzen, wie sie heute bestehen, zurückgeben.

[1] Wirtschaft und Statistik, Jahrg. 8, 1928, S. 520 und 670, Jahrg. 10, 1930, S. 160.

Unter Zugrundelegung der bisherigen Ergebnisse und unter Berücksichtigung des Umstandes, daß eine Verlangsamung der Kapitalakkumulation vor allem bei den Trägern der Sozialversicherung eintreten kann, würden dann bis 1935 der Rentenbank-Kreditanstalt jährlich etwa 400 Millionen Reichsmark zufließen, die sie zur Ausleihung an die Landwirtschaft verwenden könnte. Die Abwicklung dieses Geschäftes hätte derart zu erfolgen, daß die Rentenbank-Kreditanstalt von den Organen der sozialen Versicherung, den privaten und öffentlich-rechtlichen Lebensversicherungsunternehmen sowie von einer zentralen Stelle, der die Verwaltung der für die Landwirtschaft bestimmten Hauszinssteueranteile zu übertragen wäre, Darlehen von mindestens einjähriger Laufzeit aufnimmt (§ 3 des Gesetzes über die Errichtung der R. Kr. A.). Auf diese Weise würden die öffentlichen und privaten Versicherungsunternehmen auch das von ihnen nicht mit Unrecht aus Liquiditätsgründen gescheute Risiko beim Erwerb landwirtschaftlicher Hypotheken vermeiden. Die Rentenbank-Kreditanstalt leiht dann diese Mittel entweder über die Realkreditinstitute aus, oder aber benutzt sie zum Aukauf von Pfandbriefen solcher Realkreditinstitute, die vorwiegend das landwirtschaftliche Realkreditgeschäft betreiben.

Die Rentenbank-Kreditanstalt wäre mit diesen Mitteln auch in der Lage, eine zielbewußte Zinspolitik zu treiben und wirksam an Stelle des heute fehlenden privaten Grundkredites den Hypothekenmarkt zu beeinflussen, und das umso nachhaltiger, als sie dann dauernd über einen starken, von dem Verlauf der Konjunktur fast unabhängigen Zustrom von Mitteln verfügt, während ihr heute nur zeitweilig Gelder aus ihren Auslandsanleihen zu Gebote stehen, mit denen sich eine planmäßige und dauernde Beeinflussung des Marktes natürlich nicht erreichen läßt. Durch den An- und Verkauf von Pfandbriefen würde sie ferner die konjunkturellen und saisonmäßigen Kursschwankungen mildern und den Markt pflegen können. In enger Zusammenarbeit zwischen der Rentenbank-Kreditanstalt und den Realkreditinstituten ließe sich dann auch eine gewisse Regelung der Emissionstätigkeit erzielen, die von einer eingehenden Beobachtung der Konjunktur und der Entwicklung am Kapitalmarkt ausgehen muß. Diese Beobachtung nämlich, die für große Depositenbanken eine Selbstverständlichkeit ist, liegt bei den Hypothekenbanken und den öffentlich-rechtlichen Kreditanstalten noch recht im Argen. So erfolgt häufig eine Vermehrung der Emissionen aus den saisonüblichen Gründen am Vierteljahresanfang ohne Rücksicht auf die konjunkturelle Lage, deren kursdrückende Wirkung dann durch die übermäßige Pfandbriefausgabe noch erhöht wird. Erst dann, wenn die Deutsche Rentenbank-Kreditanstalt einen nachhaltigen Einfluß auf den Pfandbriefmarkt und durch bankpolitische Maßnahmen indirekt auf die Emissionspolitik der Realkreditinstitute auszuüben vermag, wird sie die ihr zugedachte Aufgabe als „Bank der Banken" tatsächlich erfüllen können. Heute schwebt sie mehr oder weniger in der Luft.

Eine wesentliche Beschränkung der geschäftlichen Selbständigkeit der Realkreditinstitute wird dadurch ebensowenig zu befürchten sein, wie es durch die Geld- und Devisenpolitik der Reichsbank den Depositenbanken gegenüber geschehen ist. Nach Lage der Dinge werden sich auch die Hypothekenbanken nicht der Einsicht verschließen können, daß sich heute mehr denn je das Einzelinteresse den allgemeinen volkswirtschaftlichen Gesichtspunkten unterordnen muß. Wenn man den Kapitalmarkt pflegen will, wird man die Landschaften von der Verpflichtung befreien müssen, ihren Mitgliedern jederzeit Kredit zu gewähren; der genossenschaftsähnliche Aufbau dieser Institute wird schon dafür sorgen, daß dabei das Interesse der Kreditverbundenen nicht zu kurz kommt.

Zur Durchführung dieser Maßnahmen werden allerdings einige, wenn auch unbedeutende Gesetzesänderungen erforderlich sein. Im § 59 des Gesetzes über die privaten Versicherungsunternehmen[1] müßte eine Bestimmung Aufnahme finden, daß der Prämienreservefonds der Lebensversicherungsgesellschaften auch in Darlehen an die Rentenbank-Kreditanstalt angelegt werden darf. Der gleiche Hinweis wäre in den § 27 der Reichsversicherungsordnung[2] und in den § 224 des Versicherungsgesetzes für Angestellte[3] aufzunehmen. Einer Änderung des Gesetzes über die Rentenbank-Kreditanstalt selbst bedarf es nicht. Wenn auch der An- und Verkauf von Pfandbriefen als erlaubtes Geschäft nicht ausdrücklich angeführt ist, so ergibt sich doch die Zulässigkeit aus § 12, Abs. 2 des Gesetzes.

Eine ähnliche Zusammenfassung der Kapitalien, wie sie hier vorgeschlagen wird, ist auch für England durch die Enquete-Kommission der englischen liberalen Partei ins Auge gefaßt. Ein Board of National In-

[1] RGBl. 1901, S. 139.
[2] RGBl. 1911, S. 509.
[3] RGBl. 1911, S. 89.

vestment soll alle Kapitalien, die sich in Händen der Regierungsstellen ansammeln, an sich ziehen und dann einen Teil dieser Mittel zum Aufbau eines langfristigen landwirtschaftlichen Realkredites zur Verfügung stellen, an dem es bisher in England vollkommen gefehlt hat. „A revival of British agriculture, which is still the greatest industry in the Country, would not only help to relieve unimployment, but would greatly improve our general economic position by increasing the purchasing power of the home market and by its influence upon the balance of trade in diminuishing the import of foodstuff and timber."[1] Diesen Ausführungen der englischen Liberalen wird man auch vom deutschen Standpunkt nichts hinzuzufügen haben.

2. Zusammenschluß der Kapitalverteiler.

Die Zusammenfassung der Kapitalien wird aber, soweit es irgend möglich ist, auch von einem Zusammenschluß der Kapitalverteiler begleitet sein müssen. In den Kreisen der Hypothekenbanken ist aus dem Bestreben heraus, die Kapitalkraft der Institute zu stärken und die Kosten des Kredits zu verbilligen in den letzten Jahren eine lebhafte Konzentrationsbewegung entstanden, die von der Preußischen Pfandbrief-Bank ausging. Diese übernahm im Wege der Fusion zuerst im Jahre 1927 die Roggenrentenbank und dann 1928 die Preußische Hypotheken-Aktienbank. 1929 erfolgte der Zusammenschluß mit der Preußischen Central-Bodenkredit-A.-G. zur Preußischen Central-Bodenkredit- und Pfandbrief-Bank-A.-G., die wiederum 1930 die Gothaer Grundkredit-Bank in sich aufnahm. Es hat den Anschein, als wäre diese Konzentrationsbewegung innerhalb der Hypothekenbanken noch nicht zum Abschluß gelangt, und man wird weiteren Zusammenschlüssen dann keine Hindernisse in den Weg legen dürfen, wenn es sich um die Aufsaugung kleinerer, wenig leistungsfähiger Institute durch die großen, kapitalkräftigen und angesehenen Hypothekenbanken handelt.

Unter den Landschaften und öffentlich-rechtlichen Kreditinstituten macht sich eine solche Konzentrationsbewegung bisher noch nicht bemerkbar, obwohl bei den landschaftsähnlichen Instituten an einzelnen Stellen eine Übergangsorganisation wohl nicht von der Hand zu weisen ist. In Hannover beispielsweise wird die Landwirtschaft neben der Hannoverschen Landeskreditanstalt von drei landschaftsähnlichen ritterschaftlichen Kreditvereinen mit Realkredit versorgt. Es sind dies

[1] Britains Industrial Future; being the Report of the Liberal Industrial Inquiry. 1928 London, Ernest Benn, S. 101—114, 329—330.

der Bremensche Ritterschaftliche Creditverein in Stade, der Calenberg-Göttingen-Grubenhagen - Hildesheimsche Ritterschaftliche Kreditverein in Hannover und das Ritterschaftliche Kreditinstitut des Fürstentums Lüneburg in Celle. Jedes dieser drei Institute ist in seiner Tätigkeit auf einen engumgrenzten Teil der Provinz beschränkt. Der Umlauf an Pfandbriefen aller drei Institute zusammen betrug am 30. Juni 1930 7,8 Millionen Goldmark[1] gegen 91,2 Millionen der Hannoverschen Landeskreditanstalt. Man wird deswegen auch hier einen Weg suchen müssen, der zum mindesten zum Zusammenschluß der drei Ritterschaftlichen Kreditinstitute in eine Hannoversche Provinziallandschaft führt, wenn sich nicht sogar eine Verschmelzung dieser drei Institute mit der Hannoverschen Landeskreditanstalt empfiehlt.

Ähnlich, wenn auch nicht ganz so schlimm, liegen die Dinge im Freistaat Sachsen, wo sich ebenfalls drei landschaftsähnliche Institute in die landwirtschaftliche Realkreditgewährung teilen, und zwar der Landwirtschaftliche Kreditverein Sachsen in Dresden mit einem Pfandbriefumlauf (30. Juni 1930) von 49,8 Millionen Reichsmark, die Landständische Bank des Ehemaligen Sächsischen Markgraftums Oberlausitz in Bautzen, mit einem Pfandbriefumlauf (30. Juni 1930) von 21,3 Millionen Reichsmark, und der Erbländische Ritterschaftliche Kreditverein Sachsen in Leipzig mit einem Pfandbriefumlauf (30. Juni 1930) von 20,7 Millionen Reichsmark. Ein Zusammenschluß dieser drei Institute wäre an und für sich wünschenswert, ist aber in diesem Falle deshalb nicht möglich, weil die Landständische Bank in Bautzen nicht ausschließlich landwirtschaftliches Realkreditinstitut ist, sondern als Bank der Lausitzer Stände (Gemeinden und Rittergüter) gleichzeitig eine ganze Anzahl wertvoller sozialer Aufgaben erfüllen hilft. Hiervon müßte sie absehen, wenn man ihr das landwirtschaftliche Realkreditgeschäft nähme. Dagegen bleibt eine Verschmelzung des Landwirtschaftlichen Kreditvereins mit dem Erbländischen Ritterschaftlichen Kreditverein zu erstreben, wenn dieser Vereinigung auch manche historische Bedenken geopfert werden müssen.

Die vielen kleinen Einzelinstitute, wie sie in Sachsen und Hannover bestehen, sind nicht in der Lage, den für die Real-

[1]

Bremenscher Ritterschaft-Kreditverein	1,8 Millionen Goldmark
Calenberg usw.	4,1 Millionen Goldmark
Rittersch. Kreditinst. d. Frstt. Lüneburg	1,9 Millionen Goldmark
	7,8 Millionen Goldmark

kreditgewährung an die Landwirtschaft verfügbaren Kapitalvorrat zu vermehren; sie können, wie alle Pfandbriefinstitute, nur das vorhandene Kapital auf die nachfragenden Darlehnssucher verteilen und müssen eben durch ihre Vielheit und Kleinheit, kreditverteuernd wirken. Sie vermehren auch die Gefahr, daß infolge ungenügender Beobachtung der Marktlage und aus der Notwendigkeit heraus, das Kreditbedürfnis der Kunden zu befriedigen, der Pfandbriefmarkt überlastet und der Kurs gedrückt wird. Ein Zusammenschluß mag so manches, das historisch geworden ist, zerstören. Aber es wird sich nicht vermeiden lassen, diese Gesichtspunkte den wirtschaftlichen unterzuordnen.

Alle diese Erwägungen, die auf einen Zusammenschluß vorhandener Realkreditinstitute hinweisen, sprechen dagegen, die bestehende Organisation noch durch die Neugründung von Hypothekenbanken zu erweitern, wie das in den letzten Jahren wiederholt geschehen ist. Es ist daher eine starke Zurückhaltung in der Erteilung des nach dem Gesetz notwendigen Hypothekenbankprivilegs geboten.

3. Rationelle Verwendung und Ausnutzung des vorhandenen Kapitals.

Bei der absoluten Kapitalknappheit in Deutschland ist es nur natürlich, daß die verschiedenen Wirtschaftszweige konkurrierend, ja häufig sich befehdend auf dem Kapitalmarkt erscheinen. Da haben städtische Hypothekennachfrage und Darlehnsaufnahmen der Kommunen auf Kosten der Landwirtschaft die vorhandenen Mittel an sich gerissen. Hält man sich aber vor Augen, welche Bedeutung die Gesundung der Landwirtschaft, die Steigerung ihrer Produktion für die Gesamtheit im allgemeinen und ihre Kaufkraft für die Steuereinnahmen und die wirtschaftliche Entwicklung der Kommunen im besonderen haben, so wird es nicht zweifelhaft sein, daß vorderhand eine Bevorzugung der Landwirtschaft am Platze ist. Sofern die Anregungen, die im vorigen Abschnitt hinsichtlich der Hauszinssteuer gemacht worden sind, verwirklicht werden, sollte man die städtische Hypothekennachfrage in keiner Weise beschränken. Wohl aber müßten die Kommunen zu größerer Zurückhaltung in der Kreditaufnahme angehalten werden. Man sollte daher die Sparkassen anweisen, bis etwa 1935 keinen höheren Prozentsatz ihrer Spareinlagen in Kommunaldarlehen anzulegen als Ende 1913. Damals waren 12,2% der Spareinlagen als Kommunaldarlehen ausgeliehen worden, während 22,2% als Hypotheken auf landwirtschaftlichen

Grundstücken ruhten. Seit der Stabilisierung ist jedoch die Anlage der Sparkassengelder in langfristigen Kommunalkrediten erheblich größer als die in landwirtschaftlichen Hypotheken. Schon Ende 1927 hat der prozentuale Anteil der Kommunaldarlehen den von 1913 überschritten, während der für landwirtschaftliche Hypotheken noch nicht einmal die Hälfte seines Vorkriegsprozentsatzes erreicht hat.

Landwirtschaftliche Hypotheken und Kommunaldarlehen der deutschen Sparkassen[1].

	Landwirtschaftl. Hypotheken		Kommunal-darlehen	
	Mill. RM.	% d. Spareinl.	Mill. RM.	% d. Spareinl.
31. Dezember 1913	4372,0	22,2	2395,7	12,2
31. Dezember 1924	17,5	2,9	62,1	10,2
31. Dezember 1925	73,4	4,3	178,2	10,5
31. Dezember 1926	237,6	7,6	361,8	11,7
31. Dezember 1927	466,7	10,0	590,7	12,7
31. Dezember 1929	902,7	9,7	1469,3	15,8

Dazu kommt, daß außer diesen unmittelbaren Darlehen an Kommunen die Sparkassen noch mittelbare Kredite durch den Erwerb von Schuldverschreibungen der Städte und Kommunalverbände gegeben haben.

Es wird also im Interesse der gesamten Volkswirtschaft liegen, wenn die Aufsichtsbehörden die Sparkassen zu verstärkter Realkreditgewährung an die Landwirtschaft anhielten und damit ihre Anlagepolitik wieder auf die bewährten Wege der Vorkriegszeit zurückverwiesen.

Es muß dann allerdings verhindert werden, daß die Kommunen sich unmittelbar an den Kapitalmarkt wenden, was die bestehenden Zustände nur noch verschlimmern würde. Da die umfassenden und schwierigen Probleme des langfristigen Kommunalkredites hier nicht zur Erörterung stehen, mag der Hinweis genügen, ob nicht eine der Beratungsstelle für Auslandsanleihen nachgebildete Prüfungs- und Beratungsstelle für kommunale Inlandsanleihen zu einer Besserung der gegenwärtigen Zustände am Rentenmarkt und damit auch zur Förderung und Verbilligung des landwirtschaftlichen Realkredites beitragen könnte.

---

[1] Wirtschaft und Statistik, Jahrg. 8, 1928, S. 409, 10. Jahrg., 1930, S. 301

Neben dieser volkswirtschaftlichen Seite des Problems besteht aber noch eine betriebswirtschaftliche: die rationelle Verwendung der spärlich vorhandenen Kapitalien im landwirtschaftlichen Betriebe selbst. Es ist schon dargelegt worden, daß hierzu nicht nur eine technische Umstellung des Betriebes, sondern ebenso sehr eine geistige Umstellung des Leiters erforderlich ist. Da nun aber der Landwirt seinem ganzen Milieu entsprechend schwerfälliger ist als der städtische Unternehmer, so wird manch einer diese geistige Umstellung, die neben erhöhter landwirtschaftlicher Tüchtigkeit allgemein volkswirtschaftliche Kenntnisse und kaufmännische Schulung verlangt, nicht ohne weiteres vornehmen können. Da nun gilt es, ihm helfend und beratend zur Seite zu stehen. Hier muß also die Wirtschaftsberatung einsetzen. Allerdings ist die Lösung dieser Aufgabe nicht ganz einfach. Es handelt sich dabei in erster Linie um eine Personenfrage. Der Wirtschaftsberater muß vor allem neben eingehenden Kenntnissen in der landwirtschaftlichen Betriebsführung, im Geld-, Kredit- und Bankwesen, in Absatz- und Einkaufsverhältnissen auch die Gabe der Menschenbehandlung und großen persönlichen Takt besitzen. Solche Persönlichkeiten aber sind spärlich gesät. Schon daraus geht hervor, daß eine Wirtschaftsberatung aller Kreditnehmer unmöglich ist. Außerdem verlangt der kleine und mittlere Grundbesitz eine andere Form der Beratung als der Großgrundbesitz. Wirtschaftsberatung und Kreditkontrolle werden bei großen Betrieben dann einsetzen müssen, wenn eine Gefährdung bereits gewährter Kredite vorliegt, oder falls bei der Neugewährung von Hypotheken die örtliche Besichtigung ergibt, daß zwar Kapital und Zinsen des Darlehns durch das Grundstück an sich gesichert sind, daß aber die Persönlichkeit des Eigentümers und seine finanzielle Lage nicht die unbedingte Gewähr für eine rentable Verwendung des beantragten Darlehns bieten. Vor allem dann wird die Kreditgewährung von einer Wirtschaftsberatung abhängig gemacht werden müssen, wenn im Betriebe des Schuldners eine geordnete Buchführung nicht vorhanden ist. Ohne Zweifel stellt die Verbindung von Realkreditgewährung und Wirtschaftsberatung im landwirtschaftlichen Kreditwesen eine Neuerung dar. Aber die Strukturwandlungen, die sich in den letzten Jahren, zum Teil mit außerordentlicher Schnelligkeit, nicht nur im landwirtschaftlichen Kreditwesen und in der Landwirtschaft selbst, sondern in der gesamten deutschen Wirtschaft vollzogen haben und sich noch heute vollziehen, lassen das vor dem Kriege übliche System, wo der Kredit einfach auf Grund der

Sicherheit des Beleihungsobjektes gewährt wurde, nicht mehr aufrecht erhalten. Die knappen Kapitalien dürfen nur dorthin geleitet werden, wo auch eine dem gestiegenen Zinsfuß entsprechende Rentabilität zu erwarten steht.

In der Vorkriegszeit hatte das Kur- und Neumärkische Ritterschaftliche Kreditinstitut in Berlin bereits eine Abteilung für Wirtschaftsberatung eingerichtet. Die Aufgabe der Kreditkontrolle war allerdings dieser Anstalt nicht übertragen, und für den Schuldner bestand auch nicht die Verpflichtung, sich in gewissen Fällen der Wirtschaftsberatung zu unterwerfen. Verbunden aber finden sich Wirtschaftsberatung und Kreditkontrolle in der Wirtschaftsberatungsstelle der Schlesischen Generallandschaftsdirektion, die Anfang 1928 errichtet worden ist. Die Schlesische Landschaft macht es ihren Schuldnern zur Pflicht, sich bei Aufnahme eines Darlehns auch gleichzeitig der Wirtschaftsberatung zu unterwerfen. Eine Verallgemeinerung dieser Forderung würde wohl auf erhebliche Widerstände stoßen und auch über daß Maß des Möglichen und des Nötigen hinausgehen. An sich aber wäre die Angliederung einer Wirtschaftsberatungsstelle an die Landschaften auch dort empfehlenswert, wo eine solche Einrichtung noch nicht besteht. Die Landschaften sind genossenschäftsähnliche Unternehmen der Kreditverbundenen selbst, und es besteht daher nicht die Gefahr, daß die Wirtschaftsberatungsabteilung in den Verdacht käme, einseitig die Interessen des Gläubigers zum Nachteil des Schuldners zu vertreten.

Für die Hypothekenbanken, soweit sie den landwirtschaftlichen Grundkredit pflegen, dürfte allerdings die Angliederung einer Abteilung für Wirtschaftsberatung nicht zweckmäßig sein. Denn im Gegensatz zu den gemeinnützigen Landschaften und öffentlich-rechtlichen Kreditinstituten würde die Hypothekenbank als Erwerbsunternehmen bei ihren Kunden leicht den Anschein erwecken, als ob sie an der Wirtschaftsberatung zum Nachteil ihrer Schuldner interessiert wäre. Außerdem aber sind nach den Bestimmungen des Hypothekenbankgesetzes solche Geschäfte, wie sie eine Wirtschaftsberatungsstelle übernehmen müßte, wenn sie ihrer Aufgabe wirklich genügen will, für die Hypothekenbank selbst nicht zulässig. Eine Beratungsstelle muß, zumal wenn sie in Not geratene Betriebe sanieren will, eine gewisse Beweglichkeit haben; sie muß auch in der Lage sein, kurzfristige Kredite aufzunehmen und mit ihrem Kapital und ihrem Ansehen dem Landwirt sowohl wie seinen Gläubigern eine gewisse Garantie bieten. Die Hypothekenbanken werden sich daher einer privaten Treuhandgesellschaft bedienen müssen, deren ausschließliches Arbeitsgebiet die landwirtschaftliche Wirtschaftsberatung ist. Eine solche Gesellschaft wurde bereits im Jahre 1925 in Gestalt der Wirtschaftsberatungs- und Treuhandgesellschaft für Landwirtschaft m. b. H. in Berlin von einigen Kreditinstituten ins Leben gerufen. — Nach diesem Vorbild könnten die Privatkreditinstitute ähnliche Gesellschaften je nach Bedarf errichten; ja, die Aufsichtsbehörden sollten dies denjenigen Hypothekenbanken, die sich in starkem Maße an der landwirtschaftlichen Realkreditgewährung beteiligen, nahe legen; denn die Gründung einer solchen Wirtschaftsberatungsstelle, etwa in Form einer G. m. b. H., stünde auch nicht im Widerspruch zu den Bestimmungen des § 5 HypBG. Es würde sich hierbei um ein Hilfsgeschäft handeln, dessen Risiko durch die Höhe des Gesellschaftsanteils beschränkt und zudem gering ist, und das zur Unterstützung und sicheren Durchführung des Hauptgeschäftes dient.[1]

Die Wirtschaftsberatung und Kreditkontrolle bei den kleineren und mittleren Grundbesitzern wäre Aufgabe der Lehrer an den landwirtschaftlichen Winterschulen, die dabei in enger Verbindung mit den Leitern der örtlichen Sparkassen und landwirtschaftlichen Kreditgenossenschaften arbeiten müßten. Eine Wirtschaftsberatung in dieser Form ist bereits durch die ostpreußische Landwirtschaftskammer in mustergültiger Weise aufgebaut worden.[2]

Man muß sich aber vor der Annahme hüten, daß mit der Einführung der Wirtschaftsberatung und Kreditkontrolle alles getan sei, um die zweckmäßige Verwendung des Darlehnkapitals zu gewährleisten und den Kredit nachhaltig zu sichern. Auch die beste Wirtschaftsberatung und Kreditkontrolle muß erfolglos bleiben, wenn entweder zu viel oder zu wenig Kredit gegeben wird. Das Ausmaß der Kreditgewährung ist also ein zweiter Hauptfaktor für die rationelle und rentable Verwendung der Darlehen. Die Höhe des Darlehns wird aber für die Realkreditinstitute durch die Bewertungsvorschriften bestimmt. Die Unsicherheit aller Verhältnisse in den Jahren nach der Stabilisierung zwang nun dazu, auf die Steuerwerte zurück-

---

[1] S. dazu Dannenbaum, Deutsche Hypothekenbanken, Kommentar zum Hypothekenbankgesetz, Berlin 1911, S. 126/27.

[2] Bilder zur Entwicklung und zeitigen Lage der ostpreußischen Landwirtschaft. Arbeiten der Landwirtschaftskammer für Ostpreußen, Nr. 47, Königsberg 1925.

zugreifen. Diese Steuerwerte bilden auch heute noch die übliche Grundlage für die Bewertung. Eine Ableitung des Sicherheitswertes aus den jetzigen Güterpreisen ist wegen der großen Streuung, die sie aufweisen, kaum möglich. Die Landgutspreise stehen, vor allem in Teilen der preußischen Ostprovinzen, einerseits unter dem Einfluß des preisdrückenden Angebots, das von den hochverschuldeten Betrieben ausgeht, andererseits aber werden sie oft über Gebühr durch Käufer in die Höhe geschraubt, die aus rein spekulativen Gründen landwirtschaftlichen Grund und Boden erwerben wollen. Wohl haben auch in der Vorkriegszeit beim Zustandekommen der Landgüterpreise spekulative Momente sehr stark mitgespielt, doch sind sie weniger gewichtig gewesen als heute, wo die Zukunft der Landwirtschaft noch ganz in Dunkel gehüllt ist. Es wäre deshalb falsch, im Augenblick an eine Reform der Bewertungsvorschriften zu gehen. Es bleibt nichts anderes übrig, als auf dem einmal beschrittenen Wege „fortzuwursteln“. Wie vorn gezeigt ist, haben die Realkreditinstitute in der Bemessung der Beleihungshöhe gefühlsmäßig auch im allgemeinen das Richtige getroffen. So ist auch in den hochverschuldeten Gefahrengebieten des Ostens, wo die Landgutpreise stark gesunken sind, bisher im allgemeinen die erste Hypothek durch die Kaufpreise noch gedeckt worden. Aber die unsicheren Bewertungsgrundlagen tragen dazu bei, die Risikoprämie im landwirtschaftlichen Realkredit hoch zu halten.

Mit größerer Aussicht auf Erfolg wird man aber auf weitere Senkung der Nebenkosten, die mit der Realkreditaufnahme verbunden sind, hinwirken können. Die Provisionen und Verwaltungskostenbeiträge der Realkreditinstitute sind, wie bereits dargelegt, seit der Stabilisierung der Währung nicht unbeträchtlich zurückgegangen. Auf ihre weitere Herabsetzung wird zunächst ein regulierendes Eingreifen der Rentenbank-Kreditanstalt am Pfandbriefmarkt, wie es hier vorgeschlagen worden ist, Einfluß haben. Dann aber lassen sich auch durch Rationalisierung der Bankbetriebe die Geschäftsunkosten verringern. Eine derartig umfangreiche Mechanisierung allerdings, wie sie in einer Depositenbank möglich ist, läßt sich bei einem Realkreditinstitut nicht erreichen. Während nämlich bei einer Depositenbank viele vollkommen gleichartige und mechanisierbare Geschäftsvorgänge abgewickelt werden, tätigt das Realkreditinstitut verhältnismäßig wenige, aber größere Geschäfte, bei denen wegen der Sicherheit der Pfandbriefe das Risiko auf ein Mindestmaß beschränkt werden muß, und die daher eine streng individuelle

Behandlung erforderlich machen. Bei Gewährung eines landwirtschaftlichen Hypothekarkredites macht die Prüfung der grundbuchlichen und katasteramtlichen Unterlagen des Beleihungsobjektes, sowie die Ermittlung des Beleihungswertes die meiste Arbeit, und diese läßt sich schon ihrer Natur nach keinesfalls mechanisieren. Doch auch die Führung des Hypothekenregisters und die Prüfung durch den Treuhänder erfordern eine individuelle und äußerst sorgfältige Behandlung. Wohl lassen sich in der Buchhaltung durch Einführung der entsprechenden Maschinen Ersparnisse erzielen, doch bewegen sich diese auch hier in sehr engen Grenzen, weil die wichtigste Aufgabe der Buchhaltung eines reinen Realkreditinstitutes die Kontrolle der Zinseingänge ist, eine Tätigkeit, die nicht maschinell erledigt werden kann. Die hier dargelegten Verhältnisse beziehen sich in erster Linie auf die reinen Hypothekenbanken und die Landschaften. Etwas günstiger für eine Herabminderung der Unkosten liegen die Verhältnisse dort, wo neben dem Realkreditgeschäft auch das Personalkreditgeschäft betrieben wird; denn dieses ist für maschinelle Abwicklung wesentlich geeigneter und so können nun die relativ hohen Kosten des Hypothekengeschäftes von breiteren Schultern getragen werden.

Die Kosten der Pfandbriefdarlehen werden sich aber auch automatisch vermindern, je mehr durch Zunahme langfristiger Spareinlagen und durch stärkeres Hinwenden der Sparkassen zur landwirtschaftlichen Realkreditbegebung die kleinen und kleinsten Darlehnsgesuche durch Bardarlehen von den Sparkassen selbst befriedigt werden können, so daß dann den Pfandbriefinstituten nur die größeren Beleihungen zufallen. Auch die fortschreitende Erledigung der Aufwertungssachen, die daraus folgende Bereinigung der Grundbücher und damit die Wiederherstellung des öffentlichen Glaubens des Grundbuches werden den Arbeitsaufwand für den einzelnen Beleihungsantrag in Zukunft wesentlich verringern. Schließlich bedeutet auch der wachsende Pfandbriefumlauf bei den Instituten des organisierten Realkredites eine Minderung der Kosten; denn diese verteilen sich jetzt auf einen größeren Umsatz, so daß das Einzeldarlehn in seinen Unkosten billiger werden kann. — Es muß also Aufgabe der Aufsichtsbehörden sein, diese Entwicklung aufmerksam zu verfolgen und durch Anregungen auf einen Abbau der Provisionen und Verwaltungskosten hinzuwirken.

Mit der Senkung dieser bankmäßigen Unkosten müßte aber auch eine solche der Gerichts- und Notariatsgebühren Hand in Hand gehen. Da bei dem heutigen Stande der Finanzorganisation die Länder in sehr viel stärkerem Maße auf die Eingänge aus den Verwaltungseinnahmen angewiesen sind, so wird es nur möglich sein, die Gebühren für die Eintragung einer Hypothek auf die vor dem Kriege geltende Höhe herabzusetzen; das aber würde auch schon genügen. Auf den den Realkredit verteuernden Abzug vom Kapitalertrag hier nochmals näher einzugehen, erübrigt sich, da seine Aufhebung zum 1. Januar 1931 in Angriff genommen ist.

Es ist im wesentlichen eine Politik der „kleinen Mittel", die hier zur Verbesserung und Verbilligung des landwirtschaftlichen Realkredits vorgeschlagen worden ist. Und so bescheiden wie die Mittel, so bescheiden wird voraussichtlich auch nur der Erfolg sein können. Ohne Zweifel hat sich die deutsche Kapitalneubildung in den Jahren seit Stabilisierung der Mark nicht unwesentlich gebessert, aber es sprechen doch alle Anzeichen dafür, daß sie vorerst das große Mißverhältnis zwischen Kapitalangebot und Kapitalbedarf nicht zu beseitigen vermag. So wird die Notwendigkeit auf ausländische, vor allem amerikanische, Kredite zurückzugreifen, nicht zu umgehen sein. Das aber bedeutet, daß der deutsche Zinsfuß auf die Dauer kaum unter den amerikanischen sinken dürfte, dessen Höhe sich nach den noch lange nicht erschöpften Anlagemöglichkeiten in den weiträumigen Vereinigten Staaten richtet.[1] Während aber der Großteil der amerikanischen Landwirtschaft in einem der äußeren, extensiv wirtschaftenden Thünen'schen Kreise liegt, hat die deutsche Landwirtschaft ihren Platz unmittelbar vor den Toren der europäischen Industriestadt, im ersten Thünen'schen Kreis, wo intensive Wirtschaft erforderlich ist, um die stark angewachsene Bevölkerung auf engem Raum zu ernähren. Durch den Krieg und seine Folgeerscheinungen aber ist statt eines Zinsgefälles vom inneren Thünen'schen Ring nach dem äußeren ein solches in umgekehrter Richtung eingetreten, im vorliegenden Fall von Amerika nach Deutschland. Dadurch und durch die nicht ausreichende, infolge der Reparationszahlungen behinderte Kapitalneubildung fehlt heute eine der wichtigsten Voraussetzungen für eine intensiv betriebene Landwirtschaft: billiges und reichlich zur Verfügung stehende Kapital. Ob diese Verhältnisse durch den zu erwartenden Wiedereintritt Frankreichs in die Reihe der kapitalverleihenden

[1] Sering, Internationale Preisbildung, S. 113; dort eingehende Zahlenangaben.

Völker entscheidend geändert werden, läßt sich heute noch nicht übersehen. Bei der gegenwärtigen Lage wird daher wohl die Schätzung Bonn's,[1] daß sich der Zinsfuß für langfristige Anlagen in Deutschland je nach dem Stande der Konjunktur zwischen 7 und 10% bewegen wird, der Wirklichkeit nahe kommen. Das Beste, was heute unter dem sich in der deutschen Landwirtschaft besonders stark auswirkenden Gesetz vom abnehmenden Kapitalertrage zur Behebung ihrer finanziellen Schwierigkeiten getan werden kann, ist „die Meliorierung der Köpfe". Die Erkenntnis, daß die grundlegendsten Strukturwandlungen, die sich in der deutschen Wirtschaft vollzogen haben, auch eine völlig neue Einstellung des Betriebes verlangen, wird Allgemeingut der deutschen Landwirte werden müssen.

---

[1] M. J. Bonn, Der Dawesplan und der deutsche Kredit. In Verhandlungen der Hauptversammlung des Verbandes öffentlich-rechtlicher Kreditanstalten. Berlin 1928, S. 58.

Erfaßbare Kreditbelastung der Landwirtschaft (Mill. RM). Anlage 1.

Kreditart	31. 12. 1925		30. 6. 1926		31. 12. 1926		30. 6. 1927		31. 12. 1927		30. 6. 1928		31. 12. 1928		30. 6. 1929		31. 12. 1929	
		%		%		%		%		%		%		%		%		%
Realkredite	1011,3	31,4	1464,8	37,9	2048,5	47,9	2426,5	46,3	2814,4	49,5	3257,6	50,7	3623,3	53,0	3890,8	52,9	4103,6	55,9
Kredite mittlerer Laufzeit	25,8	0,8	46,9	1,2	101,8	2,4	125,0	2,4	304,4	5,3	313,2	4,9	318,0	4,7	319,6	4,4	314,7	4,3
Kurzfristige Kredite	2186,1	67,8	2352,9	60,9	2127,0	49,7	2690,2	51,3	2565,8	45,2	2857,2	44,4	2889,8	42,3	3143,5	42,7	2915,2	39,8
Insgesamt	3223,2	100	3864,6	100	4277,3	100	5241,7	100	5684,6	100	6428,0	100	6831,1	100	7353,9	100	7333,5	100

Quelle: Vierteljahrshefte zur Konjunkturforschung.

Bestand an Hypotheken und Kommunaldarlehen bei den Bodenkreditinstituten und Sparkassen am Jahresende (Neugeschäft). Anlage 2.

Kreditgeber und Kreditart	Mill. RM						%					
	1924	1925	1926	1927	1928	1929	1924	1925	1926	1927	1928	1929
Hypothekenbanken												
Landw. Hypotheken	168,8	278,2	537,4	643,1	749,2	737,6	40,5	32,2	26,3	20,6	17,9	15,7
Städtische Hypotheken	185,5	454,5	1241,1	2054,3	2834,2	3206,9	44,6	54,3	60,6	65,7	67,4	69,5
Kommunaldarlehen	61,9	104,6	268,8	429,9	619,7	694,8	14,9	12,5	13,1	13,7	14,7	14,8
Zusammen	416,2	837,3	2047,3	3127,3	4203,1	4693,3	100,0	100,0	100,0	100,0	100,0	100,0
Öffentlich-rechtliche Kreditanstalten												
Landw. Hypotheken	251,3	552,3	1074,5	1395,0	1781,8	1982,9	72,9	62,7	47,9	44,6	41,5	39,9
Städtische Hypotheken	38,5	136,3	362,6	587,3	938,8	1132,1	11,2	15,5	16,0	18,8	21,9	22,8
Kommunaldarlehen	54,7	191,9	809,5	1147,6	1571,1	1852,8	15,9	21,4	36,1	36,6	36,6	37,3
Zusammen	344,5	880,7	2246,6	3129,9	4291,7	4967,8	100,0	100,0	100,0	100,0	100,0	100,0
Sparkassen												
Landw. Hypotheken	17,5	74,4	241,3	466,5	686,4	895,0	12,4	13,5	18,0	17,6	16,9	16,3
Städtische Hypotheken	62,1	297,6	753,5	1596,8	2432,1	3175,0	43,8	54,1	56,3	60,1	59,9	57,8
Kommunaldarlehen	62,1	178,2	344,1	594,2	940,1	1420,0	43,8	32,4	25,7	22.3	23,2	25,9
Zusammen	141,7	550,2	1338,9	2657,5	4058,6	5490,0	100,0	100,0	100,0	100,0	100,0	100,0

Quelle: Vierteljahrshefte zur Konjunkturforschung, 4. Jahrg. 1930. Heft 4. Teil, A. S. 17.

Bewegung des Kursniveaus der Goldpfandbriefe[1] in Monatsdurchschnitten. Anlage 3,

Jahr	1924[2])			1925[2])			1926[2])					1927[2])				
Nom. Zinsfuß	5%	8%	10%	5%	8%	10%	5%	6%	7%	8%	10%	5%	6%	7%	8%	10%
Januar	64,68			68,69	87,18	96,41	66,54	75,76	80,76	83,98	95,47	93,27	97,46	100,70	103,19	105,30
Februar	64,45			68,39	88,98	97,89	71,84	80,99	83,94	90,11	100,29	94,14	98,95	102,72	103,59	105,31
März	54,76			69,29	87,99	97,34	76,38	83,83	86,71	94,45	103,24	92,90	98,54	102,23	102,81	105,86
April	47,90			68,37	86,57	96,04	82,40	88,37	91,68	98,38	103,97	91,67	98,00	101,80	102,93	106,08
Mai	39,53			66,86	85,69	95,60	82,11	87,81	91,70	97,88	103,72	90,45	97,51	101,43	102,45	105,75
Juni	37,56			64,38	83,63	92,09	81,38	87,49	92,73	98,22	103,75	86,71	96,00	100,22	101,35	105,65
Juli	44,85	90,00		62,20	82,14	91,46	82,46	89,11	94,08	98,49	105,05	85,51	95,26	99,22	100,94	105,71
August	53,73	85,23	83,02	60,35	83,28	91,26	83,45	90,05	94,44	98,84	105,01	85,97	94,68	98,36	100,24	105,37
September	60,13	83,92	90,24	60,77	83,26	92,30	83,91	90,38	94,84	98,98	103,91	84,83	93,64	97,03	100,33	105,10
Oktober	59,53	83,63	89,21	62,17	82,92	91,48	84,36	89,69	95,37	99,14	103,93	82,02	91,62	95,42	99,50	104,22
November	60,40	85,28	89,43	60,70	82,49	90,69	85,98	89,53	96,08	99,75	103,98	80,15	90,53	93,53	97,78	103,34
Dezember	61,33	86,48	92,33	61,29	81,14	91,60	90,53	94,51	98,42	101,24	103,61	82,13	90,11	93,21	97,82	103,88

[1]) Durchschnitt aus Pfandbriefnotierungen (*nur*) der Hypotheken-Aktien-Banken.
[2]) Statistisches Jahrbuch für das Deutsche Reich 1926 und 1927.

Jahr	1928[3])					1929[3])					1930[3])				
Nom. Zinsfuß	5%	6%	7%	8%	10%	5%	6%	7%	8%	10%	5%	6%	7%	8%	10%
Januar	83,27	89,90	93,43	98,11	105,21	80,40	83,84	87,78	96,58	103,68	78,31	79,96	84,32	92,99	101,43
Februar	82,49	88,97	93,05	98,01	104,89	80,64	83,74	87,39	96,41	103,38	79,05	81,27	86,68	94,11	102,03
März	80,97	88,56	92,14	97,56	104,44	80,57	83,57	86,92	96.30	103,06	79,09	81,72	87,31	94,75	102.07
April	80,69	88,05	91,65	97,46	104,14	80,38	83,44	86,12	95,64	102,61	80,99	83,30	90,02	97,09	101,53
Mai	80,66	87,11	90,95	97,31	104,11	79,77	82,77	84.29	94,45	101,60					
Juni	80,59	86,45	90,24	97,18	104,25	79,03	81,98	84,26	94.17	101,85					
Juli	80,51	85,73	89,44	97,20	104,18	79,24	81,90	84,32	94,21	101,94					
August	80,07	85,26	88,60	97,10	103,96	79,30	81,86	84,17	94,03	100,91					
September	80,02	84,63	87,99	96,89	103,49	79,09	81,34	83 81	93,37	100,60					
Oktober	79,53	84,19	87,82	96,78	102,92	78,59	80,52	83,49	92.93	100,61					
November	79,73	83,90	87,72	96,55	102,85	78,14	80,03	83,26	92,66	101,12					
Dezember	79,83	83,67	87,74	96,73	103,13	78,36	79,96	82,93	92,52	101,19					

[3]) Nach Mitteilungen des Statistischen Reichsamtes.

Ausgabe von Wertpapieren im Deutschen Reiche, die Aufnahme
1924—

	Ausgabe von Schuldverschreibungen¹) Nom. Mill. RM				
	Pfandbriefe	Kom. Obligat.	Gem. Körper. u. Unternehm.	öffentl. rechtl. Körpersch.	Schuldverschreibung. insgesamt
1924	367	10	6	21	441
1925	840	38	22	15	994
Januar	96	1	—	—	102
Februar	104	11	5	—	126
März	104	—	—	—	143
April	106	—	—	—	109
Mai	97	2	—	—	112
Juni	85	9	—	—	100
Juli	52	8	—	—	61
August	37	—	—	—	37
September	35	2	—	—	40
Oktober	52	3	—	}	{ 56
November	27	1	17	} 15	+15 { 46
Dezember	45	1	—	}	{ 62
1926	1628	465	366	654	3435
Januar	100	25	—	25	151
Februar	84	11	5	8	116
März	106	3	4	55	179
April	132	126	70	232	654
Mai	93	23	4	62	210
Juni	112	17	155	6	307
Juli	138	37	2	71	358
August	94	37	80	16	227
September	219	17	—	13	252
Oktober	136	74	25	44	286
November	221	49	20	42	358
Dezember	193	46	1	80	337
1927	1597	349	16	698	2854
Januar	171	53	10	58	328
Februar	110	70	—	424	707
März	248	80	—	43	397
April	176	27	—	58	277
Mai	164	25	—	6	198
Juni	128	19	—	76	227
Juli	104	13	5	28	152
August	84	18	—	5	107
September	100	3	—	—	103
Oktober	67	7	—	—	76
November	140	5	1	—	146
Dezember	105	29	—	—	136
1928	1457	489	224	464	2917
Januar	309	47	1	1	365
Februar	118	46	202	38	405
März	104	37	2	44	213
April	121	41	15	90	267
Mai	113	107	4	111	336
Juni	91	38	—	87	291

¹) Wirtschaft u. Statistik, Pfandbriefe u. Komm. Oblig. für 1924 ab 1. 4. 1924. Aktienausgabe für 1925 nur vierteljährlich. — ²) Vierteljahrshefte zur Konjunkturforschung. — ³) Wirtschaftskurve der Frankfurter Zeitung, Jahrg. 1926—28, Frankfurt/M. 1926—28.

von Auslandsanleihen und die Entwicklung der Zinssätze von 31. Dezember 1929.

Anlage 4.

Ausgabe von Aktien ohne Fusionen und Sacheinlagen Nom. Mill. RM [1])	Ausgabe von Auslandsanleihen Nom. Mill. RM [2])	Zinsfuß % p. a.		
		für täglich. Geld [2])	für monatl. Geld [2])	Hypotheken-nettokosten [3])
180	1002,0	.	.	.
661	1240,8	.	.	.
—	134,3	9,99	11,28	.
219	84,0	10,57	11,92	.
—	—	8,97	11,26	.
—	1,0	8,49	10,13	.
142	—	8,78	10,48	.
—	5,4	8,79	10,68	.
—	110,3	9,46	10,87	.
151	37,8	9,00	10,84	.
—	220,5	8,85	10,59	.
—	103,5	9,41	10,82	16
149	245,2	8,49	10,65	15
—	298,8	8,20	10,29	15
898	1447,2	.	.	.
44	158,0	7,13	8,99	15
29	123,1	6,04	7,43	13,77
25	43,0	5,70	6,78	11,72
36	17,3	4,64	6,01	10,71
35	135,8	4,80	5,93	10,31
49	237,1	4,81	5,77	10,65
98	124,3	5,00	5,80	10,40
98	34,1	4,96	5,88	10,15
110	187,8	5,11	6,23	10,31
81	60,1	5,00	6,34	9,50
29	198,7	4,77	6,41	9,50
264	137,9	6,03	7,39	9,25
1373	1383,5	.	.	.
101	13,7	4,33	6,27	8,05
88	30,2	5,41	5,92	7,50
190	41,4	5,11	7,28	7,75
148	4,5	5,84	7,07	8,00
143	35,6	6,31	7,63	8,60
141	34,9	6,04	8,24	8,75
121	383,5	7,16	8,45	9,00
65	111,4	5,74	8,22	9,50
62	162,5	6,07	8,28	9,50
109	477,9	7,32	8,67	10,00
86	87,7	6,05	8,50	10,00
115	0,2	7,26	9,05	9,75
1322	1466,1	.	.	.
50	55,4	5,48	7,98	9,75
102	102,9	6,66	7,77	9,75
49	183,8	7,00	7,89	9,75
126	73,7	6,80	7,98	9,75
146	414,1	7,01	8,00	9,75
140	249,3	6,55	8,07	10,00

Anlage 4, Fortsetzung.

	Ausgabe von Schuldverschreibungen Nom. Mill. RM					Ausgabe von Aktien Mill. RM.	Ausg. v Ausl.-Anleihen Mill. RM	Zinssätze % p. a.		
	Pfand-briefe	Kom. Oblig.	Gem. Körp.	öffentl. rechtl. Körp.	Schuld-versch. insges.			tägl. Geld	monatl. Geld	Hyp.-Netto-kosten
Juli 1928	106	33	—	12	167	186	6,05	7,46	8,18	10,15[1]
August	96	26	—	—	125	67	4,62	6,16	8,42	10,18
September	93	19	—	16	205	71	103,26	6,66	8,70	10,20
Oktober	105	38	—	42	186	120	33,62	6,80	8,56	10,24
November	92	24	—	15	131	170	168,00	6,85	8,23	10,26
Dezember	109	33	—	8	226	95	71,44	7,46	8,89	10,24
1929	899	258	—	388	1553	979	348,57	—.	—.	—.
Januar	174	62	—	34	270	227	26,99	5,16	7,57	10,26
Februar	81	34	—	63	178	77	159,39	6,44	7,31	10,26
März	82	33	—	19	134	53	48,19	7,08	7,65	10,20
April	115	35	—	5	156	124	1,11	6,94	8,00	10,29
Mai	60	9	—	—	69	129	3,51	9,38	9,76	10,32
Juni	49	12	—	73	137	85	70,13	8,11	10,00	10,43
Juli	74	10	—	55	140	45	1,67	8,56	9,85	10,32
August	51	11	—	55	117	76	2,31	7,64	9,75	10,32
September	35	10	—	84	129	44	2,70	8,17	9,74	10,56
Oktober	56	10	—	—	66	36	27,14	8,38	9,71	10,51
November	53	6	—	—	59	39	2,96	7,98	8,82	10,70
Dezember	69	26	—	—	98	29	2,47	8,27	9,35	10,80

[1]) Nach Angaben der Reichskreditgesellschaft in „Deutschlands wirtschaftliche Lage an der Jahreswende 1929/30. Berlin 1930", S. 51.

Druck von Ferdinand Berger in Horn, N.-Ö.

MIX
Papier | Fördert gute Waldnutzung
FSC® C083411

Kolibri 360 GmbH
Ferdinand-Jühlke-Straße 7
99095 Erfurt, Deutschland
produktsicherheit@kolibri360.de